アジア共同体への
信頼醸成に何が必要か
── リージョナリズムとグローバリズムの狭間で ──

金 香男
［編著］

ミネルヴァ書房

はしがき

　冷戦の終焉から今日まで，世界秩序は依然として流動的かつ不安定である。だが確かなのは，グローバル化の世界各地への急速な浸透に並行して，地域主義が国際社会における秩序形成の一つの流れとして現れていることである。グローバル化は，加速し深化している。ジャーナリストのトーマス・フリードマンは，グローバル化を「より遠くへ，より速く，より安く，より深く」越境していく過程と表現した。アジアにおいても地域統合は経済分野で急速に進められており，ヒト・モノ・カネ・情報の往来は活発である。情報技術の発達とグローバル化の波が，国境を越える新しい地域社会の創造を促しているのである。

　冷戦後のグローバリズムとリージョナリズムという2つの力の狭間で，アジアはいかなる方向へ進むのか。本書では，この2つのダイナミズムを，アジアの共生と成熟・発展，そしてそれを阻む諸問題を，歴史，政治，経済，社会，環境など多様な角度から考察することを目指している。このような学際的な研究が必要な理由は，地域共同体は経済，政治，社会，文化など多様な領域が互いに関連し合う重層的な形を帯びるものであるからである。

　近年，アジア共同体論が盛んであるが，そこにはいくつかの問題がある。第1に，アジアの国々の間では未だ経済・産業構造が異なっており，内部の格差問題などによって共同体形成の共通の要素が十分整っていない。第2に，アジアにおいて経済分野の相互依存は急速に進んでいるが，このことが「相互の信頼醸成」には結びついていないことである。昨今，領土問題や歴史認識問題にみられるように，政治や外交の分野では主張の対立は著しく，共通の理解を得ることは容易ではない。その背景には，もちろん政治体制の違いと同時に，アジア地域における戦争や民族差別などの負の歴史がある。第2次世界大戦の戦後処理が未解決であることも大きな要因となっており，現在も各国の過剰なナショナリズムが互いへの反感を引き起こしている。今後，アジア共同体を創るためには，これらの問題を克服しなければならない。

　アジアの地域統合や共同体の形成については楽観論と悲観論など様々な議論

i

があり，「相互の信頼」と「共同体意識」の醸成は決して容易ではないが，その為には幅広い学術交流が必要である。

　本書は，フェリス女学院大学国際交流学部が，2013年度より3年間にわたり一般財団法人ワンアジア財団の助成を得て開講した連続講座「アジア共同体論——多角的な視点から」から，主に授業を担当した日本，中国，韓国ほかアジア各国の研究者，専門家がその内容をもとに書き下ろしたものである。連続講座は毎回，将来の「アジア共同体」を担う若い学生数百人が学んだ稔りあるものであった。講義や本書執筆に参加してくださった研究者各位，ご支援をいただいたワンアジア財団の方々にこの場を借りて深く感謝申し上げます。

　2016年1月

　　　　　　　　　　　　　　　　　　　　金　　香　男（研究代表者）
　　　　　　　　　　　　　　　　　　　　大西比呂志（国際交流学部長）

アジア共同体への信頼醸成に何が必要か
―― リージョナリズムとグローバリズムの狭間で ――

目　次

はしがき

序　章　アジアの相互信頼に向けて ……………………………羽場久美子 …1
　　　　　　　　　　　　　　　　　　　　　　　　　　　　金　　香男

　1　アジアのパワーシフトとナショナリズム ……………………………… 1
　2　歴史的対立は乗り越えられるか──アメリカの関与と若者の信頼醸成 … 2
　　　欧州──「戦争と敵対の2000年」
　　　欧州における和解と統合──アメリカの関与
　　　なぜ東アジアでアメリカは分断政策をとったのか
　　　欧州とアジアの違い　　日本はどうすべきか
　　　シンクタンク・ネットワークの強化
　　　経済共同　　歴史認識の問題
　　　アジアの発展の未来に向けて──市民・若者交流の重要性
　3　本書のねらいおよび構成 ………………………………………………… 11

第Ⅰ部　歴史・政治・国際関係からみたアジア

第1章　日中韓の歴史認識問題 …………………………………三谷　博 …21
　　　　──東アジアの平和と秩序の阻害要因にどう対処するか──

　1　危機とその根 ……………………………………………………………… 21
　2　今日の世界と東アジア3国 ……………………………………………… 22
　　　日中韓の地位変動　　指標による地位の変化
　　　「近代」200年の長期変動
　3　東アジア秩序の劇変 ……………………………………………………… 27
　　　今世紀最初の10年　　2010年以降　　中国世界戦略の転換
　4　「歴史認識」はどのように問題化されてきたか ……………………… 31
　　　隣国による認識への無関心　　教科書の国際問題化
　　　「つくる会」教科書論争（2001年）　　首相靖国参拝問題（2005年）
　5　歴史対話の展開 …………………………………………………………… 36

　　　　政府間共同研究の失敗　　民間共同研究の成功
　6　今後の前進のために ………………………………………………… 41

第2章　日本とドイツの戦後処理 …………………………… 李　元徳… 45
　　　　――どこがどう違うのか――

　1　戦後処理への問い ………………………………………………… 45
　2　ドイツの戦後補償政策の基本構造 ……………………………… 46
　　　　国家次元の賠償――延期および回避　　ナチス犠牲者に対する補償
　　　　補償基金の設立――強制連行被害者の補償
　3　日本の戦後賠償政策の構造 ……………………………………… 54
　　　　サンフランシスコ講和条約の賠償規定　　対東南アジア賠償・準賠償
　　　　朝鮮半島と台湾に対する請求権問題の処理　　対中賠償の放棄
　4　戦後処理の日・独比較検討 ……………………………………… 60
　　　　戦後補償対戦後賠償　　反人道的犯罪対侵略戦争
　　　　現金補償対経済補償　　日本戦後処理の未解決課題

第3章　中国からみたアジア共同体 ………………………… 臧　志軍… 69
　　　　――中国の対アジア外交――

　1　冷戦時代における中国の対アジア外交 ………………………… 69
　　　　第1段階――1949年新中国の誕生～60年代末期
　　　　第2段階――1960年代末～70年代半ば
　　　　第3段階――1970年代末～90年代初期
　2　転換期における中国と「東アジア共同体」構想 ……………… 74
　　　　中国のASEAN諸国との協力関係を推進する努力
　　　　「東アジア共同体」構想に関する中国側の立場
　3　地域的協調・協力枠組みの構築に関する中国版構想 ………… 84
　　　　運命共同体　　新しい安全観　　「一帯一路」

第4章　アジア太平洋地域における貿易・権力・平和 ………古内洋平…91
　　　　　──貿易制度のネットワーク分析──

　1　FTAの台頭と地域の平和……………………………………………91
　2　貿易制度と国際平和に関する議論…………………………………92
　　　貿易制度が平和を促進する　　本当にそうなのか
　　　ネットワーク分析を使った研究
　3　アジア太平洋の貿易制度ネットワークの分析……………………95
　　　分析枠組み──依存度とアクセス中心性
　　　アジア太平洋地域の依存度　　アジア太平洋地域のアクセス中心性
　4　アジア太平洋と日本の未来…………………………………………102
　　　対立の火種はどこに　　階層型の地域統合
　　　地域統合における日本と中国の役割　　日本は衰退するのか

第5章　アジアの国際開発協力とCSO（NGO）…………高柳彰夫…110
　　　　　──「リージョナル市民社会」とアジアの貧困問題──

　1　「援助の光景の変化」とアジアのCSOネットワーク………………110
　2　アジア──開発と援助の多様性……………………………………111
　　　アジアの貧困　　アジアと開発援助──「援助の光景の変化」
　　　アジア諸国のNGO/CSOの多様性
　3　アジアのCSOのネットワーク………………………………………116
　　　アジアの開発CSOネットワーク
　　　援助効果の議論とハイ・レベル・フォーラムのプサン開催
　　　ポスト・プサンのCSOネットワーク──CPDE北東アジア・
　　　サブリージョナル・グループを中心に
　　　Asian Development Alliance：ADA
　4　アジアにおける開発CSO関係者の相互交流………………………123
　　　第2，3回ソウル市民社会フォーラム
　　　Taiwan AIDのアジアNGO国際開発会議
　5　課題と展望……………………………………………………………124

第6章　ヨーロッパ統合と東アジア共同体………………上原良子…130
　　　　　──和解と共存の試み？──

1. EUは東アジアのモデルになりえるのか………………………………130
2. ヨーロッパはなぜ統合を選択したのか………………………………131
　　独仏対立と平和　　国境を越える経済活動と国民国家
　　ヨーロッパの没落　　冷戦
3. 「ヨーロッパ」とはいかなる共同体か…………………………………136
　　EUの特質　　EUモデルはアジアのモデルか
4. 境界領域──共存か敵対か……………………………………………140
　　境界領域をめぐる様々な政策　　各地域の取り組みと課題
　　地中海地域　　ロシア　　ノーザン・ディメンション
5. 東アジアの可能性………………………………………………………146

第Ⅱ部　経済・社会・環境からみたアジア

第7章　韓国からみたアジアの経済協力………………金　鍾杰…153
　　　　　──FTAを超えた多面的な協力の模索──

1. 韓国経済にとって日本とは……………………………………………153
2. 日韓経済関係の争点……………………………………………………155
　　対日貿易赤字と非関税障壁の問題　　日韓FTA交渉の決裂
3. 新たな「自由化」の企画──韓米FTA…………………………………159
　　戦略の変更──「同時多発的」かつ「包括的」FTAの推進
　　韓米FTAと対米輸出の増加　　韓米FTAと韓国の農業
　　医療システムの変化の可能性
　　経済政策の自律性の問題──投資家・国家提訴権（ISD）
4. 東アジアの発展と協力モデルの模索……………………………………166
　　新しい発展モデルの必要性　　両極化成長から均衡成長へ
　　公共性の維持　　反面教師としての韓米FTA

「日韓経済社会連帯協定」から東アジアへ

第8章　中国からみたアジアの地域協力 ……………… 畢　世鴻…173

1　アジアにおける地域協力の機運と中国 ………………………… 173
2　アジア地域協力における中国の参画の歩み …………………… 174
　　地域協力メカニズムへの関心
　　積極的な周辺地域協力枠組みづくり
3　アジア共同体を建設するための中国のビジョン ……………… 178
　　運命共同体の提唱　　周辺外交の新しい理念
　　アジア共同体への構想
4　中国とRCEP ………………………………………………………… 182
　　アジア大FTA構想の登場　　EAFTAからRCEPへ
5　APECからFTAAPへ ……………………………………………… 184
　　FTAAPに対するアメリカの思惑　　FTAAPに対する中国の思惑
6　「一帯一路」戦略構想の提起 …………………………………… 186
　　「一帯一路」構想の登場　　「一帯一路」構想の中身
7　アジアの地域協力からアジア共同体へ ………………………… 190
　　アジアの地域協力の特徴　　アジア地域協力の課題

第9章　東アジアの少子高齢化とケア労働のグローバル化 …… 金　香男…197
　　　　──ケアの担い手としての外国人労働者──

1　共通課題としての少子高齢化と東アジア共同体 ……………… 197
2　少子高齢化の進展とケアのグローバル化 ……………………… 199
　　急速に進む少子高齢化
　　ケア問題の顕在化──「家族ケア」と「ケアの社会化」の狭間で
　　ケアのグローバル化と外国人労働者
3　ケア労働者をめぐる地域的取り組みと課題 …………………… 204
　　EUにおけるケア労働者ニーズ拡大と取り組み
　　アジアにおけるケア労働者への取り組みと問題点

　　　　日本におけるケア労働の受け入れ政策と課題
　4　共通基盤を構築するために ……………………………………… 210

第10章　国際都市横浜とアジア ……………………… 大西比呂志 … 215
　　　　――戦後自治体外交の展開――

　1　占領復興期の対外政策 ………………………………………… 215
　　　　渉外行政の時代――占領と横浜
　　　　日米太平洋沿岸市長会議と People to People Diplomacy
　　　　姉妹都市提携から経済交流へ
　2　飛鳥田市政と中国・アジア …………………………………… 221
　　　　アジア姉妹都市構想　　対中国自治体外交の展開
　　　　横浜上海友好都市協定の締結
　3　国際化政策への展望 …………………………………………… 227

第11章　ブータンのGNHから展望するアジアの「豊かさ」…… ラム・ドルジ　田儀耕司 … 232

　1　経済発展と貧困の拡大 ………………………………………… 232
　2　経済発展と失われていく伝統文化，自然環境――東南アジア各国の事例 … 234
　　　　インドネシア　　タイ
　3　ブータンとその政策 GNH …………………………………… 239
　　　　ブータンの国の概況　　GNH とはなにか　　ブータン国内の課題
　4　ブータンのGNHの取り組み事例からの提案 ……………… 248

第12章　インド社会の特性と再生可能エネルギー ……… 和田幸子 … 252

　1　国際社会の状況変化とインドの位置 ………………………… 252
　2　インド的民族主義と「再生可能エネルギー」 ……………… 253
　3　BJPによる政権掌握と活発な外資導入政策 ………………… 256
　4　再生可能エネルギー利用の概観 ……………………………… 259
　　　　エネルギー需要の増大する農村社会

5　各再生可能エネルギー利用の進展……………………………… 265
　　　　風力　　バイオマスとジャトロファ・プロジェクト
　　　　バイオマス発電　　グリーンテレコム利用
　　　　バイオエタノール利用
　6　再生可能エネルギーに軸足を置くインド………………………… 275
　　　　ジャワハルラル・ネルー・ソーラーミッション計画（JNNSM）

人名索引………………………………………………………………… 287
事項索引………………………………………………………………… 289

序章　アジアの相互信頼に向けて

羽場久美子
金　香男

1　アジアのパワーシフトとナショナリズム

　21世紀に入って15年が経ち，時代を転換させる変化が起こりつつある。グローバリズム，リージョナリズム（地域主義），そして近代的価値観を大きく転換させるような，欧米からアジアへの「パワーシフト（権力の移行）」が，世界に広がりつつある。[1]

　21世紀に入った直後の2001年9.11同時多発テロは，テロの時代を象徴するとともに，いわゆる重厚長大な安全保障のハードセキュリティの時代から，ナイフ1本，銃声1発で世界の中枢を狙えるソフトセキュリティの時代への移行を象徴的に示した。2008年のリーマン・ショックと財政・金融危機，2010～12年のユーロの長引く金融危機は，先進国の危機と停滞を，世界的規模で示すこととなった。また日本の3.11東北災害（地震，津波，原発事故）は，「近代における，人類の英知による自然の超克」が，自然の猛威の下ではひとたまりもないこと，さらに人類が作り出した原発の事故やその廃棄物が，人類が滅びた後も地球に弊害を与えるであろう事態をまざまざと認識させた。

　こうした中で，先進国の危機をのりこえる形で成長する中国，インドなどの，アジアの経済発展とアジアの地域主義の進展があった。[2]それらが，これまで幾度となく繰り返されてきた「西洋の超克」の予言を越えて，「Power Shift(パワーシフト)」──権力は転換しつつあり，大国の支配は無限ではない，という事実を，白日の下に晒すこととなった。しかしそうした「アジアの成長」に竿さすように，欧州，アメリカ，日本などで，中国に対する警戒感が広がり，また先進国の間で，移民の大量流入に対して，イスラム教徒に対して，テロの拡大と関連して，ナショナリズムや「ゼノフォビア（外国人嫌い）」の波が広がりつつある。[3]

日本周辺では，尖閣，竹島，北方領土など隣国との領土と「境界線」をめぐって緊張が拡大し，北朝鮮の核開発や韓国との歴史問題をめぐる軋轢が強まっている。さらに日本における特定秘密保護法の施行や，集団的自衛権の容認，日米同盟の強化や憲法改正の動きなど，抜き差しならないほどの緊張と対立関係が高まってきている。

　他方で，この５年間，対立やイデオロギーを超えて，中台FTA（自由貿易協定），米中接近，日中韓FTA，米欧FTA，TPP（環太平洋戦略的経済連携協定），RCEP（東アジア地域包括的経済連携），AIIB（アジアインフラ投資銀行）などが，次々に成長している。また2015年は，ASEAN（東南アジア諸国連合）の経済統合が実現した年でもあった。まさに，アメリカ・欧州からアジアへ，少なくとも経済レベルで大きな転換が起こりつつある。

　冷戦終焉後，欧州は旧東欧を拡大NATO（北大西洋条約機構），拡大EU（欧州連合）などの枠組みに包摂し，その境界領域，ウクライナや中東をめぐり，すでに内戦や空爆が始まるほど緊張が激化している。アジアで共同が進まないのはなぜなのか。そうではない。欧州との歴史的な比較から，現在の東アジアの緊張関係の持つ意味を考えてみたい。

2　歴史的対立は乗り越えられるか——アメリカの関与と若者の信頼醸成

欧州——「戦争と敵対の2000年」

　ヨーロッパは，境界線をめぐる「戦争と敵対の2000年」であった。パリ大学教授，クシシトフ・ポミアンは，『ヨーロッパとは何か——分裂と統合の1500年』の中で，ヨーロッパは1500年にわたる分裂と抗争の海の中に，共存と統合の島があった，と述べている。

　2014年は第１次世界大戦勃発100年，2015年は第２次世界大戦終結70年である。世界戦争では，領土，資源，民族の対立をめぐり，第１次世界大戦で900万人，第２次世界大戦では5000〜6000万人の死者を数えた。うち，欧州が3700万人，アジアが1800万人である。

　ロバート・ケーガンは，「第２次大戦までは，欧州がマルス（戦いの神），アメリカがビーナス（美と平和の神）」であった，と述べている。しかし南北アメ

リカでも、アメリカ大陸の「発見」後、1000〜1500万人に及ぶ原住民（native）を虐殺してきた歴史がある。日本は、近代化の過程において、大陸で多くの戦争殺戮を行ってきた。ソ連や中国は、近代化・共産主義化の中で、大量の死者を出した。近代化の過程は、原住民、自国民、近隣民族の虐殺の歴史でもある。アジアでは、第2次世界大戦において、境界線をめぐり1800万人の死があった。

欧州における和解と統合──アメリカの関与

なぜ2000年の戦いと荒廃の末に、欧州は和解が可能であったのか。なぜアジアでは、いまだ敵対と分断はなくならないのか。これまでは欧州には優れた政治家がいた、といわれてきた。ジャン・モネ、ロベール・シューマン、クーデンホーフ・カレルギーなどである。それだけではない、と筆者は考える。

そこには、戦後のアメリカの関与の違いがあった。1949年、NATOが形成された。それはNATO初代事務総長イズメイ卿により、「ロシアを排除し、アメリカを呼び込み、ドイツを押さえつける（to keep the Russians out, the Americans in, and the Germans down）」機構だ、といわれた。連合国からロシアを排除し、第2次世界大戦の原因でもあったドイツ旧枢軸国を同盟に組み入れた。冷戦の始まりである。

1967年EC（欧州共同体）が、欧州6カ国（仏独伊＋ベネルクス3国）によって形成された。それは「独仏の和解」が「不戦共同体」として、ECSC（欧州石炭鉄鋼共同体）、EEC（欧州経済共同体）、EURATOM（欧州原子力共同体）として、統合され発展を遂げていった結果である。以後ヨーロッパは、1973年に9カ国（デンマーク、イギリス、アイルランド）、1981・86年に12カ国（ギリシャ、スペイン、ポルトガル）、1995年に15カ国（中立国：オーストリア、スウェーデン、フィンランド）、2004年に25カ国（中・東欧8カ国＋キプロス、マルタ）、2007年に27カ国（ルーマニア、ブルガリア）、そして2013年に28カ国（クロアチア）へと拡大していった。

そして重要なことに、アメリカは、マーシャル・プランにより、欧州統合を積極的にサポートした。実は東南アジアでもアメリカは、ANZUS、SEATO、METOなどにより社会主義に対抗するため、地域の同盟をサポートしたのである。これがASEANの基盤となる。

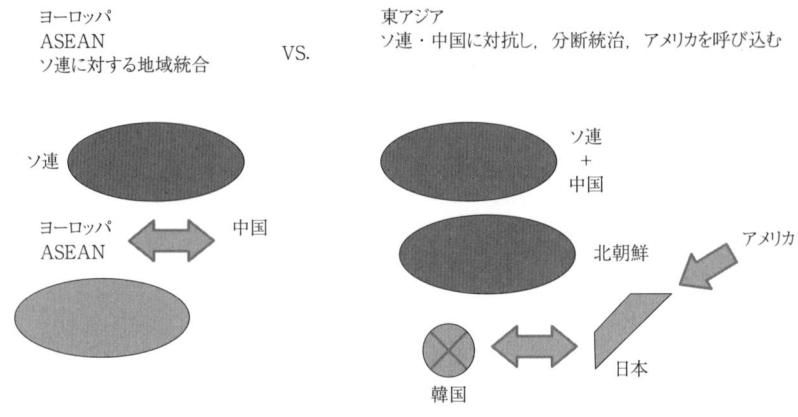

図 序-1　アメリカの戦略

なぜ東アジアでアメリカは分断政策をとったのか

　欧州，東南アジアで，統合による反共産主義体制の形成を支援したアメリカは，なぜ東アジアでは分断政策をとったのか。ヨーロッパと東アジアで何が違うのか。何が東アジアの特徴なのか。一つは，中国と北朝鮮の共産主義化である。ソ連，中国，北朝鮮と広がる共産主義拡大の危機が東アジアにあった。ソ連・中国・北朝鮮が結べば強大な勢力となる，という危惧である。それに対して，韓国と日本は分断することによって太平洋の彼方からアメリカを呼び込み，アメリカをハブとして2国間の軍事網を準備することで対抗しようとした。

　日本と中国・ソ連と，韓国の分断による共産主義への対抗とアメリカの呼び込み。東アジアでは，常に分断がアメリカの基本戦略となっている。分断することによってアメリカの存在意義は高まる。21世紀初頭，アメリカは，東アジアの「軸足（Pivot）」，東アジアの「再編（Rebalance）」としてますます影響力を東アジアにシフトしてきている。それが，結果的に日本，韓国，中国の敵対関係をさらに助長している。

　戦後のマッカーサーの東アジアの分断戦略は，きわめて効果的であった。1949年の中華人民共和国の誕生と1950年の朝鮮戦争の勃発以降，隣国との明白なイデオロギー対立，領土対立，歴史的和解の棚上げが，日中韓の3国の間に現在に至るまでの強い歴史的な敵対意識を育むこととなったのである。

欧州とアジアの違い

　ではなぜ，どのように欧州と東アジアの決定的違いが持続的に再生産されたのだろうか。

　第1は，独仏和解の成功，独仏100万人若者交流計画の成功（この70年で800万人の若者が育ち，独仏関係の中枢を担う）である。第2次世界大戦後，ドイツはフランスとの「和解」を基礎に，欧州に再び組み込まれた。それにより，東西に分断された一方の西ドイツはヨーロッパに組み込まれ，戦後のマーシャル・プランという，アメリカからの膨大なドルと商品による戦後復興基金を受け取ることとなった。その利益は，ドイツ・フランスのみならず，ヨーロッパ全体に及んだ。ソ連・中国は第2次世界大戦の最大の被害国であり，連合国でありながら，それぞれ戦後復興基金から排除されたのである。

　第2は，ドイツ・ポーランド和解とドイツ・ユダヤ人和解である。ドイツ・ポーランドの和解，ドイツ・イスラエルの和解と賠償の保証，さらに痛みの共有と償いである。ドイツの償い・贖罪は，冷戦終焉後25年を超えても，まだ終わっていない。ドイツは現在に至るまで，機会あるごとに，常に「深い反省」を欧州全体に表明している。2013年秋ベルリンで，2014年4月イスラエルで，筆者は2度，ユダヤ人たちが，「ドイツは良くやっている」，という評価を聞き，衝撃を受けた。600万人の残虐なホロコーストによる絶滅作戦を経てもなお，戦後の国家行為のあり方によっては和解が成立するということを，ドイツとイスラエルの間に見ることができた。「謝罪を続けること」「常に相手の立場に身を置き考え続けること」。会議に参加したドイツの和解を進めるNGOの代表はその2点を強調した。[14] なぜ日中韓では，そうした歴史の痛みや苦しみを共有できないのだろうか。

　第3は，ロシア（ソ連）と中国である。ロシアと中国は，いずれも第1次世界大戦，第2次世界大戦で，最大の犠牲を払いつつ，にもかかわらずそれぞれ戦後の社会主義体制ゆえに，謝罪と償いを受けることがなかった国々である。これらの国々は，朝鮮戦争下のサンフランシスコ講和条約では，講和会議に呼ばれることはなく，実際の平和交渉から排除されてしまった。その後冷戦が開始された結果，国交回復は2国間の個別のものとなり，戦後補償としては中韓両国ともに歴史的不満が残った。日本は中国に対しては，体制が違うゆえに，

「反省」「制度化」を行うことが困難である。しかし，アメリカの戦略がたとえ異なったとしても，できることはあるように思われる。アジアで，日中韓は何をなすべきか。何ができるだろうか。

日本はどうすべきか

　提案の一つは，日本が，アメリカとアジアを結ぶ位置にあることを認識すべきであること，第2はアジアとの経済共同，文化共同を進めることである。

　第1は，日米同盟かアジアかの二者択一ではない。どちらも取る，東西に橋を架ける役割を果たすことが重要である。積極的に，中国，韓国，ASEANとネットワークを形成することである。2015年に始まったAIIB（アジアインフラ投資銀行）57カ国発足にも象徴されるように，参加しなければ日本が孤立するという切羽詰まった状況も起こりうることを認識すべきである。

　第2は，経済共同，文化共同を進めることである。これはアジアで最も重要な課題であると言っても過言ではない。アメリカのオバマ政権の政策は，アメリカ＋EUのFTA＋Asia-Pacificに軸足（Pivot）を置くことである。「アジア経済と結ぶことによりアメリカ・欧州は回復する」「200万人雇用，輸出倍増計画」に象徴されるように，アメリカは，アジアと結んでこそ成功するという方向に明らかにシフトしている。

　日本も，日中韓の領土や歴史問題の対立を超えて，共同のエネルギー開発，経済協力を並行して進めるべきである。またいわゆるクールジャパン，音楽，アニメ，映画，伝統芸能などの交流により，政治的敵対の中でも，文化，若者，大学における知的交流を，対立の中の継続的な絆とするべきであろう。独仏の70年間800万人の若者交流にはほど遠いが，交流の継続により安定と相互依存を確保し，平和と繁栄を共同で享受することができる。それこそ米・欧の先進国が目指し実行していることでもある。日本も経済関係と文化関係の強化により，それを実現することができる。

　第3は，安全保障面で安定を維持し，紛争・戦争勃発の危機を回避することである。尖閣，竹島をめぐり，とくにADIZ（防衛識別圏）上空で近年急速に高まっている日中のニアミスと偶発事故勃発の危険を回避することに，全力を尽くすべきである。プーチンは北方領土をめぐり，「引き分け」「凍結」を目指

した。中国の境界線は習近平とプーチンの「引き分け」合意により，6000 kmの境界線に現在領土対立は存在しない。それは，安定的同盟関係，安定的経済発展にとってきわめて重要な保障となる。ウクライナ問題での軋轢はあるものの，地域間の安全保障政策をロシアも含め共同で進める必要がある。アメリカとの集団的自衛（英語では集団防衛 Collective Defense）は，隣国との間に敵を作る。そうではなく，北東アジア隣国との連携を強化することこそ重要である。

　安全保障面における，日米同盟と中露同盟（上海協力機構：SCO）の対抗では，東アジアの対立と分断を余儀なくさせられる。経済，文化における日中韓の3国協力こそが大陸と日本を繋ぐ要とある。第1に，北朝鮮のソフト・ランディングを日中韓露米共同で支える。第2に，非伝統的安全保障──食，防災，感染症などの制度化を進める。第3に，核不拡散の保障，日中韓相互のホットラインを，政府およびNGOの各層で強化する必要がある。第4に，中国の民主化は急がない。これは逆説的かもしれないが，「民主化」導入による「ソ連崩壊」と，1989年，民主化を弾圧し「天安門事件」を起こした結果，今の成長を結果づけた2つの対極的事件の教訓でもある。政治の急進化による東アジア全体の不安定化は，東アジアの成長を押し止め，結果的に米欧体制の継続を保障する。

シンクタンク・ネットワークの強化

　重要なのは，アジアにおけるシンクタンク間のネットワークの強化，ソフトパワーの強化である。既に800万人の若者が巣立った，独仏若者交流100万人計画にならい，日中韓30万人若者交流計画がささやかながらも進行している。これをさらに発展させること，また，政府・外務省・文部科学省による日中韓三国地域協力関係の進展，キャンパス・アジア共同大学院構想（北京大，ソウル大，東大）の進展のみならず，より開かれた多大学間連携のプログラムを発展させることが重要である。

　アメリカと欧州は，強力な数千人規模にわたるシンクタンクとそのネットワークを持っている。アジアに欠けているものは，共同のシンクタンクおよびシンクタンクのネットワークの広がりであろう。日中韓の技術力は，世界的に高いものがある。それを基盤とし，アジアの経済・技術・文化発展をリードし，

発展させる。経済界，官界，市民の共同リーダーシップによるアジア・シンクタンクのネットワークを形成する。そして，若者および市民による30万人交流計画を実行に移すことが必要である。

経済共同

アジアの地域統合と，日米同盟・日欧関係は両立できる。2014年10月，北京で開かれたAPEC（アジア太平洋経済協力会議）の首脳会議・閣僚会議では，2020年までに自由で開かれた貿易投資の実現を目指すというボゴール目標を基礎に，FTAAP（アジア太平洋自由貿易圏），TPP，RCEP，日中韓FTAなどを中心に，革新的な発展と経済改革および成長が目指されることとなった。

2013年秋に欧州経済産業総局長は，百数十の企業を引き連れ，日本そして中国に経済交渉に訪れた。残念ながら日欧企業間の実りは少なかったが，欧・中国企業の間で多くの契約が締結された。両面政策に本気で取り組まねば，日本は孤立する。中国は，AIIB（アジアインフラ投資銀行）や一帯一路のシルクロード構想のように積極的に中央アジア，欧州と結び，西にその経済力をシフトしつつある。21世紀はパワーシフトの時代である。基本は，経済と繁栄，知力・技術開発である。中韓に，経済以上に知力で負けている状態を，克服せねばならない。21世紀を生き延びるために米欧は，アジアとくに中国と共同する必要があると認識し，実行している。経済のWin-Win政策，知力技術力・文化力を磨く必要がある。

歴史認識の問題

まず，戦争時の従軍慰安婦問題，南京虐殺の問題などがある。第1に，村山談話と河野談話に基づき，日本は中国・韓国に謝罪を続けることが必要である。[15]軍の関与，殺害人数の多寡を争うことは，真の反省をしていないように見えがちである。『ジャパン・アズ・ナンバーワン』を書いたエズラ・ヴォーゲルは，「(戦争責任については)加害者として謝り続けるべきであり，数や軍の関与をめぐって争い続けるべきでない」と述べている（エズラ・ヴォーゲル「オピニオン」『朝日新聞』2014年4月19日)。それはドイツが戦後一貫して追求している態度でもある。第2に，従軍慰安婦問題についてはNGOによってではなく，政府に

よって相互の議論に基づき償いをする必要がある。第3に，従軍慰安婦に従事させられた多くの女性たちが亡くなりつつある現在，補償を急ぐ必要がある。また，残された遺族に対していかなる償いをするかも決定する必要がある。

次は，歴史教科書問題である。ドイツ・フランス共通歴史教科書はモデルではあるが，しかし問題も存在する。日中韓の間では，独仏歴史教科書のような「共通の」歴史教科書はおそらく作ることができない。ようやく冷戦終焉後に始まった，ドイツ・ポーランドの歴史教科書作りは困難に直面している。

日中韓で，相互に歴史認識が大きく離れているとき，共通教科書を作るのは不可能に近い。それよりも，バルカンで行われているような，相互の国の歴史教科書を，副読本として互いに学び合うなどの努力と工夫が必要であろう。

アジアの発展の未来に向けて —— 市民・若者交流の重要性

以上に見てきたように，経済発展とパワーシフトが始まっている東アジアにおいて，緊張が高まり領土不安と対立が存在する中，過去の歴史に学び，敵対の中から信頼を醸成し，若者を育成し，若者の交流によって，隣国との共同を育んでいくことは急務の課題となっている。緊張と対立の中から信頼醸成を育くむ努力を継続していくことは，戦争を予防する鍵となる。

歴史問題への深い理解と，加害国にとっては「過去の謝罪を継続し，二度とやらないと決意し続けること」が，「戦争前状況」において未来の戦争を予防する最大の保証となる。またそのためにも，市民・若者の相互交流，相互育成，相互討議がきわめて重要な課題となる。大学は，相互の共通の話し合いと若者交流の発信の場として重要な基盤となろう。学者・学生・院生の交流，経済界，メディア，官庁，国際機関をも意識的に含めた交流のネットワークを，継続的に培っていくことが平和と安定と発展の基礎となる。

アジアも，ヨーロッパの戦争の荒廃と過去の克服，和解に学べるところは学びつつ，和解と共存作業を構築していくことが不可欠である。ドイツとフランス，ドイツとポーランド，ドイツとイスラエル，ドイツとロシアなど，戦争の加害者と被害者の相互理解，ホロコーストで数百万の死者を出したとしても「ドイツは良くやっている」とイスラエルのユダヤ人に言われるような，地道な戦後の信頼構築を日本も行っていくべきである。政府がやれずとも，大学・

民間経済界・メディア・官庁の連携により実現可能である。

　日中韓の相互和解の重要性，連携によって世界一の経済圏となり，世界経済を安定的・発展的にリードできるという自覚，対立を放置，さらに挑発すれば新たな戦争に向けての緊張はきわめて容易に辺境の境界線で起こりうることを認識しつつ，不断の信頼構築の努力を若者とともに重ねることが重要である。

　21世紀は，パワーシフトとアジアの時代である。そこに緊張と対立を呼び込んではならない。5年後，10年後に，アジア経済が世界のトップになる時代を迎えている時，それに危機感を持って内側から緊張と対立を招くのでなく，新興国のナショナリズムとパワーシフトが常に緊張と戦争を引き起こしてきた歴史と，戦後の敵との和解に学び，戦争によらないゆるやかな勢力転換を図っていく必要があろう。

　欧州では，この100年前，たった30年の間に行われた2つの世界戦争，900万の犠牲を出した第1次世界大戦，5000〜6000万人の犠牲を出した第2次世界大戦を経て，2つの戦争直後に敵対国の間で始められ，ホロコーストの数百万人の犠牲の上に「謝罪を続ける」ことによる和解を経て，現在の平和を形作っている。

　他方，日中韓の境界線は，歴史的なアメリカの分断政策と新たなアメリカの軸足戦略，相互和解，相互交流の困難さにより，現在一触即発の状況である。北朝鮮には核が存在し，防衛識別圏（ADIZ）では，毎日のように戦闘機のニアミスが続く。いつ事故が勃発し，死者が出てもおかしくはない緊張状態の中で，アジアの繁栄か，アジアの戦争か，の選択は私たちの手に握られている。アジアの緊張は，誰にとって有利なのか。不利なのか。

　敵との和解は，紛争解決と安定・繁栄の基礎である。敵対と緊張が高まっている今こそ，経済と知，文化と若者交流を軸に，信頼醸成と共同発展を実現していかねばならない。敵対と対立を超えてのアジアの共同，発展，繁栄が，世界の危機を救う。そしてそれを担っていくのは，敵対と不信の最前線にいる日中韓の市民と若者たちの相互信頼醸成と相互交流なのである。

3 本書のねらいおよび構成

　最後に，本書のねらいと構成について触れておこう。近年，アジア諸国間の交流はますます盛んになっているが，領土問題や歴史認識問題にみられるように，国家間の共通理解を得るのは容易ではない。グローバリズムとリージョナリズムという2つの力の狭間で，アジアはいかなる方向へ進むのか。本書では，この2つのダイナミズムを視野に入れ，アジアの共生と成熟・発展，そしてそれを阻む諸問題を，歴史，政治，経済，社会，環境など多様な視点から考察する。本書に収められている諸論文は，現代および過去におけるアジア諸国・地域の事例を示し，「アジア共同体」研究に貢献しようとするものである。「アジア共同体」をどのように構築していくかについて，各研究者の見解は分野別に若干異なるが，まずアジアを理解し，相互理解を深めることに異議はないだろう。

　以下においては，本書の全体の構成を簡単に紹介しておこう。本書は，第Ⅰ部と第Ⅱ部から構成されている。第Ⅰ部「歴史・政治・国際関係からみたアジア」は，第1章から第6章まで6本の論文からなる。

　第1章（三谷博）では，東アジアに安定した秩序と平和をもたらすには日本と隣国，とくに日中韓が過去から引き継いだ「歴史認識問題」に適切に対処すべきと力説する。筆者によれば，2001年の「つくる会」教科書論争以後，日中韓の歴史家たちは数々の対話や歴史の共同研究に関与し始めたが，政府レベルでは失敗したものの，民間レベルでは成功したという。その理由については，政府レベルではいかにアカデミックな交流を目指そうとも，自国の体面や利害を無意識のうちにも考慮せざるを得ない。一方，民間レベルでは背後に国家を背負わず，一個の歴史研究者として臨んでいるため，史料の批判的検討と国境を越えた知的基盤の創出という点で価値観を共有しやすく，知識人の国際的公共圏も築かれていった。しかし，これらの動きは，政治家たちと学者たちとの間に深い溝を生じさせ，政界や世論から孤立を招く結果となり，現在の日中韓で緊迫した状況を生み出す要因の一つであると指摘した点はたいへん興味深い。

　第2章（李元徳）は，アジア共同体を考えるうえで「過去」をいかにして克

服するのかが問われているが，ここでは戦後処理問題を日本とドイツとの比較から論じる。筆者は「賠償外交」という戦後処理概念を採用し，類似した状況で戦後を迎えたドイツの「補償外交」と日本の「賠償外交」の全体像を明らかにする。ドイツは，東西ドイツの分断と冷戦により国家賠償問題を回避できたが，その代わりにナチズムによる迫害の犠牲者を対象とする個人補償が中心となった。一方，日本はドイツとは対照的に国家を対象とする賠償に終始一貫してきたが，それは1951年に締結されたサンフランシスコ講和条約の枠内で行われていた。このように，戦後処理に対する日本とドイツの違いは，アメリカの両国に対する認識の差が大きく影響し，両国の占領政策にも根本的な差がみられると指摘する。

第3章（臧志軍）は，中国の対アジア外交を3つの時期に区分して論じる。第1期の冷戦期では，アメリカをはじめ西洋諸国による対中包囲圏の突破が重要課題であった。中国は，戦争や集団的な軍事対抗ではなく「平和と発展」を重視するとともに，自国の利益を守るという現実的な視点に基づき，周辺国と協力関係を結ぶことはあっても，地域共同体を作るという意欲は見られなかった。第2期の転換期では，アジアにおいて「地域統合」や「地域共同体」という構想が打ち出され，発展した時期である。中国の「東アジア共同体」構想への態度は，経済分野を中心とした「地域協力関係」の促進であるため，政治と安全保障面からみると，アメリカとの関係が大きく影響し消極的であった。しかし，第3期の習近平時代に入ってからは，アジア共同体に対する主導的かつ進取の気運が高まっているが，これらの構想がどの程度実現可能かについては中国の底力が試されていると結論づけた。

第4章（古内洋平）は，貿易の拡大やその制度化が，アジア太平洋地域の平和に貢献するかに関して，ネットワーク分析を用いてその可能性を分析する。アジア太平洋地域では，2000年以降のFTAを足がかりとして，地域全体の経済協力の枠組みが構築され，それが地域の安定と平和に貢献することが期待されている。経済大国である日本と中国は必ずしもネットワークの中心に位置しているとは限らず，アジア太平洋地域の貿易制度形成や地域統合の地理的枠組みにおいては，ASEANがその中心になっている。また，アジア太平洋地域の地域統合を考えるとき，日本は，域内諸国に対して社会的権力を行使できる立

場にないが，アジア太平洋地域と他の地域を架橋するブローカーを目指すことで，権力の資源を増やすことができるという，たいへん興味深い見解を示してくれる。

　第5章（高柳彰夫）は，国家以外のアクターの一つとして市民社会組織（CSO）に注目し，その現状と課題について論じる。近年，アジアにおける経済成長が注目されるが，世界の極度な貧困者の60%以上がアジアにいることから，貧困が依然としてアジアの重要課題であることを明らかにしたうえで，CSOの問題領域として重要なのは，開発や貧困削減であると強調する。新しい傾向としては，韓国や台湾のドナー化と新興ドナーの台頭に伴う「援助の光景の変化」が見られる点，またアジアにおける国際開発協力のCSOのネットワークの活動を通じて，アジア諸国における援助効果・効果的な開発協力やCSOの開発援助の可能性についても考察する。アジアの市民の共同体を展望するに当たり，CSOのネットワークの活性化は「リージョナル市民社会」の萌芽であり，「リージョナル市民社会」は，国家間対立とは違う形で市民間の「もう一つの国際関係」を模索する空間であると結論づける。

　第6章（上原良子）は，ヨーロッパ統合という歴史的実験が東アジアの国際関係の未来にとって有益なモデルとなり得るのかという問いに対して，実現困難と答えた。その理由として，地域統合とは，歴史に根差した地域特有の諸問題に対応する独自の形態なので，EU型の共同体を東アジアに移植することには無理があるという。多様な価値・体制が共存する東アジアにおいては，EU型の共同体の移植よりも，むしろ歴史的経緯と緊張関係が続くEUと近隣諸国との関係に注目すべきであり，EUと近隣諸国との間の境界領域における安定と信頼醸成等の可能性の模索こそが参考になるという，筆者の指摘はたいへん重要であろう。EUは自らの共同体の深化と同時に，価値を共有しない域外との関係構築にも尽力してきたことを考えると，境界領域をめぐるヨーロッパの取り組みには，東アジアの信頼醸成を促すヒントがあるという提案は，さらなる議論への道を拓く。

　第II部「経済・社会・環境からみたアジア」は，第7章から第12章まで6本の論文からなる。

　第7章（金鍾杰）では，日韓FTAと韓米FTAについて検討したうえで，こ

れから韓国または東アジア周辺諸国がとるべき発展と協力モデルについて論じる。日韓FTA交渉の決裂と韓米FTAの締結といった一連の過程は，韓国のFTA戦略がアメリカと歩調をともにしたことを意味するが，韓国社会の「公共性」と政策の「自律性」の側面からみてかなり困難な選択であった。韓国および東アジアにおける安定した経済成長のためには，既存の「不平等」と「両極化」によって維持された成長路線を，「平等」と「均衡」に即した発展路線に転換すべきである。また，東アジアの国々が今後目指すべき経済モデルが，均衡成長と社会的な公共性を維持できる政府政策の「自律性」の確保にあるとするならば，経済協力のモデルも当然そのような性格を広げる方向で進めなければならない。筆者は，FTAという狭い範囲にとらわれず，多面的な協力を推し進めることが重要だと主張する。

　第8章（畢世鴻）は，アジアにおける地域協力が拡大しているなか，中国の立場とビジョンについて，主に2000年以降の動向を中心に経済面から論じる。中国は自国の国境まで影響力を拡大してきたASEANの重要性を認識し，表向きには「ASEANが核」との姿勢をとっているが，実は最大の経済規模を有しつつアメリカを牽制するという戦略がある。中国は，RCEPとFTAAPの構築に参画するだけではなく，新たに「一帯一路」という戦略構想を提唱している。しかしながら現状では，周辺諸国に進出するチャイナ・マネーと中国人への反発をいかに解消し，新しい中国脅威論を防ぐことができるのか。また中国国内における地域間の格差と貧富の格差をいかに克服できるのかなど，多くの課題を抱えていると指摘する。

　第9章（金香男）では，東アジアにおいて少子高齢化が急速に進展するなか，ケアの担い手確保は日本のみならず，東アジア全体の共通課題であることを明らかにしたうえで，東アジアおよび日本における外国人ケア労働者の現状と課題について論じる。グローバル化が進む中で，介護人材の確保が国際的な競争となりつつあるが，東アジアにおいては，EUやASEANのような地域共同体が存在しないため，人の移動をめぐる問題を多国間で議論する共通の「場」がなく，EUのように共同体に権限を委譲し，拘束力の強い共通政策をもつことができない現状がある。また現在，人の移動に関する法制度そしてその地域的枠組みは，2国間関係が中心となっているため，2国間の覚書が有効に機能し

ないなど多くの問題を抱えている。今後，各国の裁量にある２国間覚書の規定を包括的に網羅する多国間枠組みの構築が必要であると主張する。

　第10章（大西比呂志）では，国際港都である横浜市を事例に，戦後自治体がいかに国際化政策を形成してきたかを論じる。横浜市の対外政策，とくに飛鳥田市政は全国の革新自治体をリードし，多方面で「革新的政策」を実施したが，その中でも「自治体外交」として展開した「アジア外交」は注目すべきである。飛鳥田市長は，外交を国の専任事項とする考えに対抗し，外交問題に発信するのは自治体の権利と主張し，「自治体外交」として姉妹都市提携が有効な方策と考えた。当時，日中関係改善の一つの方法として，横浜―上海の都市提携を進め，人と人との交流を通じてお互いの理解を深めて国交回復の基礎を作ったのである。横浜市のアジア太平洋地域での国際化政策は，戦後占領期から飛鳥田市政期を通し歴史的に積み上げられた政治過程を経て形成されているという見解は，今日においても多くのヒントを与えてくれる。

　第11章（ラム・ドルジ，田儀耕司）は，経済発展とともに東南アジアで起きている環境・社会問題について，インドネシアやタイとの比較から，ブータン独自の国策であるGNH（国民総幸福量）について分析し，GDP（国民総生産）至上主義に代わるアジアの「豊かさ」について論じる。ブータンでは，途上国が経済発展の過程で陥りがちな「自然環境保全対開発」の構図にはなっておらず，自然との共生が優先されている。また自然環境保全だけでなく，伝統文化の保全やコミュニティの元気さなども国策の指標にされている。現段階では，GNH自体が完成度の高いものとは言えず，十分な成果が出ていないため，格差拡大の抑制には繋がっていない。しかし，グローバル化が進む世界経済の中で，ブータンのようなGDPに代わるGNHのような新しい国の発展指標が，今後ますます注目されよう。

　第12章（和田幸子）では，急速に変化する国際環境を背景に，再生可能エネルギーの利用の推進に取り組むインド政府の政策と国民の生活実態を明らかにしたうえで，それらが内外の社会的変化にどのような影響を及ぼすのかについて論じる。インドはイギリスから独立した後，「多様性の統一」理念を掲げ，常に途上国のリーダーの一員として存在感を高め，SAARC（南アジア地域協力連合）の設立と発展に大きく貢献してきた。一方，世界は経済発展を急いだ結

果,地球規模の気候変動に直面している。インドはこうした事態を的確に認識し,風力や太陽エネルギーなどの再生可能エネルギー利用重視の政策を実施しており,多様な自然的・地理的条件を活かしながらエネルギーの自給率を高めている。急成長を続けているアジア各国が必要とするエネルギーをいかに確保していくか,再生可能エネルギー「先進国」のインドが示唆するところは多い。

　多様な価値・体制が共存するアジアにおいて求められるのは,短期的な失敗を乗り越え,長期的な取り組みとして協調関係確立への不断の努力を積み重ねる姿勢,つまり粘り強さであろう。そのためには経済問題を超えて,相互に歴史,政治,社会,環境など幅広い学術交流が必要とされる。本書が,アジアの相互理解と信頼醸成のためにその一助となるなら,これ以上幸せなことはない。

　　註
(1) パワーシフトについては,Alvin Toffler, *Powershift: Knowledge, Wealth, and Violence at the Edge of the 21st Century*, Bantam Books, 1990, を参照。
(2) アジアの地域主義の発展については,Christopher M. Dent, *East Asian Regionalism*, Routledge London and New York, 2008. が詳しい。さらに以下も参照。Kumiko Haba, ed., *Great Power Politics and the Future of Asian Regionalism*, at Harvard University, Aoyama Gakuin University Tokyo, 2013. Stephen Aris, *Eurasian Regionalism: The Shanghai Cooperation Organisation*, Palgrave, Macmillan, 1988. Melissa G. Curley and Nicholas Thomas, eds., *Advancing East Asian Regionalism*, Routledge, London and New York, 2007. G. John Ikenberry, Yoshinobu Yamamoto and Kumiko Haba, eds., *Regional Integration and Institutionalization comparing Asia and Europe*, Research Institute, Aoyama Gakuin University, Shokado, 2012. 羽場久美子『グローバル時代のアジア地域統合』岩波書店,2012年。山本吉宣・羽場久美子・押村高編著『国際政治から考える東アジア共同体』ミネルヴァ書房,2012年。
(3) 羽場久美子「パワーシフト――国家不安,領土紛争とゼノフォビア」『学術の動向』2014年1月。
(4) 羽場久美子「尖閣・竹島をめぐる『固有の領土』論の危うさ――ヨーロッパの国際政治から」『世界』2013年2月。
(5) 凌星光「アジアインフラ投資銀行設立の世界的意義」http://www.alter-magazine.jp(『オルタ』第137号)2015年。羽場久美子「パワーシフトと,AIIB・シルクロード構想――欧州と中国の共同」『季刊国際貿易と投資』100号記念増刊号,

2015年。
(6) クシシトフ・ポミアン，松村剛訳『ヨーロッパとは何か——分裂と統合の1500年』平凡社，1993年，2002年（増補版）。
(7) 第一次世界大戦，第二次世界大戦の戦死者については，「第二次世界大戦等の戦争犠牲者数」(http://nvc.webcrow.jp/TR7.HTM) の詳細な資料を参照した。世界戦争の膨大な犠牲者数が，数値の違いも含めて延々と記述されている。あわせて，羽場久美子「コメント1　境界線とナショナリズムの視点から」『大原社会問題研究所雑誌』679号，2015年5月，も参照。
(8) ロバート・ケーガン，山岡洋一訳『ネオコンの論理』光文社，2003年。
(9) Michael Mann, *The Dark Side of Democracy: Explaining Ethnic Cleansing*, Cambridge University Press, 2005.
(10) 欧州統合に対するアメリカの関与については，ゲア・ルンデスタッド，河田潤一訳『ヨーロッパの統合とアメリカの戦略——統合による「帝国」への道』NTT出版，2005年。
(11) 初代NATO事務総長イズメイ卿の発言については，David Reynolds, *The Origins of the Cold War in Europe: International Perspectives*, Yale University Press, 1994. を参照。
(12) EUの拡大については，羽場久美子『拡大ヨーロッパの挑戦——グローバル・パワーとしてのEU』中公新書，2004年，2014年（重版）。羽場久美子・小森田秋夫・田中素香編『ヨーロッパの東方拡大』岩波書店，2006年。
(13) マーシャル・プランについては，George C. Marshall, *The Marshall Plan and the Future of U.S. European Relations*, Harvard University, 1947. Michael J. Hogan, *The Marshall Plan: America, Britain and the Reconstruction of Western Europe, 1947-1952*, Cambridge University Press, 1989. 永田実『マーシャル・プラン——自由世界の命綱』中公新書，1990年。
(14) ベルリンでの独仏・独ポ・独イスラエル和解と，日中韓和解の共同国際会議招聘。American Institute for Contemporary German Studies (AICGS), Johns Hopkins University, 2013.
(15) 羽場久美子「欧州議会は，なぜ従軍慰安婦非難決議を出したか」『学術の動向』2009年3月。
(16) 吉見義明『従軍慰安婦』岩波新書，1995年。
(17) 近藤孝弘『国際歴史教科書対話——ヨーロッパにおける「過去」の再編』中公新書，1998年。羽場久美子「世界史からの歴史教育の提言いかなる歴史認識をつくっていくか？——ヨーロッパ中心主義から新しい普遍主義へ」『学術の動向』2011年10月。
(18) 南東欧における民主主義と和解のためのセンター（CDRSEE）企画，クリステ

ィナ・クルリ，柴宜弘監訳『バルカンの歴史——バルカン近現代史の共通教材』明石書店，2013年。

第 I 部

歴史・政治・国際関係からみたアジア

第1章　日中韓の歴史認識問題
　　——東アジアの平和と秩序の阻害要因にどう対処するか——

三　谷　　博

1　危機とその根

　2015年の現在，東アジアの国際関係，とくに日本と韓国・中国との関係は，その国交回復（それぞれ1965, 1972年）以来，最も緊張と不安に満ちたものとなっている。韓国大統領が竹島に自ら上陸し，さらに日本が東シナ海の尖閣諸島を国有化した2012年夏以降，関係各国の世論は反感が反感を呼ぶ悪循環に陥り，日本と中国との間には以前には想定し得なかった軍事衝突の可能性まで生まれた。21世紀の初頭にしばしば語られた，国際相互依存の深化を基礎とした平和で安定した国際秩序，さらには「東アジア共同体」の到来への期待は，消し飛んでしまったかに見える。

　しかしながら，この地域に住む人々が好んで敵対を欲しているわけではない。国家関係の悪化の中で見えてきたのは，むしろ民間レヴェルの相互関係の深化という趨勢の力強さである。政治的ショックが生じて1年半余が過ぎると，韓国と中国，とくに中国から日本を訪れる観光客の数は元の水準を上回るまでに回復した。経済面の関係も同様である。たまたま，今年2015年はアジア太平洋戦争の終結と脱植民地化から70年，日韓条約の締結から50年という節目の年である。遅まきながら，政治面でも各国政府は対立緩和の努力を始めているようである。それが実れば，東アジアの前途を悲観する必要はなくなるだろう。

　しかし，この数十年を振り返ってみると，日本と隣国の関係は常に同じパターンを繰り返してきたことに気づく。関係改善の努力，相互関係の深化，関係の改善，そして「事件」に伴う突然の関係悪化という循環の反復である。状態が「振出し」に戻ってしまうわけではないにしろ，その中で，国内世論を押してあえて国境を越えた繋がりを作り出し，関係改善の努力をしてきた人々が失

望したのも無理はない。しかしながら，今の事態は見捨てるには深刻すぎる。世論間の悪循環を停止し，逆転させない限り，東アジアに幸せな未来は訪れない。

では，どうすべきか。それは，この国民感情の対立の根を掘り出し，適切な手当を施すことである。現在，対立は領土問題という生々しい問題にまで展開し，それは政治的工夫以外に対処する術はない。しかし，東アジアの場合，その困難を倍加する条件がある。「歴史認識問題」に他ならない。「歴史認識」は，ここ東アジアでは普通名詞でなく，「日本人は我々隣国人に対する20世紀前半の侵略と支配に対し，どう認識するのか。どう責任を取るのか」という固有名詞，特定の政治的問いかけである。これが日本に対する隣国からの非難や敵対的行動の根源にある。このマグマはどうして生じ，どんな性質を持っているのだろうか。その解明は，いま我々が陥っている悪循環を和らげ，やがては好循環に転化するため，必須の課題である。政治的対立はその都度，政治的工夫によってやり過ごすことができるかもしれない。しかし，先に見たような改善努力と突然の悪化という循環を絶ち，東アジアに安定した秩序をもたらすには，日本と隣国が過去から引き継いだ「歴史認識」問題に適切に対処するほかはないのである。

2　今日の世界と東アジア3国

日中韓の地位変動

現在の東アジアでの対立は，域内各国の世界での地位の変動と密接に関わっている。韓国がまず経済発展をし，その後中国もその列に加わって，後者は現在GDP世界第2位の超大国となっている。19世紀末以来，1980年代に至るまで，つまり20世紀の東アジアでは日本が図抜けた地位を持っていたが，今は隣国に追いつかれ，なかには追い越された面もある。そうした地位関係の変化の中で，かつて侵略を受け，それを脱した後も長く日本に言いたいことも言えなかった隣国民は，遠慮なく自己主張をぶつけるようになったのである。無論，その心底に見返してやりたいという思いがあるのは想像に難くない。

こうした変化に日本人は戸惑っているようである。明治の文明開化以来，日

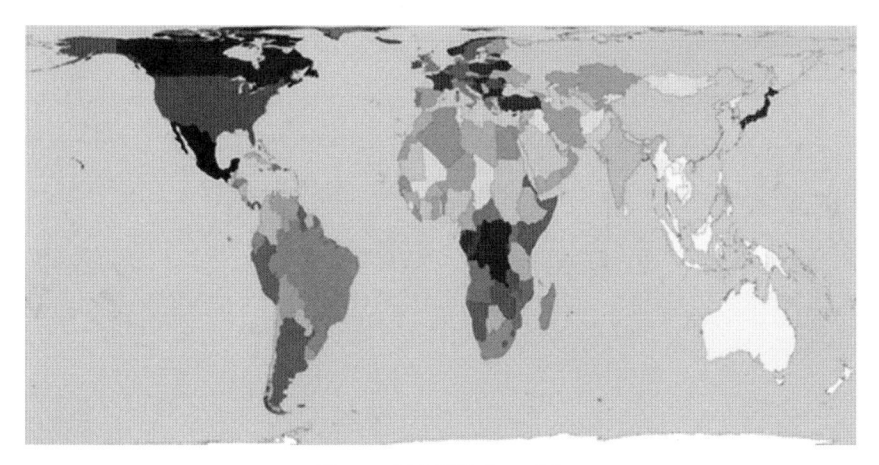

図1-1 領土面積（2000年）

本人は先進国西洋と後進国アジアの間に自国を位置づけるという態度を取ってきた。その国民的アイデンティティは，世界秩序を上下関係で把握し，自らを西洋より下，隣国より上に定位することで形作られてきた。隣国の台頭はこの世界像を壊すことになったのである。実のところ，世界を広く眺めれば日本の地位は依然として高く，人口減少の趨勢の中でも，それは簡単に揺らぎそうもない。しかし，現在の日本人は自信喪失気味で，それは日本だけでなく東アジア全域にとっても放置できない問題である。それを解決するには，まず東アジアの国々が世界に占める地位を長期的な視点から客観的に観察し，さらに国際関係を優劣・上下の関係で見ることを止め，対等交際を当然の規範と見なすように発想を転換する必要があると思われる(1)。

　以下ではまず，東アジアの各国が世界の中でどんな地位を占めているのか，簡単に見ておこう。ここに示すのは，イギリスのシェフィールド大学とアメリカのミシガン大学が共同して作ったワールド・マッパーというウェブサイトに掲載されている，領土面積・人口・GDPなどを国ごとに表現した世界地図である(2)。見慣れたメルカトル図法と異なって，地図上の面積に各国の世界の中での比重が正確に表現されている。残念ながら，2005年頃でデータの更新が止まってしまったが，分かりやすい図なので，まずこれを見よう。

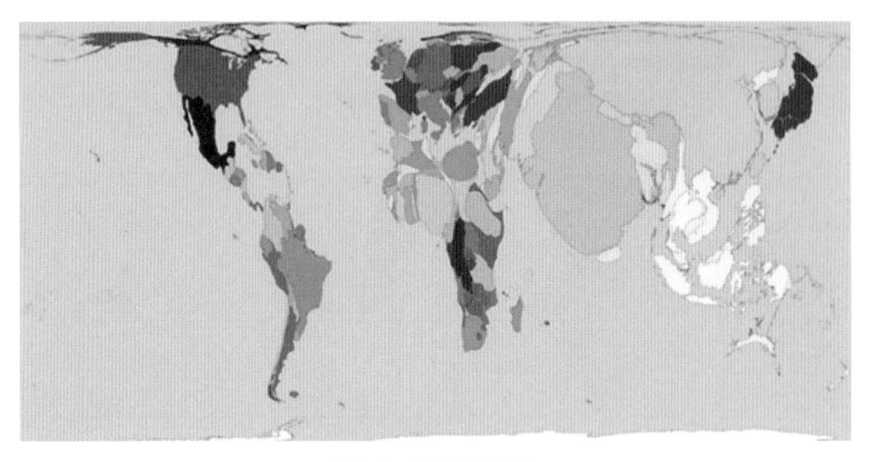

第Ⅰ部　歴史・政治・国際関係からみたアジア

図1-2　人口（2002年）

指標による地位の変化

　図1-1は領土面積を示している。国ごとに描かれた地図ではあるが，まず目に飛び込むのはアフリカの巨大さであろう。現生人類発祥の地，アフリカは，ユーラシア大陸からインド・東南アジアを除いた全域に匹敵する規模である。その位置と目立つ色が使われていることを抜きにしても，これは日常の我々の想像力の歪みを反省させるに足る事実である。南北アメリカも日頃の想像以上に大きい。その中で，東アジアに目を向けると，どうだろう。中国が意外に小さく見えるのではなかろうか。逆に，色のせいとはいえ，日本が大きく見える。韓国はいかにも小さい。

　しかし，人口比を示す図1-2を見ると，景色は一変する。アフリカと南北アメリカが痩せ細る一方，インドと中国が圧倒的な存在感を見せる。逆にメルカトル図法であれほど印象的だったロシアとカナダは見る影もない。東アジアでは，日本，さらに韓国も巨大である。ヨーロッパの国々と比較すると，それがよく分かるだろう。台湾も領土面積に比べかなり大きい。

　東アジアがもっと存在感を増すのは，GDPを示した図1-3である。このGDPは，名目値でなく，消費者物価を基準に計算し直した購買力平価によるデータである。この図で目立つのは，経済規模の点で，北米・西ヨーロッパ・東アジアの3地域が圧倒的な比重を占め，とくに中国の比重が他を圧している

24

第1章　日中韓の歴史認識問題

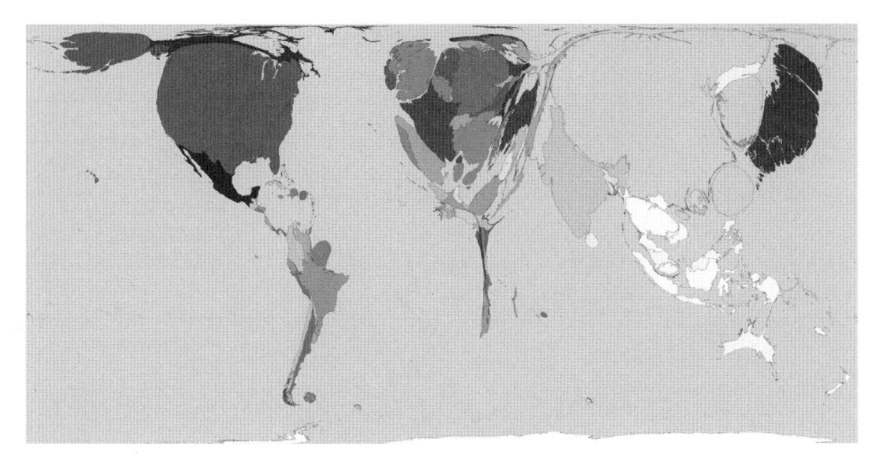

図 1-3　GDP（2015年，推計）

ことであろう。しかし，同時に日本も領土・人口に比して大きな存在感を示している。また韓国が予想以上に大きく，ヨーロッパの国々の中に置いてみると，その第4番目に匹敵する地位を持っていることも分かる。これに対し，北朝鮮はいかにも小さい。このように，世界における各国の比重は，日常的な思い込みとかなり隔たっており，なかでも，中国をはじめとする東アジアのウエイトと韓国の経済力は，刮目に値するものがあることに注意が必要であろう。

「近代」200年の長期変動

では，このような状態がいかにして生まれたのか，経済規模に的を絞って最近200年の変化を見てみよう。図1-4は，ワールド・マッパーに掲載されている1人あたり名目GDPの推移である。世界を地域別にまとめて表示しているが，日本だけは一国で表示されている。この図によると，この約200年の間に世界全体の生活水準は2つないし3つのグループに分かれて推移していた。最初から高位のグループ，最初から最近まで停滞ないし降下を続けたグループ，そして後者から前者に移った，ないし移り始めたグループである。無論，前者は西欧と北米，次はその他大多数の地域，最後は日本およびつい最近の東アジアとアジアパシフィックである。この図を見ると20世紀の後半に日本がいかに特異なパフォーマンス，飛躍を見せたかが分かるだろう。

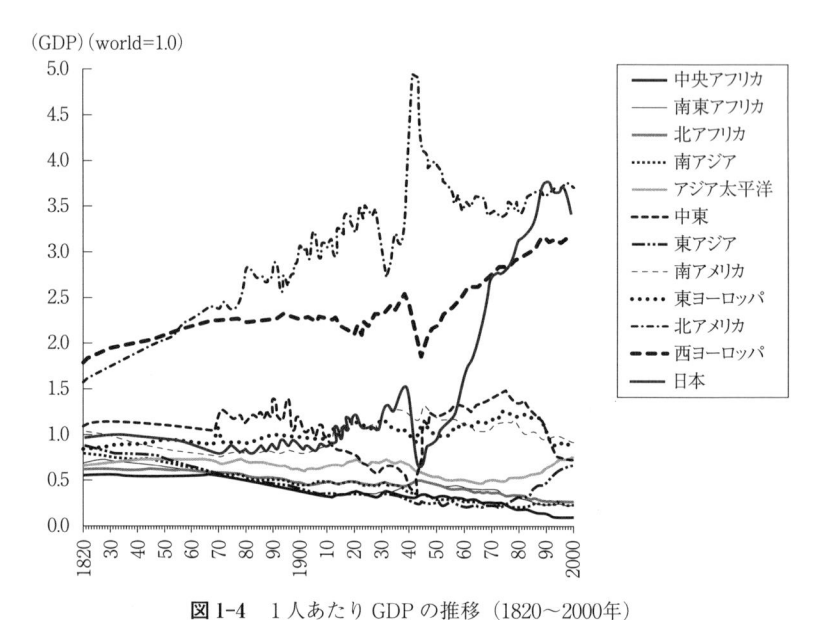

第Ⅰ部　歴史・政治・国際関係からみたアジア

図1-4　1人あたりGDPの推移（1820〜2000年）
出典：http://www.worldmapper.org/data.html　収載 Data file 2（WorldmapperU2）の GDP_capita_charts

　一方，中央の右あたり，1945年頃に急降下したり，急上昇したりした地域があるのも目立つ。これは第2次世界大戦の影響であって，戦争でGDPが急増した国はアメリカ合衆国。国内が戦場とならず，その経済力で欧州を支えたことがこの図に表れている。逆に急降下したのは欧州（西ヨーロッパ・東ヨーロッパ）と日本である。欧州では国内が戦場にならなかったイギリス・フランスと大部分が戦場と化したドイツ・ポーランドやロシアなどとで破壊の程度は異なったはずであるが，全体として大きな経済的消耗を強いられたのは疑いない。全土が空襲にさらされた日本も同様であった。日本についてよく見ると，他地域から抜け出した戦後の急上昇は実は戦前から始まっていたように見える。とはいえ，戦争がなかったら順調に経済成長したはずだとは必ずしも言えない。日中戦争開始後の経済成長は軍需に牽引されたもので，戦後の急成長は空襲と敗戦に伴う階級差の縮小，とくに農地改革という制度改革を基礎とするものだった。これが平時のバランスのとれた経済成長と同一視できるとは思われない。しかし，20世紀の日本が非欧米のグループからいち早く抜出そうとし，敗戦後

にそれを加速していったことは事実であり，それが20世紀後半の世界史で注目すべき現象であったことは間違いないだろう。

3　東アジア秩序の劇変

　冒頭に述べたように，この数年間，東アジアの国際関係は劇変した。日本と中国・韓国の対立は，今世紀初頭では「歴史認識問題」，つまり過去の記憶をめぐって生じていたが，今は領土という生々しい現在の問題に焦点が移っている。

今世紀最初の10年
　2001年に日本の中学校歴史教科書について生じた論争は，日本の国内，そして韓国・中国と日本との間で強い関心を呼び起こし，その規模と激しさは空前のものであった。また，2005年に小泉純一郎首相が国内外の反対の声を押して靖国神社に参拝したとき，中国の大都市では通常は禁止されているはずの大規模なデモが爆発した。しかしながら，これらの「歴史認識」問題は一過性の事件で終わっている。当事国政府は，その後，関係改善を最優先の目標に置き，世論間の感情対立の拡大を抑制することに腐心した。日韓・日中で歴史共同研究を立ち上げて「歴史認識」問題を歴史専門家に預け，政治の世界から隔離することにしたのもその一環であった。

2010年以降
　しかし，最近の紛争は領土問題という生々しいものとなっている(3)。その発端は，2010年9月7日に尖閣諸島の日本領海内で中国の漁船が日本の監視船に体当りした事件にある。船長の逮捕・拘留，そして釈放という一連の動きは，日本政府が当初，映像を含む事実関係を開示しなかったため，中国側に日本側の横暴という解釈を生み，それが強烈な反日世論を呼び起こした。逆に，日本側では，漁船がなぜ監視船の警告に従わず，あえて衝突を冒したのかを疑問とする声が上がった。こうした状況を背景に，2012年9月11日に日本政府が尖閣諸島を買い上げ，国有化すると，中国各地で大規模な暴動が発生し，多くの日本企

業の商店や工場が破壊された。尖閣諸島は日本が実効支配して久しい土地であったが，第2次世界大戦後，これを台湾ついで中国が自国領だと主張し始めた。日本政府は日台・日中関係の安定を最優先して紛争の顕在化を回避しようとし，同地への日本人の上陸を禁止した。しかし，当時の東京都知事はこれを民間から買収し，日本人を同地に上陸させて日本領であることを誇示しようと計画した。その結果，日本政府は現状維持のため，同島を買収することを余儀なくされたのである。

ところが，中国はこれを「本来は中国領であり，目下係争中のものを，勝手に奪い取った」と解釈し，猛烈な抗議を行った。日本側は，政府の領有権と土地の所有権は法的に別物であって，領有権の所在は自明であり，この度は所有権が移転したに過ぎないと考えたのであるが，中国では土地はすべて国有または公有であるため，所有権の移転は排他的領有権を強調する意思表示と解釈されたのである。同地を実効支配していた日本側にとって，中国政府と世論の激発は意想外の展開であった。

たまたま，その1カ月前，韓国の李明博大統領は竹島に歴代大統領として初めて上陸し，その領有の意志を明らかにしていた。ここは日露戦争時から日本領土となり，第2次世界大戦後に韓国が実効支配を始めた後も日本が領有権を主張し続けてきた係争地であった。このため，日本の世論は韓国側の新たな行動に急激に硬化することになった。

この踵を接して生じた案件は，日本側では，隣国が領有権という誰もが敏感な問題について，それまでの慎重な態度を改め，あえて紛争を提起したように受け止められた。一般に，領有にせよ，所有にせよ，土地問題は誰かの得点はそのまま相手の失点となるというゼロ・サムの性質を持ち，したがって妥協が難しい。

2012年，日本と2つの隣国は，この処理の困難な領域に踏み込んだのである。かつ，中国はその後，尖閣の海域に数多くの公船を送り込み，日本側への威圧，時には威嚇を行いだした。砲撃に直結するレーザー照射すら行ったこともある。この展開は，戦後長らく軍事衝突から身を遠ざけていた日本にとって，状況認識の転換を迫る事件であった。政府は自衛隊の増強，さらにその活動範囲の拡大を図り，世論は渋々ながらそれに追随し始めた。戦後日本は平和憲法を持ち，

隣国と異なって，実際にも70年にわたって戦争をしてこなかったのであるが，その前提が外国側から覆されかねない事態が生じたのである。世論が硬化したのは言うまでもない。中国は南シナ海でも同様の威嚇的な領有権主張を始めたが，それは中国国内では大国化に伴う当然の国威発揚行為であると受け止められている。これに対し，日本での危機感は深刻で，国内には被害者意識が瀰漫して，週刊誌には「嫌中憎韓」の記事が溢れるようになった。中には「弱き市民」があえて街頭に出て，「ヘイト・スピーチ」を繰り返すという事態に至ったのである。政府が憲法秩序を無視して集団的安全保障の制度化に踏込んだのはこのような情勢を背景としている。

中国世界戦略の転換

このような東アジアの劇変は，多分に中国が世界戦略を変えたことに起因する。領海問題を掲げて近隣と衝突する相手は，日本だけではない。南シナ海でもフィリピン，ベトナム等と紛争を起している。2012年秋に中国共産党の主席に選出された習近平は，「中国の夢」を国家目標として掲げた。日本や西洋に侵略された「近代」を克服し，今や本来の地位，世界の中心に復帰する時が来た。このような考えは，中国知識人の口吻からかねがね推測してきたことであるが，それを中国のトップが自ら公然と語り始めたのである。あらゆる政治スローガンと同様，「中国の夢」はいかようにでも解釈可能である。しかし，これを権力政治の平面に落してみると，「近代」における西洋の世界覇権への挑戦，具体的にはいま覇権国を自負しているアメリカへの挑戦ということになるだろう。

アメリカを盟主とする先進国連合に対抗し，世界の「中国」に復帰する。その大目標を実現する戦略は世界の準大国と途上国を中国の下に結集することである。これは，人民中国が成立して以来とってきた非同盟諸国の結集というアイデアの延長上にあるが，今までと違うのは，中国が富裕化し，それを積極的に使う能力を獲得していることである。

ごく簡単にそれを見ると，まずあり余る資金を使って，世界金融の覇権に挑戦しようとしている。まず，2014年には「新開発銀行」を組織した。これは，かねて組織に腐心してきたBRICS，つまりブラジル・ロシア・インド・中国・

南アフリカが資金を供出し合い，加入国の政府が財政危機に陥ったときに救済資金を融通する組織である。IMFや世界銀行など米欧が牛耳る機関に依存せずに済ませるのが目的で，本部は上海に置かれることになった。もう一つは，「アジアインフラ投資銀行」(AIIB) である。中国の豊富な資金を呼び水に広く世界から資金を調達し，東南アジアや中央アジアなどにインフラ投資を行おうとしている。マニラに本拠を置き，日本が歴代総裁を出してきた「アジア開発銀行」に対抗する組織であって，中国が事実上その経営権を握るだろうと言われている。いずれもアメリカを中心とする世界の国際金融秩序への挑戦に他ならない。世界銀行やアジア開発銀行だけではいま膨張を続ける開発途上国の資金需要を満たすことが難しいため，歓迎されるはずである。以前から中国はアフリカにかなりの投資をし，成功を収めてきた。その拡大版と考えてよいだろう。ただし，歓迎される理由には現地のエリートへのリベートがある。融資が中国国内と同じタイプの腐敗の輸出とならない保障はない。

　他方，中国は近隣に対しては軍事的な覇権を振りかざし始めている。それは海洋戦略に著しい。眼の前に見えるのは尖閣や南シナ海での軍事威嚇と資源独占の動きであるが，その背後には，長期的な戦略転換があるという。[5]図1-5に示した第1列島線と第2列島線がそれである。日本の九州から台湾沖を経て南シナ海に至る第1列島線の内側は中国の優位が築かれるべき海域で，本土の安全と石油確保だけでなく，台湾の併合が最大の課題である。アメリカ海軍の排除と日本などの隣国の牽制がその直接の狙いとなっている。第2列島線は東京湾の出口から南下し，グアムなどのアメリカ領北マリアナ諸島の西側を通ってニューギニアに至る。太平洋の西半分に中国海軍を進出させ，アメリカに対抗するのが目標らしい。2007年に中国海軍の将官がアメリカ太平洋艦隊の司令官に「太平洋の東はアメリカに任せるから，西半分は我々によこせ」と語ったという証言がある。[6]軍の一部の構想であるが，今の中国政府が同様の長期戦略を採用していないという保障はない。

　中国の発展の糸口を切り開いた鄧小平は「韜光養晦(とうこうようかい)」をモットーとした。彼の堅実な発展戦略が成功を収めつつある今，中国はそれを捨て，露骨な覇権戦略を追求し始めたかに見える。当然，やり過ぎへの批判が生ずるに違いないが，これが変化することは長期的趨勢としてはないだろう。

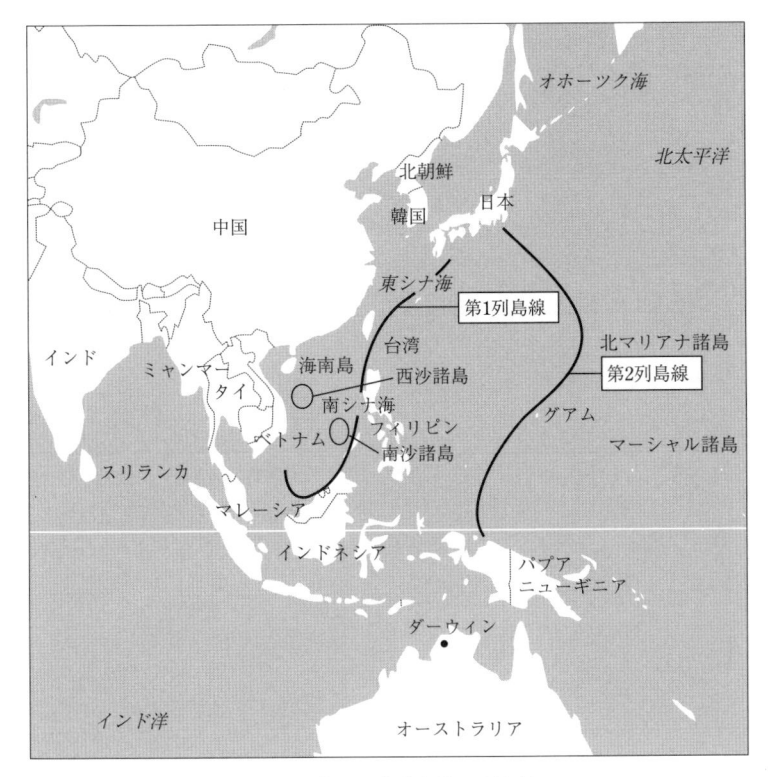

図 1-5　第 1 列島線と第 2 列島線

　以上，近年，東アジアの各国が経験した地位と国家戦略の変化を観察してきた。本章の主題は「歴史認識問題」であるが，日本人がこれに適切に対処するには，「驕らず，無視せず，過度にへりくだらない」ことが必要である。問題は以前より困難になっているが，それに冷静に処するため，あえて近年の形勢を解説した次第である。

4　「歴史認識」はどのように問題化されてきたか

　はじめに述べたように，「歴史認識」とは「日本に20世紀前半の侵略と支配の責任を問う」という特定の政治的な問いかけである。日清戦争により日本は中国から台湾を奪って植民地とし，近隣に領土を拡げて支配した。その中には，

長い歴史を誇る朝鮮も含まれていた。その事実は1945年に大日本帝国が崩壊し、その支配から解放された後、近隣の民の間に苦い屈辱の記憶として刻まれている。この不当な支配を糾弾し続け、恨みを晴らしたいという人も未だになくもないが、世代の交代を経た今、実際には、日本人が率直に過去の行為を認め、遺憾の意を表するならば、むしろ仲良く一緒に未来を切り開いてゆきたいと望む人の方が多くなっている。

　「歴史認識」問題は、実は、地上のいかなる国にも存在する。隣国との間の悲惨な過去、戦争と支配・被支配の記憶はどの国にもあり、潜在的・顕在的な緊張を生んでいる。近代の歴史だけでなく、古代も問題化することがあり、韓国と中国の間の「高句麗はどちらの国のものか」という論争もその例である。

　しかしながら、東アジアでこれが深刻な政治問題となっているのは、日本と韓国・中国との間のみである。「日本人は、その代表たる日本首相は、これをどう認識し、責任を取るのか」、「日本は義務教育でどのようにこの問題を扱っているのか」。実のところ、こうした問題設定をしている韓国・中国での歴史認識、政府の世界観と歴史教育のあり方、それ自体も、この争いに深く関わっており、真の和解に至るにはその解明も不可欠である。しかし、現在までこの問題はまともに取り上げられて来なかった。したがって、以下では、もっぱら日本に関する「歴史認識」問題が、どのような形で争点化されてきたのかを解説する。[7]

隣国による認識への無関心

　日本と隣国との間で、日本人の「歴史認識」が問題化したのは1982年のことであった。それ以前は各国とも、政府・民間を通じて隣国がどんな歴史観を持っているのか無関心だった。各国それぞれ、厳しい冷戦の中で自国をどう維持し、発展を図るかで精一杯であり、他国の過去認識を問うゆとりはなかったのである。実は戦前にも、「歴史認識」が争点になったことがあり、その場合は、いまと逆に、日本政府が中国の「反日」教育に抗議をしていた。[8]しかし、それは日本の敗戦とともに雲散霧消した。その後、1965年の日韓、1972年の日中の国交回復に際しては、日本による過去認識は重要問題の一部をなしていたものの、公式の声明で詳しく述べられることはなかった。韓国も中国もそれぞれ、

経済建設と世界政治の上で日本の支持を得る緊急の必要に迫られており，歴史認識まで表に出す余地がなかったのである。

また，日本の国内では，1965年に家永三郎教授が歴史教科書裁判を提起し，政府による教科書検定の内容と制度を争った。その中には，日本による隣国や連合国との戦争の解釈も含まれていた。しかし，これは国内問題として展開し，韓国や中国がこれに介入することはなかったのである。

教科書の国際問題化

1982年，日本のメディアが，文部省が高校歴史教科書の検定過程で教科書会社の原稿本から「侵略」の文字を削り，「進出」と書き換えさせたと報道した。すると，日本の国内のみならず，韓国・中国の政府からも強い批判が湧き起こった。いま，日本史でその事実はなく，世界史では一部にあったことが判明している。ただ，ここでの問題は，それまで日本の歴史教科書に無関心だった韓国・中国両政府がなぜ口を開いたかという点である。いずれにも国内的事情があったらしい。中国に関しては，当時の共産党総書記，胡耀邦が進めていた改革開放政策が国内で厳しい反対に直面していたという事情があった。彼は鄧小平の改革開放政策をさらに進めようと図り，そのために日本からの資金・技術の導入，さらに友好関係の樹立を考えていた。これは党内の保守派の強い反感を買った。同年に有名な南京大虐殺記念館が開館されたのも，その対策だったようである。教科書に関する日本への抗議も一面では国内対策と見なすことができる。

この抗議に対し，日本政府は誠実に対応した。ただちに宮沢喜一官房長官の談話を発表し，翌年それに基づいて，以前より透明化された教科書検定の基準に，「近隣アジア諸国との間の近現代史の歴史的事象の扱いに国際理解と国際協調の見地から必要な配慮がなされていること」という条項を加えたのである。中曽根内閣もこの方針を継承した。中曽根は自他共に許す国家主義者であったが，その靖国神社への参拝が中国世論を刺激するとこれを中止し，さらに「日本を守る国民会議」編の高校教科書『新編日本史』の近隣関係の記述が中国を刺激しかねない箇所があると知ると，この「近隣条項」に基づいて修正させた。これは，自民党の中に強い反対論を生んだ。それはやがて次に見る草の根市民

運動,「新しい歴史教科書をつくる会」と連携した運動に展開することとなる。しかしながら,歴代の内閣はその後約20年余,この方針を堅持してきた。その背景には,1997年に最高裁判所が家永訴訟に最後の判決を下し,検定制度の合法性を認める一方で,文部省による恣意的な検定を違法とする判断を示したことがあった。

「つくる会」教科書論争（2001年）

　21世紀最初の年,大規模な歴史教科書論争が勃発した。文部省が中学校の歴史教科書について5年に1回の検定結果を発表したとき,その中に「新しい歴史教科書をつくる会」が編集した『新しい歴史教科書』（扶桑社）が入っていた。これが国内外にわたる空前絶後の論争を巻き起こしたのである。この会は,従来の教科書会社が発行していた教科書を「自虐的」と批判し,日本の次世代が「国民としての誇り」を持てるような教科書を作ろうと提唱していた。元々は民間の学者や教育者が組織した草の根運動であったが,次第に自民党の国家主義的政治家との提携を深めつつあった。彼らの原稿本には事実認識をめぐる欠陥が多々あったが,文部省は137箇所もの訂正を求めたうえで合格させた。これに対し,日本の歴史家や文学研究者,左翼のジャーナリストたちは,その記述が内容的に偏っており,とくに近代日本の近隣への加害行為を隠蔽していると判断し,強烈な反対キャンペーンを張った。また隣国,とくに韓国のジャーナリズムも同様の激しい批判報道を展開し,政府もまた日本政府に抗議を申し入れた。これらは文部省の合格措置を批判するとともに,当時始まっていた各地での教科書採択過程に圧力を加えようとするものであった。

　8月下旬に採択結果が発表されたが,「つくる会」教科書のシェアは0.04％に留まった。事実上,ゼロに等しい結果である。それまで4カ月余にわたり,両陣営の間では激しい論争が交わされ,書店の店頭でも関係書籍がうずたかく積まれていたが,この結果をみて論争は雲散霧消した。

　同時に,韓国と中国からの批判もぴたりと静まった。しかしながら,両国,とくに中国ではその後も長く,この「つくる会」教科書を日本唯一の国定教科書とみなす誤解が維持され,それを批判的に語る傾向が維持された。

　この事件の後,日中韓の歴史家たちは,数々の対話や歴史の共同研究に関与

し始めた。中国や韓国の歴史家たちは，日本に「つくる会」教科書のような教科書や著作が次々に現れて，「誤った歴史認識」，すなわち自分たち（とその祖先）の被った侵略の事実を隠蔽し，その記憶を日本の次世代から遠ざけるのではないかと懸念する一方，日本の歴史家たちは，日本の子供や大人たちが20世紀前半の日本による加害行為に無知であったり，偏った過去認識に陥ったりすることを正し，それを通じて日本と隣国との間に真の和解をもたらそうと考えたのである。その結果，当時40～50歳代であった東アジアの歴史家たちは，国境を越えて往復し，率直な議論を交わすようになった。互いに友人となった人々も少なくない。その主な成果は次節に記す通りである。

首相靖国参拝問題（2005年）
　次に論争を呼び起したのは日本首相の靖国参拝である[10]。靖国神社は幕末以来，日本帝国のために戦って亡くなった死者を祀るために創建された神社であり，第2次世界大戦後政府との関係を解いて宗教法人となっていたが，1978年に神社と厚生省の一部の合意によって秘密裏に極東軍事裁判のA級戦犯を合祀していた。A級戦犯とは日中戦争から敗戦に至る時期の戦争指導者たちの一部である。21世紀初頭に首相となった小泉純一郎は繰り返し，この靖国神社へ参拝した。その理由としたのは昭和の戦没者への慰霊であったが，参拝は合祀されたA級戦犯への慰霊にもなる。これは国家の指導者による靖国参拝を控えるように求めてきた中国・韓国両政府の神経を逆なでする行為であった。首相はあくまでも戦没者慰霊だと言い張り，中韓両政府が反対すればするほど，熱心に参拝を続けるようになった。小泉は世論操作を重んじ，その統治は国民の耳目を集めることに依存していた。しかし，日本の世論がこれを全面的に支持したわけではない。2005年春に中国の大都市で大規模な抗議行動が発生し，その後，8月に小泉首相が最後の靖国参拝をしたとき，日本の世論では支持・不支持が真っ二つに割れたのである。
　小泉退陣後，日本と中・韓両政府は関係修復に乗り出した。その最も重要な合意点は，歴史認識の問題をすべて歴史専門家の共同研究に委ね，政治・外交の世界から隔離することであった。

5 歴史対話の展開

2001年の「つくる会」教科書事件以来,日本と隣国との間には歴史をめぐる数々の対話が展開した(11)。それには政府同士が協議して設けた2国間共同研究と,民間の歴史家が自発的に始めた2国間・3国間対話とがあった。また,東アジアに継続的に関心を持つアメリカの学界もこの問題に深い関心を寄せて,様々な対話の機会を提供し,関係国民の和解を促すとともに世界にこの事態の展開を知らせ続けた。結果から見ると,政府間の対話はうまく機能せず,民間での努力はおおむね良い成果を収めたと言えよう。

政府間共同研究の失敗

2001年事件の後,日本と韓国の政府は,両国の歴史家たちを招いて共同研究にあたらせることとした。2005年事件の後には,日中の間でも同様の研究会が組織された。しかしながら,それらは成功したとは言えない。参加した歴史家たちが互いに親しみを増したならば成功と言えるが,結果は逆となったからである。

日韓の歴史共同研究は,2001年10月の日韓首脳会談によって設立が決められた組織で,その全体会議は翌年5月から6回催され,2005年6月,報告書を公刊して第1期を終了した(12)。日本側座長は三谷太一郎(東京大学名誉教授),韓国側座長は趙東杰(国民大学校名誉教授)で,古代(3人ずつ),中近世(同),近現代(4人ずつ)の3分科会が置かれた。韓国側は当初,教科書問題を扱おうと主張したが,日本側は学問的・客観的な研究を主張し,結局は歴史上の諸問題について両国での解釈の共通点と相違点を明らかにするという方針を立てて出発した。

しかしながら,第1回の全体会では,歴史をもっぱら政治的観点から取り上げようとする韓国側とそれを回避しようとする日本側との間に大きな溝があることが判明し,それは回を重ねても埋まらなかったようである。筆者は何人かの日本側参加者から悲鳴に似た告白を聞いたことがある。彼らの多くは,戦後日本における韓国・朝鮮史研究の草分けであり,日本人に決して好意的とはい

えなかった時代の韓国にあえて留学し，帰国してからは高水準の研究を発表しつつ，これまた韓国・朝鮮に好意的とはいえない日本社会に向かってその理解の重要性を訴えてきた人々であった。しかし，この共同研究は彼らをむしろ韓国から遠ざけた。韓国は研究対象ではあり続けたが，親しみの感覚は失われていったのである。

日韓共同研究は，2007年6月から第2期が再開された。この度の座長は日本側は鳥海靖（東京大学名誉教授），韓国側は趙珖（高麗大学教授）であった。第1期と同じく，時代別の3分科会が設けられたが，それに加えて教科書を扱う小グループも設けられ，メンバー構成もかなり変化した。韓国側はこの度は政治色を抑えるように配慮したと聞くが，日本側は逆に韓国に批判的な学者が混じることになった。そのため，会議は初めから冷ややかな緊張に包まれ，それは時とともに険しくなっていったと聞く。2010年に報告書の公表に漕ぎ着けはしたものの，次の共同研究に参加し，和解を目指そうとする人々は日本側ではもはや期待できなくなった。

日韓の歴史共同研究はこうして政府レヴェルでは失敗した。後に見るように，民間で成功したのと対照的である。政府レヴェルでは，いかにアカデミックな交流を目指そうとも，メンバーが自国の体面や利害を無意識のうちにも考慮せざるを得なくなるためであろう。

日中の歴史共同研究も結局は同様の結果を見た[13]。これは2006年10月における日中首脳の合意に基づいて設置された組織で，日本側の座長は北岡伸一（東京大学教授），中国側は歩平（中国社会科学院近代史研究所所長）が務めた。日韓共同歴史研究の苦い教訓に学んだらしく，北岡座長の主張する「パラレル・アプローチ」が採用された[14]。共通の問題を取り上げながら，双方の解釈を一致させることは目指さず，むしろ解釈の相違を互いに認識することに重きを置くというアプローチである。「古代・中近世史」と「近現代史」の2つの分科会が設けられ，その全体会合は同年12月から年1回開かれた。当初は順調に進展したと聞くが，まとめの段階で問題が生じたらしい。当初，日中平和友好条約締結30周年にあたる2008年に報告書を公表する予定だったが，その2年後になってようやく，まず自国語版，ついでその8カ月後に翻訳版を発表するというややこしい段取りとなった。また，研究会では発表と討論が行われていた日本の

「戦後」にあたる部分が報告書では取り上げられなかった。その結果，膨大な努力が注ぎ込まれたにもかかわらず，日中の歴史家たちの間には信頼感や親しみは生まれず，継続事業もまた話題に上らなくなった。

ただし，こうした不幸な結果にもかかわらず，これらの事業は政治的にはかなりの成果を上げた。政治外交の世界から歴史認識問題を棚上げし，隔離することである。たしかに，これらの事業が行われていた間，日本の政治家たちが隣国を刺激するような発言をすることはなかった。次に見る民間の共同研究のおかげもあって，歴史認識が政治問題を引き起こすことは稀となり，東アジアには一種の凪が訪れて，未来への楽観論が語られるようになったのである。

民間共同研究の成功

2001年事件の後，日中韓の歴史家たちは頻繁に往復し，会議を催すようになった。たとえば，日韓歴史家会議（日本側委員長宮嶋博史，韓国側委員長李泰鎮）は，2001年11月から年1回，ソウルと東京とで交互に研究・討論の会議を催し，現在に至っている。[15]資金は日韓文化交流基金と韓日文化交流基金の助成に仰いでいるが，組織もテーマ設定も歴史専門家が行っている。最初は両国における史学史の確認から始めたが，その後は大きく普遍的なテーマを掲げ，最近は中国やイスラームやアメリカなどを世界の文脈で論ずることも行われている。毎回，両国での歴史研究の先達を招いてその苦心談を伺っているが，これは両国での歴史研究の実際を知るに良い機会となっている。アカデミックな交流として大きな成果を上げ，最近は若手の参加も見ているのは心強い。

他方，こうした交流は著作物の公刊の面でも大きな成果を上げてきた。多くは会議で発表された論文の集成であるが，なかには通史を共同で描いた著作もある。中韓，とくに韓国には，日本による被害者という自らの歴史像を日本政府に圧力をかけて日本の歴史教科書に採用させたいという強い願望が存在した。日本の教科書制度が政府の介入を抑制していることが分かるにつれ，それが不可能なことが理解されるようになったが，それでも日本における20世紀前半の歴史認識に注文をつけたいという願いは持続している。同時に日本側にも，この悪しき過去を次世代に伝えねばならないと信ずる歴史家たちが存在した。この両者が提携して高校レヴェルの共通教材や大学レヴェルの通史を編んだので

ある。

　その最も有名な例が日中韓3国共通歴史教材委員会編著『未来をひらく歴史――東アジア3国の近現代史』であろう。これは高校生向けの東アジア近代史の副教材である。各時代での日中韓各国の歴史と相互関係の概要を述べ，コラムで様々のトピックを解説している。日中韓各国語版が刊行され，韓国ではかなり売れたという。2012年には第2版が『新しい東アジアの近現代史』全2巻として刊行された。上巻は通史，下巻では比較と交流を主題別に扱い，第1版の寄せ集め的な面はかなり改善された。ただし，この著作は，いくつかの問題をはらんでいる。一つは，もっぱら日本の加害行為に焦点が当てられている点である。東アジアの長い歴史の中には良い関係もあり，未来の友好関係の基盤とするにはそれも重要なはずであるが，重視されていない。また，日本以外の国については筆が鈍っている面もある。この共同研究のメンバーが，中国は政府代表，韓国は市民団体，日本は民間歴史家と，それぞれ出身を異にしているのがその背景にあったと思われる。とはいえ，事業の始まった2001年の時点では，そもそもこうした共同研究が3国の間で可能とは予想できない状態であった。3国語間の通訳と翻訳の手間・費用も半端ではない。その悪条件を押して，ともかく体系的な著作の刊行に漕ぎ着けたこと自体，偉とするに足る事業と言わねばなるまい。

　共通教材の作成は，実は，日韓関係については，2001年事件より前に開始されていた。東京学芸大学とソウル市立大学校を拠点に，大学の研究者と高校の教員が15回ものシンポジウムを開き，その成果を2007年に両国で公刊した。歴史教育研究会・歴史教科書研究会編『日韓歴史共通教材　日韓交流の歴史――先史から現代まで』（明石書店，2007年）である。製作過程で徹底的な議論を行い，どうしても意見が合わない部分は書かなかったそうであるが，両国関係の基本部分を平易に記述し，豊富な図版や人物解説などのコラムを設けているので，両国関係史の優れた入門書となっている。大学のテキストとしても使えるだろう。

　他方，日中関係については教材作成は行われなかった。しかし，様々の形で共同研究の成果が公刊されている。その初期の例は劉傑・三谷博・楊大慶編『国境を越える歴史認識――日中対話の試み』（東京大学出版会，2006年）である。

これは，近代に日中の間で外交争点となった問題を12個取り上げ，具体的な資料を提示しながら解説した著作である。日中同時に公刊され，2012年に至って英語版も刊行された。執筆者は日本人と国外在住の中国人に限られ，東京裁判など若干の論点は取り上げず，中国語版への翻訳にも問題があった。しかし，筆者の記憶によれば，劉傑（早稲田大学）の提唱により2001年に研究会を開始した当初は日中の研究者の間にかなりの緊張感があったものの，毎回，問題ごとに史料を提示しつつ冷静な議論を展開しているうちに，双方の溝は埋ってゆき，深い信頼感も生まれた。内容もそれを反映して堅実で客観的なものとなった。公刊時には北京で討論会が開かれたが，中国側学者とジャーナリストはこれを温かく迎え，楊大慶とアンドルー・ゴードン（ハーヴァード大学）の尽力で刊行された英語版は，近代の日中関係を考える際の基本文献として広く参照されるようになっている。

　これらの試みの成功は，参加した歴史家たちが背後に国家を背負わず，一個の歴史研究者として臨んだことに起因する。無論，参加者たちは日本と韓国・中国との関係改善に強い意欲を持っており，そのために20世紀前半の過去を正視する必要があるという観点を共有していた点も大きい。政府レヴェルの共同研究の場合，これらの条件は必ずしも具備できないのである。その点で，次の著作は対極にあるものと言えるだろう。宮嶋博史・李成市・尹海東・林志弦編『植民地近代の視座——朝鮮と日本』（岩波書店，2004年）である。これは，日本による朝鮮支配が近代化を推進したとする見方を厳しく退ける一方，民族の苦悩のみに関心を集中する韓国での主流派の解釈にも異を唱え，植民統治の下，様々の曲折をはらまざるを得なかった朝鮮民衆の生活実態を明らかにしようとした学術論文集である。筆者は，途中から彼らの研究会に参加したが，日韓両国の狭間に生きざるを得ない在日は無論のこと，両国からの参加者のいずれもが自国のナショナリズムに批判的であることを知った。そこから得た最大の教訓は，自国を相対視するとき，初めて国境を越えた深い対話が可能となるということであった。

　このように，民間での歴史対話は政府レヴェルでは不可能な領域に関係者たちを導いていった。その結果，21世紀初頭に歴史共同研究や対話に参加した学者たちは，相互に面識となるだけでなく，史料の批判的検討と国境を越えた知

的基盤の創出という点で価値観と態度を共有するに至った。いわば，知識人の国際的公共圏が築かれていったのである。

しかしながら，この動きは，彼らの母国社会，そして政界からの遊離をも結果した。2008年9月，筆者はアンドルー・ゴードンの協力を得て，ハーヴァード大学に日中韓の歴史家たちを招き，対話集会を催したが，その時，今後は政治家たちが変な考えを起こさない限り，歴史認識問題が東アジアの平和を乱すことはないだろうと発言した。この楽観論は今日から見て，半分は妥当し，半分は誤りだったようである。現在，東アジアの国際環境はきわめて厳しい状態にあるが，その主因は領土という生々しい問題であって過去の記憶ではない。しかし，政治家たちと学者たちとの間には，各国とも深い溝が生じている。日本のみならず，韓国でも中国でも，歴史家たちは「関係改善のための処方箋は既にある，それを使ってくれれば良いのに，政治家は耳を傾けてくれない」とこぼしているのである。かつては，学者同士でも相手の意図を疑い，警戒していたことを考えると，これは進歩に違いはなく，今世紀初頭に活発化した歴史対話は国際的な公共圏を生んだ。しかし，それは自国の政界や世論からの孤立をも結果したのである。

6　今後の前進のために

現在の東アジアでは領土をめぐる対立が目立っている。しかし，その背後には隣国民に深く根を下ろした被害の記憶，および日本における忘却との間のズレと緊張が横たわっている。今なお歴史認識問題はゆるがせにできない。関係の改善も悪化もこれをどうコントロールするかにかかっているのである[17]。その際，今までは日本側のみを問題視することが通例であった。しかし，十数年にわたる歴史対話の経験からは，韓国・中国の側にも反省すべき点があることも分かってきた。結びとして，まずそれから論じておこう。

第1には，隣国の多くの人々は「日本人は無反省であり，その歴史像は歪み続けている」と思い込んでいる。これは1980年代から日本国内で行われた真摯な努力を無視した見方である。歴史教科書への批判も依然よく耳にするが，そう発言する人のほとんどが実物を読んでいない。日本では，90年代には，従軍

慰安婦問題をはじめ政府が先頭に立って歴史認識問題に取り組んでいた。関係の改善を求めるならば，こうした努力を正当に評価することが必要ではないだろうか。

　第2には，隣国には歴史の解釈には唯一「正しい」ものが存在し，それは最終的には政府が決めるものだとの思い込みがある。日本の学者は政府と独立に解釈を展開し，教科書の執筆に際しても基本的には同じ態度で臨むので，公権力を通じた強制には反感を覚えざるを得ない。韓国の場合は，検定制が実際に機能し，教科書の内容に関して公開の場で激論が交わされているので，政府が決めるとは必ずしも言えない。しかし，多くの韓国人は「正しい歴史認識」がただ一つあるはずだと思い込んでいる。その「ただ一つ」の座をめぐって論争しているのである。これに対し，日本の学者の多くは相対主義者であって，解釈の多様性を当然と考え，「自分限りでは，こちらの解釈の方があちらよりは真相に近いと思う」と考えて書いている。したがって，韓国のような激論を日本の学界に期待しても，それは無理というものである。無駄な衝突を回避するには，歴史の解釈法の差異を意識した方が良いだろう。

　第3は，隣国民，とくに中国の民の多くが，「我が国は敵対的な他者に包囲されている」と思い込んでいる点である。加害者は20世紀前半の日本人だけでなく，現代世界の外国人のほとんどと考えられている。いまや「追いつき，追い越せ」の対象となったアメリカがその代表であろう。しかし，アメリカは重大な局面で中国を助けたことがある。アメリカは中国の抗日戦を助けるため他の連合国とともに援蔣ルートを作った。中国からの撤兵を強いるため日本に経済制裁を課したことが日本の対米攻撃を促したため，アメリカは甚大な犠牲を払った。その上でアメリカが日本本国を降伏させたことにより中国は日本の侵略から解放されたのである。現在の中国の教科書はこうした外国の援助を語らず，西洋と日本による侵略のみを語っている。中国が世界のリーダーの地位に復帰しつつある今，こうした「手負いの感覚」を国民に植え続けてよいものだろうか。

　他方，日本側にもむろん問題はある。第1に，学界と政界の乖離である。民間の学者も出版社も教科書会社も歴史認識の問題に関しては改善の努力を続けてきた。国内外の環境が悪化した現在も，基本的に変わることはないだろう。

しかし，政界の一部は故意に隣国との敵対関係を生み出そうとしている。選挙に勝ち，多数派を形成するため世のナショナリズムを煽ろうとしている。しかし，これは国家の運命を背負うべき立場として無責任であるだけでなく，平和を愛する日本庶民の多数派の意向を読み誤っている。何とか政界と学界のコミュニケーション・ルートを築き直さねばならない。[18]

第2には，歴史教育にあたって，事件の名を憶えることより，その意味を考えるように導く必要がある。たとえば，現在の教科書には日本による朝鮮支配の事実がきちんと書いてある。しかし，その意味を考えるようには仕向けていない。筆者自身，ある会議で鄭在貞氏から「我が国の歴史の一部は外国の歴史でした」と指摘されるまでは，その意味を理解していなかった。「もし日本の歴史の一部がすべて外国史の一部として書かれることになったら，自分はどう思うだろうか」。そう考えて初めて，筆者はこの苦い史実の意味を悟ったのである。もし日本人が隣国の民との和解を求めるならば，いったんは「相手の身になって，その視点から眺める」訓練をする必要がある。教科書も授業もそれを促さねばならない。次世代の教育にあたっては，こうした成熟した態度を養うように配慮する必要があるだろう。[19]

最後に，大事なことをリマインドしておかねばならない。今の日本人を苦しめている歴史記憶は，そのほとんどが生まれていなかった20世紀の前半に生成したという事実である。70年以上前の世界に没入することも，それを無かったことにするのも，ともに不自然である。事情は隣国の民にとっても同様で，「過去から距離を取りつつ，その事実を心に留める」態度が共有されるならば，歴史の記憶が東アジアの未来を損なうことはなくなるであろう。

註

(1) この点は中国・韓国でもまったく同様である。なお，本節の記述は一部別稿と重なる箇所があることを了承されたい。三谷博「東アジア国際環境の激変──『日本の世紀』から『中国の世紀』へ」『アジア遊学』勉成出版，2015年。
(2) http://www.worldmapper.org/
(3) 以下の記述は，主に同時期の『朝日新聞』，およびNHKBSの「ワールドニュース　アジア」などの録画に基づいている。
(4) 海洋政策研究集団『中国の海洋進出──混迷の東アジア海洋圏と各国対応』成山

堂書店，2013年。
(5) 同上，65頁。
(6) 同上，104頁。
(7) 以下の記述は主に次による。三谷博編『歴史教科書問題』日本図書センター，2007年。三谷博「日本の歴史教書制度と論争構図」劉傑・三谷博・楊大慶編『国境を越える歴史認識』東京大学出版会，2006年。
(8) 並木頼寿・大里浩秋・砂山幸雄編『近代中国・教科書と日本』研文出版，2010年。
(9) 清水美和『中国はなぜ「反日」になったか』文春新書，2003年。
(10) 村井良太「戦後日本の政治と慰霊」劉傑・三谷博・楊大慶編『国境を越える歴史認識――日中対話の試み』東京大学出版会，2006年。
(11) これ以前にも，西川正雄らは1982年事件を機に東アジアの各国をまたぐ比較史・比較歴史教育研究会を立ち上げ，5冊の論集を刊行していた。比較史・比較歴史教育研究会『『自国史と世界史』をめぐる国際対話――比較史・比較歴史教育研究会30年の軌跡』星雲社，2015年。
(12) 日韓文化交流基金のウェブサイトに経緯と報告書が掲載されている。http://www.jkcf.or.jp/projects/kaigi/history/
(13) 同じく外務省のウェブサイトを参照。http://www.mofa.go.jp/mofaj/area/china/rekishi_kk.html
(14) 北岡伸一「日中歴史共同研究の出発」『外交フォーラム』第226号，2007年5月。同「『日中歴史共同研究』を振り返る」『外交フォーラム』第256号，2010年4月。
(15) http://www.jkcf.or.jp/projects/kaigi/historian2013/　筆者は第一回の会議で発表者をつとめた。三谷博「遠山茂樹――『明治維新』にみる戦後日本史学」，同『明治維新を考える』岩波書店，2012年。
(16) 日中韓3国共通歴史教材委員会編著『未来をひらく歴史――東アジア3国の近現代史』高文研，2005年。日中韓3国共同歴史編纂委員会『新しい東アジアの近現代史』上・下，日本評論社，2012年。
(17) 三谷博「いまなぜ『歴史認識』を論ずる必要があるのか」ハフィントンポスト，2014年8月15日。http://hufingtonpost.jp/hiroshi-mitani/undesrstanding-of-history_b_5653166.html
(18) この点で，2015年8月6日に安倍首相からの諮問に応じて答申した有識者懇談会の努力と結論は，いくつかの問題はあるにせよ，注目に値する。20世紀を振り返り21世紀の世界秩序と日本の役割を構想するための有識者懇談会「報告書」。http://kantei.go.jp/jp/singi/21c_koso/pdf/report.pdf
(19) 筆者も策定に関与した日本学術会議による高等学校での新科目「歴史基礎」の提言では，この点に注意を促している。http://www.scj.go.jp/ja/info/kohyo/pdf/kohyo-22-t193-4.pdf

第2章　日本とドイツの戦後処理
――どこがどう違うのか――

李　　元　徳

1　戦後処理への問い

　日本政府の戦後処理に対する公式な立場は，北朝鮮を除きすべての国家との戦後処理が法的に終了したというものである。すなわち，日本政府は「第二次世界大戦と関連した賠償および財産請求権問題については，サンフランシスコ講和条約および関連条約などに従って誠実に対応してきたものであり，これらの条約当事国との間には法的に解決が完了した」という態度を堅持している。このような日本政府の立場とは正反対に，日本の侵略と植民統治を経験した多くのアジアの被害当事国および国民は，日本の戦後処理に対し多くの不満と抗議を強く提議してきた。とくに1990年代以後冷戦体制が終結しアジアで全般的な民主化の流れが進行するにつれ，このような日本の戦後処理に対する問題提起が広範囲に起こるようになった。

　日本の戦後処理の問題を考えるに先立ち，まず戦後処理という概念をどのように定義するかという問題を考察してみる必要がある。一般的に戦後処理という概念を広義に見ると，第1は，戦争行為を終息させ戦争が惹起した諸問題を包括的に扱う講和条約の締結，第2は戦犯裁判などによる戦争責任者の索出および処罰，第3は戦争による人的，物的被害に対する救済措置を扱う補償・賠償，第4は戦争に対する反省および再発防止のための平和教育の問題などを包括する一連の過程と定義することができる。

　本章は，日本の戦後処理外交を国際比較の観点から考察しようという試みの一環である。ただし，ここでは広義の戦後処理の概念全般を扱うというよりは，視野を狭めて戦後処理の物質的側面とも言える賠償・補償問題に焦点を合わせて検討することにする。つまり本章では，賠償外交という狭義の戦後処理概念

を採用し，戦争終結以後敗戦国日本が勝戦国および被害国に対して採った賠償・補償を，類似した状況で戦後を迎えたドイツとの比較の観点から扱うものとする。

日本の賠償外交に関しては，周知の通りこれまで国内で，主に1965年の日韓請求権協定をめぐる是非を問う脈絡で部分的に論議されてきた。つまり，日韓協定は日本の植民支配に対する徹底した反省と謝罪を担保できず，当然受けるべき賠償と補償を留保されたまま経済協力資金の受恵に帰結されたということに対する批判が激しかった。日本の賠償外交を展望する視点は，日韓関係という両国間フレームの狭い枠組みの中で見る傾向が強かったと言える。しかし視野を広げてみると，日韓協定は過去に日本の侵略と支配を受けたアジア諸国を対象に日本が実施した戦後賠償外交の一部分として理解される。さらに，踏み込んで戦後処理と関連した日韓間の紛争に合理的に対応するためには，日本の戦後賠償外交に関する国際比較研究は必須といえる。

本章の内容は，次のように構成される。まず，日本との国際比較を念頭において第2次世界大戦以後ドイツが遂行した，いわゆるナチスによる迫害被害者を軸とした補償政策を体系的に検討する[4]。次に，日本が第2次世界大戦以後，主にアジア諸国に対して繰り広げた戦後賠償外交の全体像をサンフランシスコ講和条約と両国間協定を中心に考察する。最後に，ドイツと日本が実施した戦後賠償・補償の実情を体系的に考察する。ここで日本の賠償外交がもつ問題点をドイツのそれとの比較から指摘し，日本の戦後処理外交の問題点と今後の課題を提示する。

2　ドイツの戦後補償政策の基本構造

戦後ドイツは，日本とは違って東西分断という状況の中で，連合国家の講和条約締結が事実上留保され，その結果として国家を相手取った賠償措置は，事実上免除されることになった。その代わりドイツは，ナチズムによる迫害の犠牲者を対象とする個人補償を中心に戦後補償をすることになった。以下では，ドイツの戦後補償政策の基本構造を国家間賠償，ナチスによる迫害被害者の補償，そして強制連行労働者に対する追加的補償の3段階に分けて探ってみるこ

とにする。

国家次元の賠償──延期および回避

本来，戦争に起因する国家間賠償としては，国際法上の国家賠償 (Reparation) という概念が存在する。戦争による国家賠償に関しては，とくに第1次世界大戦以後ドイツがヴェルサイユ講和条約による過大な賠償義務を負うことになり，これが国家主義勢力台頭の原因になったということがよく知られている。戦争による国家賠償は，戦争終結後平和条約や賠償協定などの国家間条約によって規定されるのが普通である。

戦後ドイツは，敗戦と同時に米・英・仏・ソの4大連合国によって東西に分割占領され，これにより第2次世界大戦の推進主体だったドイツ帝国自体が存立できなくなった。このため連合国は，ドイツが統一されるまで平和条約を留保した。西ドイツは，敗戦による国家賠償問題の延期を一貫して主張してきた。ドイツが国家賠償問題を回避できた経緯を把握するため，それに関連した協定締結の経緯を調べてみると次の通りである。

第1に，1953年2月のロンドン債務協定がある。これは，ドイツと対独債権を持っていた連合国が締結した協定で，ドイツが連合国に対して負っていた対外債務の支払いを猶予するという内容である。同協定第5条で「ドイツの交戦国，被占領国およびその国民の戦争に起因したドイツに対する請求権の審査は賠償問題の最終的な決定が行われるまで留保すること」が規定された。[5] ロンドン債務協定が締結される前の1952年5月に米・英・仏3カ国は，西ドイツ占領終結時にドイツと締結した移管条約で，すでに賠償問題の延期に同意していた。いずれにせよ，ロンドン債務協定を通じて西ドイツは，ドイツが引き起こした戦争の最大被害国といえる米・英・仏との間で，事実上賠償を免除されていたため，天文学的な賠償の負担から逃れることができた。これは，ヨーロッパで進行中の熾烈な東西冷戦の脈絡から成立した決定だと考えられる。

第2に，東ドイツのソ連やポーランドに対する国家賠償に関しては，まず1945年8月2日のポツダム協定により，ソ連が占領している東ドイツ地域から賠償徴収を行うことと，ポーランドに対する賠償はソ連の徴収分から支払うことが規定された。しかし，ソ連は東ドイツを最終的に賠償義務から解放する措

置をとった。ポーランドもまたソ連の協調要請を受けて，東ドイツに対する賠償請求を放棄するという声明を発表した[6]。これもまた東西冷戦の国際的背景下で，東ドイツが賠償負担から脱皮できるように，ソ連が下した特恵的な措置と理解される。振り返ってみれば，東西ドイツの分断状況と東西冷戦により，戦後東西ドイツはともに国家次元の莫大な賠償義務から抜け出すことができたという逆説が成立するのである。

続いて，ドイツの旧同盟国であるルーマニア，ブルガリア，ハンガリーとの関係については，これらの国家が1947年2月に，米・英・仏・ソ4大国との平和協定で，ドイツに対する賠償請求権を放棄しており，これがロンドン債務協定で再確認されることで賠償が免除された。また，一時的にドイツが併合したオーストリアとは，1961年11月にクロイツナッハ協定が締結されて，ドイツがオーストリアに9500万マルクの補償を支払うことで賠償問題が終結した。この補償金はオーストリア国内の犠牲者扶助法など，ナチス迫害による犠牲者に対する補償制度に充当されることと規定された[7]。

ナチス犠牲者に対する補償
（1）連邦補償法

国家間の賠償を留保，回避する方式をとった西ドイツ連邦政府が戦後処理の根幹にしようとしていたのは，ナチズムによる迫害犠牲者に対する戦後補償方式であった。このようなナチス犠牲者に対する金銭的補償を包括的に規定したのが，1953年に制定された連邦補償法と，1956年に改正された連邦補償法だということができる。

この連邦補償法が制定された背景としては，次の2点が指摘できる。第1に，敗戦国ドイツの開戦責任を包括的に断罪したニュールンベルク戦犯裁判で，日本とは違って「人道に対する罪」が認定されたという点である。つまり，ニュールンベルク裁判では，従来の国際法的観念を超えて，ナチスのユダヤ人迫害などの行為を人倫に関わる罪目として断罪した[8]。第2に，アメリカは自国のドイツ占領地域で，1946年からナチス犠牲者に対する補償支払いを実施する法律を制定することで，連邦補償法の基礎を整えた。連邦補償法は，アメリカの占領初期の法律を，西ドイツ全域に拡大適用した結果と理解できる。このように

みると，連邦補償法は，非ナチ化措置に最も大きな熱意をみせたアメリカが，敗戦国ドイツに強く要求した側面がある。

　西ドイツ連邦政府は，彼らが制定し実施した連邦補償法について，かなりの自負心を表明している。例を挙げるとすれば，1986年10月の連邦議会に提出した「ナチスの不法の回復と補償に関する報告書」で，「歴史上模範も経験もない制度」であり，「ナチスの不法に対する補償は全体的にみれば，歴史的にも類例のない業績とみることができ，それは内外の犠牲者団体によっても承認されている」と主張している。このように施行されたナチスの不法に対する補償給付の総額は，90年末までで約865億マルクになった。この給付の8割は，1956年6月29日に制定された，ナチス迫害犠牲者のための補償に関する連邦補償法により支給されたものである。

　この連邦補償法に規定されたナチスによる迫害被害者とは，補償権利者のことをいうが，これは世界中に存在しうる。連邦補償法は，この補償権利者の範囲を属地主義と規定した。すなわち，基本的に西ドイツに住所を持つ者を対象としたのである（基準日は1952年の末日で，同日より先に死亡した者は最後の住所が基準になる。また，基準日以前に外国に移住し，または追放されたものは，最後の住所が1937年の末日までの時点でドイツ帝国の領土にあれば該当する）。また旧ソ連および東側諸国に居住していたドイツ系住民と帰還者，被追放者として西ドイツに移住してきた者など，属地主義の若干の例外も認めた。

　補償権利者には，迫害を受けた本人だけでなく迫害被害者の近親者として迫害された者，殺害された迫害被害者の遺族，そして誤認によって迫害された者なども含まれた。ユダヤ人に対しては，集団的迫害が行われたとみなされ，個々の迫害事実を立証する必要はないものとして取り扱われた。しかし，ジプシーに対しては，集団的迫害をどこまで認定するかが相変わらず裁判の争点になっている。

　補償給付の方法は金銭給付が中心で，それには一時金としての給付と終身年金給付の形態がある。金銭給付以外には，医療・介護給付，低利の生活再建資金提供などが規定された。補償制度の運営初期には，補償によって迫害を受けたユダヤ人がドイツに帰国することを期待したが，実際にそのような期待は実現しなかった。その結果，補償給付の支払いの約8割は外国で行われたことに

連邦補償法は，最初ナチス迫害の最大被害者であるユダヤ人に対する補償を出発点としていたが，その後新しく提起された問題点についても，追加的に対処する展開となった。つまり，当初はただユダヤ人とばかり考えていた犠牲者グループだったが，1980年代以後シンティとロマ（ジプシー），強制不妊断種手術の犠牲者，安楽死対象者，ホモセクシュアルなどが含まれ，補償が実施されるようになった。

連邦補償法とともに，ナチスによるユダヤ人犠牲者に対する補償で特記すべきもう一つは，1952年9月のルクセンブルク協定である。この協定は西ドイツと，イスラエルおよび23個のユダヤ人組織からなる，対独補償請求ユダヤ人会議との間で締結された協定であり，西ドイツはイスラエル政府に総額30億マルク，ユダヤ人会議には4億5000万マルクをそれぞれ支払うことを約束した。この支払いは，イスラエルに対する国家賠償ではなく，ユダヤ人個人に対する補償をユダヤ人集団に対する補償を通して行うものと理解された。

（2）西側陣営と東欧諸国の被害者に対する補償

まず，西側陣営に属していたユダヤ人たちに対する補償について調べてみよう。彼らはドイツに占領された西側地域に住んでいたユダヤ人として，政治的理由によりナチスに迫害された人々である。彼らはユダヤ人ではあるが，基本的に西側陣営国家の国籍所有者である。西ドイツの連邦補償法は，補償権利者を属地主義により規定しているため，西側被害者はドイツ国家に対し直接請求権を持っていない。1950年代中盤になって，西側8カ国（ベルギー，オランダ，ルクセンブルク，デンマーク，ノルウェー，ギリシャ，フランス，イギリス）は，ドイツに対して従来見過ごしてきた西側被害者に対する補償を要求し交渉を開始した。その後，スイスとスウェーデンもこの交渉に加わった。こうして西ドイツと各国間の補償に関する2国間協定が締結された。補償支払額と締結時期は，表2-1の通りである。

次に，東欧諸国に住んでいたユダヤ人に対する補償である。東欧諸国（ポーランド，チェコスロバキア，ハンガリー，ルーマニア，ユーゴスラビア，アルバニア）は，西ドイツがブラント政府下で同胞政策を推進し外交関係が復活した70年代

表2-1 西ドイツの西側諸国に対する補償（単位：マルク）

国　家	補償金額	補償支払協定締結時期
ルクセンブルク	1800万	1959年7月
ノルウェー	6000万	1959年8月
デンマーク	1600万	1959年8月
ギリシャ	1億1500万	1960年3月
オランダ	1億2500万	1960年4月
フランス	4億	1960年7月
ベルギー	8000万	1960年9月
イタリア	4000万	1961年6月
スイス	1000万	1961年6月
オーストリア	9500万	1961年11月
イギリス	1100万	1964年6月
スウェーデン	100万	1964年8月
	総額9億7100万	

出典：広渡清吾「ドイツにおける戦後責任と戦後補償」粟屋憲太郎・田中宏・三島憲一・広渡清吾・望田幸男・山口定『戦争責任・戦後責任』朝日選書，1994年，192頁。

以後，西側諸国と同様に西ドイツに対する補償要求を提起した。冷戦体制の影響下にあった東欧諸国は，西ドイツに対してのみ補償要求をし，東ドイツに対しては要求を提起しなかった。また，ソ連および東欧諸国は前述したように，既にドイツに対する国家賠償請求権を放棄していた。イスラエルが，西ドイツばかりでなく東ドイツに対しても責任を追及したのとは対照的だといえる。これら東欧諸国は西ドイツとの交渉で，個々の私人の国家に対する請求権は国家賠償とは区別される点，国家賠償とナチスの不法に対する補償とは区別されうる点を強調し，国家賠償の権利と関係なく，東欧諸国のナチス犠牲者に対して補償が行われなければならないと主張した。

　しかし西ドイツ政府は西側諸国との場合とは違い，これら東欧諸国に対してはドイツ統一が行われた1990年まで，2国間協定による解決は行わなかった。その代わり，過去の不法行為を補償するという態度を見せるために，ユーゴ，チェコ，ハンガリーおよびポーランドに対して医学的実験という名目で，ナチス不法被害者に対する補償を1961年から72年にかけて支払った。統一を実現し

た後，東欧諸国との間で西側諸国と締結したものと同一の協定が締結され，生存犠牲者に対しては総額24億マルクが支払われた。[14]

補償基金の設立──強制連行被害者の補償

ナチスによるユダヤ人犠牲者に対する補償問題は先述したように，連邦補償法をはじめとする諸般の措置を通して包括的に行われた。しかし，第2次世界大戦中にドイツに連行され，強制労働に従事させられた約950万人に及ぶ労働者に対する問題は，未解決の課題として残されていた。とくに，この大部分を占めたのはポーランド人労働者たちだった。これに対する問題提起は，80年代後半からドイツ国内でも強調されていた。ドイツ連邦政府は1986年の報告書で，強制労働は「戦争と占領支配の一般的な随伴問題」として，国家賠償の問題に属するとした。したがってこの問題は，ロンドン債務協定により最終的な賠償問題の規定に至るまで留保されており，請求権はドイツ国家・ドイツ各州のみでなく，私的企業に対してもまだ確定されていない状態に置かれていた。そのため，西ドイツ政府も補償は，ドイツが従来行ってきたナチスの不法に対する補償の枠内でのみ可能だと説明してきた。

しかし，こうした政府の態度に対する新しい是正措置として，1989年6月に緑の党は「ナチスの強制労働に対する補償のための連邦財団」を設置する法律案を提出し（9月には社民党も同趣旨の法案を提出），同時にポーランドとの間で「ナチス支配下でのポーランド人強制労働者に個人的補償を行うための包括協定」の締結を提案した。ポーランドとの協定締結に関するこの提案は，「ナチスの不法に対する補償」として強制労働にも補償しなければならず，当初ロンドン債務協定の署名国ではないポーランドに協定の効力を主張する政府の解釈は間違っていると指摘した。

結局，この問題の解決策は，ドイツ統一後に急速な進展をみせた。すなわち，1991年についに統一ドイツ政府とポーランド政府は，ナチスの犠牲者と強制労働者に対する補償のために，ポーランドに「和解基金」を創設し，5億マルクを提供することで合意した。つまり，法律上は賠償放棄措置ということで形式的な解決が整えられたが，ドイツ政府は超法規的な救済措置をとる形で解決を追求した。この和解基金は，後に旧ソ連のロシア，ベラルーシ，ウクライナと

の間に「理解と和解基金」，チェコとの間には「未来基金」を設立することで解決が模索された。

　このような取り組みは，数年を経てさらに大きな進展をみせることになった。すなわち，1998年連邦議会選挙の結果，社民党と緑の党によるシュレーダー連立内閣が成立し，強制連行労働者に対する国家と企業による補償基金の設立が実現した。2000年7月には，ついに「補償基金」設立法が制定され，強制労働者に対する補償が開始される運びとなった。補償基金は，企業と政府がそれぞれ50億マルクずつ拠出して総額100億マルクの規模になり，強制労働者に対する補償の給付が実施されるに至った。結局，この基金で労働者1人当たり最高1万5000マルクの補償が行われた。(15)

　もちろん補償基金には問題がないわけではない。まず，補償の対象が生存者に限定されたという点は，大きな問題点である。また補償の申請には，証拠の提出が要求され補償申請を断念せざるを得なかったケースも少なくない。それにもかかわらず，国家や企業にしても被害者側にしても，この時期を逃したらどうすることもできない状況に陥るという危機感から妥協を試みた。国家と企業は，経済的負担を認識していたにもかかわらず，世論の支持を考慮して補償に踏み切ったのである。これは歴史に対する政治的・道義的責任が，ドイツという国家と社会の共通認識であるということを世界に向けて示した点で，最大の意義があるといえる。

　この補償基金の意義は，ドイツにおける過去の克服の歩みを考える際，次の3つの側面から評価されよう。第1に，今までただ戦争被害者とばかり認識されてきた労働者たちが，ようやくナチスの不法による被害者として認識され，ナチス支配下におけるすべての強制連行労働者が補償を受けることができた。第2に，ドイツがこの補償基金の設立に踏み切ったことに伴い，アメリカは国内のドイツ企業に対してこれ以上補償のための集団訴訟を起こさないよう影響力を行使すると約束した。第3に，基金の設立に至る政府と企業の決定には，きわめて現実的な状況認識と合理的な判断が作用した。すなわち，問題解決が遅延した場合，ドイツ企業が東欧およびアメリカの巨大市場で経済的損失を被るかもしれないという危機意識が，このような現実的な判断を可能とした点は指摘しなければならない。(16)

3　日本の戦後賠償政策の構造

　日本の戦後賠償は，講和条約締結が回避されたドイツの場合とは違い，徹底してサンフランシスコ講和条約の枠内で行われることになった。講和条約の第14条は，日本が連合国に支払わなければならない賠償を規定しており，日本の賠償政策はこの条項に立脚して行われた。日本の賠償政策は，ドイツとは対照的に被害者個人に対する補償概念が完全に無視されたまま，国家を対象とする賠償に終始一貫していた。以下では，日本の戦後賠償政策の基本構造を，(1)講和条約の賠償規定，(2) 2国間賠償協定および準賠償協定，(3)請求権方式の解決を追求した朝鮮半島と台湾，そして(4)賠償放棄が行われた中国の事例に大別して考察する。[17]

サンフランシスコ講和条約の賠償規定

　占領初期アメリカが構想した対日賠償の核心は，第1に，再軍備に関連する日本国内の資本・設備は連合軍に引き渡し，第2に，日本からは最低生活水準と占領維持に支障をきたさない程度の現物賠償を徴収し，第3に，日本保有の海外資産は連合軍に引き渡すというものだった。しかし，アジアで冷戦が激化するにつれアメリカの賠償方針は後退を重ね，結局1951年の講和条約では，日本に有利な方向へ内容が大幅に修正された。[18]

　第2次世界大戦以後連合国が日本に賦課した賠償要求は，第1次世界大戦後のドイツと比較してみると，とてつもなく寛大なものであった。すなわち，苛酷な賠償の重圧感に耐えられず結局ナチズムを招いたドイツの教訓から，戦後の日本には初めから寛大な賠償が考慮されたのだ。日本の戦後処理の基本方向は，1951年に締結されたサンフランシスコ講和条約により規定された。日本の戦後処理の全体像を照らし出すためには，まず講和条約の内容を検討し，その後それぞれの賠償協定を個別に考察する必要がある。まず，講和条約についてみてみよう。[19]

　講和条約の内容の中で，賠償と直接関係する条項は第14条であり，それは賠償条項とも呼ばれる。ここで賠償を要求できる国家の範囲を「現在の領域が日

本軍隊によって占領され，または日本軍によって損害を受けた連合国」に限定している。そして，その中でも該当国が「希望するとき」に限り交渉を開始できるよう規定している。これにより講和条約に立脚して日本に賠償を請求できる権利を持つ国家は，フィリピン，ラオス，カンボジア，インドネシア，オーストラリア，オランダ，イギリス（香港，シンガポール），アメリカ（グアム，キスカ）に限定された。

その中でアメリカ，イギリス，オーストラリア，オランダなどの連合国は，賠償請求権を放棄し，ラオスとカンボジアも賠償要求を提起しなかった。最大の被害者といえる中国と台湾，韓国，北朝鮮は講和条約の署名国ではなかったので，講和条約に立脚した賠償請求権を持てず，以後個別の交渉による戦後処理解決を図ることになった。

対東南アジア賠償・準賠償

日本は国際社会に復帰した後，重大な外交課題の一つとして賠償問題処理に臨むことになった。しかし，当初は小規模な役務的賠償を構想してきた日本と，相対的に大規模な現物賠償を請求しようとするアジア諸国との間には大きな差があり，賠償交渉は簡単には進展しなかった。結局，東南アジア国家に対する賠償交渉が開始されたのは，1950年代中盤に入ってからである。

日本との賠償交渉に最初に出てきたのは，ミャンマーであった。ミャンマーは1948年1月に独立したが，講和条約のアメリカ草案が日本の賠償義務を免除しているという理由で講和条約に参加しなかったため，別途の2国間交渉を進めなければならなかった。この交渉でミャンマーは，25億ドルの戦争被害を被ったと主張し，フィリピンに対する小野—ガルシア案（4億ドル20年間支払案）を自国にも適用することを日本に要求した。日本はこれに対し，2億ドル10年間支払案を妥協案として提案した。外貨事情の悪化に苦しんでいたミャンマーはついにこれを受諾し，1954年11月にヤンゴンで「平和条約」と「両国間賠償および経済協力に関する協定」を締結した。

この協定では，2億ドル（720億円）の賠償金を10年間支払い，10年間5000万ドルの経済協力を実施することを規定した。同時に賠償形態としては，講和条約で規定した役務を柔軟に解釈して，「日本人の役務および日本の生産物」と

表 2-2　日本の東南アジア 4 カ国に対する賠償

国　家	協定締結	賠償総額
ミャンマー	1955 年 4 月16日	720億円（2 億ドル）
フィリピン	1956 年 7 月23日	1980億円（5 億5000万ドル）
インドネシア	1958 年 4 月15日	803億 880万円（2 億2308万ドル）
ベトナム	1960 年 1 月12日	140億4000万円（3900万ドル）

出典：永野慎一郎・近藤正臣編『日本の戦後補償』勁草書房，1999年，12頁。

いう形で供与するように規定した。

　また，この協定にはいわゆる「賠償再検討条項」が設置され，以後締結される他国との賠償協定と不均衡が生じた場合は，追加で賠償額を要求するという内容が盛り込まれた。この条項によりミャンマーは，1963年 3 月に追加協定を結び 1 億4000万ドルの無償援助と3000万ドルの借款供与を追加で獲得した。

　ミャンマーとの賠償妥結は，他のアジア諸国との交渉にも弾みをつけた。ミャンマーに続き賠償協定を妥結したのは，フィリピンだった。フィリピンは1952年 1 月に交渉を開始し，日本に80億ドルに達する賠償額を請求したが，日本は額が多すぎるとしてこれを拒否し，会談が一時中断された。1953年11月から交渉が再開され，フィリピンは 8 億ドルの賠償を要求，日本は5000万ドル案で対立し難航した。結局1956年 5 月に，両国間に「賠償協定」と「経済開発借款に関する交換公文」が締結された。ここで日本の 5 億5000万ドル（1980億円）相当の役務と生産物による賠償と，2 億5000万ドル（900億円）に及ぶ借款供与が合意された。[21]

　次は，インドネシアとの賠償協定である。[22] インドネシアは講和条約に署名したが，賠償条項に対する不満の高潮により批准できない状態にあった。賠償交渉で賠償総額に関してインドネシアは 8 億ドル，日本は 2 億5000万ドルを主張し意見の差を縮められなかった。1957年に日本の岸信介総理とインドネシアのスカルノ大統領の直接会談により，ついに基本原則が確定し「平和協定」と「賠償協定」が同時に締結された。ここで，日本はインドネシアに 2 億2300万ドルの賠償を12年間支払い，また政府借款として 4 億ドルを20年間与えることで合意した。さらに日本は，貿易債権 1 億7000万ドルの請求を放棄することを決定した。

表 2-3　日本の準賠償（経済協力，財産請求権）

国　家	協定締結	金額（備考）
タ　イ	1955年7月9日	54億円（特別解決協定）
	1962月1月31日	96億円（経済協力協定）
ラオス	1958年10月15日	10億円
カンボジア	1959年3月2日	15億円
ミャンマー	1963年3月29日	473億3600万円
韓　国	1965年6月22日	677億2800万円（有償2億ドル）
	1965年6月22日	1020億9300万円（無償3億ドル）
シンガポール	1967年9月21日	29億4300万円（無償）
	1970年10月9日	29億4000万円（有償）
マレーシア	1967年9月25日	29億4000万円
ミクロネシア	1969年4月18日	18億円（信託統治地域日米協定）

出典：永野慎一郎・近藤正臣編『日本の戦後補償』12頁。

　ベトナム（当時は，南ベトナム共和国）は分断と政治混乱，そしてインドシナ戦争のため賠償交渉をきちんと進行させることができなかった。ベトナムは，当初20億ドルの戦争被害を受けたと主張したが途中で交渉が中断された。1955年4月から賠償交渉が再開され4年間の交渉の末，1959年5月に賠償協定が締結された。ここでは，3900万ドル相当の役務と生産物を5年にわたり支払うことが合意された。また，賠償協定とともに借款協定が締結され，3年間で750万ドルの借款を供与することで合意した。一方，北ベトナムは対日賠償請求権を留保するという声明を発表した。

　前述した通り，東南アジア4カ国に対する日本の賠償協定は，1950年代にすべて締結された。続いて残りの東南アジア国家に対しては，準賠償の形で経済協力が提供された。まず，カンボジアとラオスは講和条約の当事国であったが，日本への賠償請求権を放棄した。日本はその事実を考慮し，ラオスとは1958年10月に「経済技術協力協定」を締結し10億円の援助を2年間無償で供与した。カンボジアに対しては，1959年3月に別途経済協力協定を結び15億円の援助を3年間無償で提供した。

　タイとは，1955年7月に「特別円協定」が成立し54億円相当の英国ポンドを支払い，96億円の借款を提供するとした。また，独立が遅れたマレーシアとシンガポールは，平和条約締結の際，イギリスの植民地だった関係で賠償債権国になれなかったが，1957年8月と1965年8月にそれぞれ独立を達成した後に賠

償を請求した。日本はこれに対し，両国は賠償請求権を持っていないという前提で「経済協力協定」を締結し，マレーシアに無償29億4000万円，シンガポールには有償・無償それぞれ29億4000万円の供与が行われた。ミクロネシアに対しても「信託統治地域日米協定」を締結し，18億円の経済協力資金が提供された。

朝鮮半島と台湾に対する請求権問題の処理

講和条約では，日本と交戦状態にあった連合国と，戦争中に日本統治下にあったが戦後日本から分離された地域の朝鮮半島と台湾を明白に区分した。この分離地域に対する戦後処理は，第14条とは別途に第4条で扱っているが，ここでは賠償概念を適用せず分離による相互財産および請求権の処理と規定した。つまり，第4条は朝鮮半島と台湾に代表される分離地域との財産，請求権問題を日本と該当国間で特別協定を結んで解決するよう明示している。日韓の財産請求権問題処理は，このように講和条約第4条に立脚して日韓国交正常化の交渉で取り扱われた。李承晩政府は，当初戦勝国の立場で講和条約に正式に参加し，大規模な賠償金を要求するという構想下で「対日賠償要求書」を作成するなど緻密な準備をしたが，結局講和条約で韓国は正式署名国から除外され第4条国となり，韓国の対日要求は財産請求権の形態に縮小，再調整されることになった。

これに従い，韓国は「財産請求権に関する8項目」を日本側に要求したが，日本は法的根拠と物証が確保されたものに限って認定し，それ以外については徹底して否認する立場を堅持した。財産請求権問題をめぐる認識の差と請求権の金額の差を電撃的に解消するために日本は経済協力方式を提案し，韓国の朴正熙政府はこれを受諾した。このようにして1962年11月，金―大平メモで両国は請求権問題の解決に合意した。これによって，日本が無償3億ドル・有償2億ドルの経済協力を提供し，財産請求権に関するすべての権利が最終的に解決されたという規定を採択することで，法的な戦後処理が終了した。[23]

しかし請求権協定にもかかわらず，北朝鮮との対日財産請求権問題は依然として解決されていない。日本政府は，1965年の日韓基本条約で韓国を朝鮮半島の唯一の合法政府として承認したにもかかわらず，北朝鮮を休戦ライン以北に

存在する事実上の政府と認める立場をとった。したがって，北朝鮮との未決の財産請求権問題は，日朝国交正常化交渉で扱われるべき懸案となっている。1990年に自民党の金丸信元副総理の電撃的な訪朝を契機として，日朝国交正常化交渉が開始された。16年間数回にわたって会談の中断と再開を繰り返したが，現在は核，ミサイル，拉致問題などで交渉が無期限に中断されている状態である。このように，北朝鮮の財産請求権問題は法的な次元だけでみると，日本に残された唯一未解決の戦後処理課題である[24]。

一方，台湾との請求権問題については，1952年締結された「日華平和条約」で，日本政府と中華民国政府間の特別協定の主題とすることに決定されたが，1972年に台湾との断交を前提とする日中国交正常化が電撃的に実現したため，特別協定を結んで処理される可能性は非常に希薄になった。ただし，日本は1987年に「台湾住民出身戦没者の遺族などに対する弔慰金などに関する法律」を制定し，台湾出身の旧日本兵士とその遺族に対する慰労金を支給したことがある。これは1970年代以来台湾出身日本兵士の補償要求が提起され，ついに日本国内でも彼らに対する配慮をみせる議員集会，社会団体などが結成され，彼らが日本法廷および政府に補償を要求する運動を展開した結果であるといえる。日本が，台湾出身の日本兵士とその遺族に1人当たり200万円の金額を支給する法律を制定することで事態は終結したが，支払の名目は補償金ではなく慰労金と決定された[25]。

対中賠償の放棄

1972年国交正常化のために開かれた日中交渉で日本は，中国との戦後処理は1952年に締結した「日華平和条約」により解決が終わったとみなされ，これによって中国は国家として賠償請求権を放棄したものだという立場を主張した。中華人民共和国政府は，日本が台湾政府と締結した条約は当初から無効であったため認められないという立場を堅持した。しかし，このような対立は繰り返し交渉を重ねた結果妥結された。すなわち，日中両国はついに「日中間の賠償問題は形式的には，1972年の「日中共同声明」発表後存在しないものとみなされている」という合意に至った[26]。中国は日本が引き起こした戦争の間は，領土の相当部分が日本占領下にあった最大被害国であったが，講和会議には参加し

第Ⅰ部　歴史・政治・国際関係からみたアジア

なかった。

　それは中国，台湾のうちどちらの政府を講和条約に招待するかの問題について，東西両陣営と米英両国が対立したからである。結局，中国と台湾のどちらの政府も講和条約に参加しなかったが，日本は講和条約直後に共産中国を排除し台湾（中華民国）政府との講和条約交渉に着手した。ここで日本と台湾政府は，「日華平和条約」を締結し「（台湾は）日本国民に対する寛厚と善意の表徴として」賠償，請求権を放棄すると規定した。

　「日華平和条約」は，1972年9月の日中国交正常化により「存続意義を喪失して終了」したが，そのとき署名された日中共同声明の第5項で「中国政府は日中両国民の友好のため日本に対する戦争賠償請求を放棄することを宣言する」と規定し，戦争に関わる日中間の請求権問題は共同声明発表後存在しないということを確認した。結局，中国は台湾の対日賠償請求権放棄の立場を認め，継承する決定を下したのである。

　戦争の最大被害者といえる中国の対日賠償請求放棄は，以後日本が中国に対して提供した長期的，かつ大規模な対中経済開発援助（ODA）と決して無関係ではなかったと推測される。日本は，中国の賠償放棄に対する対価もしくは贖罪の意味で，天文学的な規模の経済援助と円借款など，対中経済協力を提供したと解釈することができる。

4　戦後処理の日・独比較検討

戦後補償対戦後賠償

　第2次世界大戦後のドイツの戦後処理過程を日本と比較するとき，最も根本的な違いは日本が講和条約の締結を通して戦後賠償措置をとったのに対し，ドイツの場合は講和条約自体を締結しなかったという点である。ドイツと連合国が対独講和条約の締結を先延ばしにした理由としては，東西ドイツの分断状況と戦後急速に進行したヨーロッパの東西冷戦の展開という，特殊な状況が存在したという点を指摘しなければならないだろう。1990年にドイツ統一が成立し表面的には，対独講和条約を先送りにしてきた理由が解消されたにもかかわらず，依然統一ドイツと連合国間で講和条約は締結されていないという点は非常

に興味深い事実である。日本の場合は前述したように，戦争を法的に終結させ戦後処理問題を一貫的に規定したサンフランシスコ講和条約が締結され，すべての賠償問題がこの講和条約の枠によって処理されることになった。

　日本とドイツは，ともに歴史の中で生じた加害責任に対する処理という課題に直面していたが，日本が問題にしたのが戦争それ自体であったに対して，ドイツは戦争行為そのものよりはナチズム体制を問題の焦点としたといえる。すなわち，ドイツは侵略戦争が惹起した被害者たちに対する補償概念よりは，ナチズム体制が犯した反人類的迫害行為によって発生した被害を補償することを自身の戦後処理の核心課題として受け入れた。ドイツの場合，戦後補償という代わりに「ナチズム迫害の犠牲者に対する補償」（ドイツ語ではWiedergutmachung）という概念で理解されるのが一般的である。これとは対照的に日本は，補償概念をまったく無視して戦後処理問題をひたすら国家間の賠償という観点からみていた。つまり，日本で戦後処理問題というと，単に普通の戦争で敗戦国が勝戦国に支払わなければならない一般的な意味の賠償にすぎない。ドイツが戦争をナチズムと関連づけて不正，不法，犯罪性という角度からみるのに対して，日本はこのような認識がまったく欠如していた。

反人道的犯罪対侵略戦争

　このように戦争および戦後処理に対する認識において，ドイツと日本の決定的な違いをもたらした背景として2つの側面が指摘できる。第1に，ドイツの場合ニュールンベルク戦犯裁判では，戦争責任を問う「平和に関する罪」以外にも「人道に関する罪」という部分が審判の焦点になった。すなわち，ニュールンベルク裁判では，単純に戦争を引き起こした首謀者に対する処罰を超え，ホロコーストをはじめとするナチの一連の反人類的行為を裁判により処断するという概念が導入された。しかし，日本の東京裁判では「人道に関する罪」という罪目は適用されず，ひたすら追及の対象になったのは「平和に関する罪＝開戦責任」部分であった。すなわち，侵略戦争のための共同計画ないし謀議への参加が，東京裁判の主な追及対象であった。東京裁判の被告38名中17名が軍人であるのに対し，ニュールンベルク裁判では177名中23名が軍指導者であったという事実は，2つの裁判の主眼点が違うという点を雄弁に語っている。

61

第2に，圧倒的な力でドイツと日本を屈服させて戦後占領統治を施行したアメリカが，両国に対し相違した認識と態度を持っていたという点である。アメリカは当初からドイツに対しては補償と賠償を同時に進行させていこうと考えたが，日本に対しては賠償だけを念頭に置いていた。ユダヤ人亡命者を積極的に受け入れたアメリカの立場からみると，ドイツの戦争は反人類的な行為が好き勝手に行われた犯罪的な戦争であるのに対し，日本の戦争は単にアジア太平洋での勢力争いの脈絡から繰り広げられた侵略戦争にすぎないもので，真珠湾侵攻によって初めてアメリカが参戦した戦争であった。
　こうしたアメリカの認識の差は，戦後両国に対する占領統治においてもあらわれた。4大国の統治下に置かれたドイツでは，連合国が直接軍政を実施することで過去ナチ体制との完全な断絶が行われた。占領当事国は，ナチ体制と闘争していた反ナチと非ナチドイツ人たちを起用して，将来新しく生まれるドイツの指導者として育成した。反面，アメリカにより単独占領された日本では間接統治方式が導入され，この過程で天皇制をはじめとする戦前体制の政治的遺産が相当部分そのまま温存された。東京裁判があったにもかかわらず，戦前の多くの指導者が戦後政治の舞台に再登場し，過去との連続線上で活躍し得たことはこうしたアメリカの対日政策の産物といえる。アメリカにおいてナチ体制は，反人類的な犯罪集団であったのに対し，日本の戦前体制は単に侵略戦争を引き起こした開戦者集団にすぎないものだった。アメリカが追求した占領政策の焦点が，ドイツでは非ナチ化を日本では非軍事化を進めた点は，非常に象徴的な意味を持つ。

現金補償対経済補償

　日本の賠償政策は，基本的に国家を対象とする方式をとったため，戦争によって莫大な被害と損失を被った被害者個人に対する補償が排除されたという限界を持つ。日本政府は，サンフランシスコ講和条約とこれに続く2国間個別賠償協定を通して，国家を相手とした賠償および請求権に対する支払を行っただけで，被害者個人を対象とする補償には一切応じない原則を堅持してきた。日本政府のこの原則に挫折を味わうことになった数多くのアジアの戦争被害者は，日本政府を相手にした訴訟を繰り返し提起し続けてきた。

表2-4と表2-5が示すように、ドイツが戦後補償額として1993年1月現在連邦補償法、連邦返済法などによって支払った総額は、904億9300万マルクである。2030年まで追加的に支払う額をすべて合わせると1222億6500万マルクになる。1993年の換率基準（1マルク65円）で円貨に換算すると、1993年1月までの支払総額は5兆8820億4500万円で、最終的に支払われる総額基準をみると、約7兆9472億2500万円に及ぶ。これに比べて日本は、韓国に対し有償・無償の5億ドル、ベトナム、インドネシア、マレーシア、ラオス、シンガポール、フィリピン、ミャンマー、インドなどに対する賠償を全部合わせても総額6565億円で、接収された海外財産約3500億円の放棄および、サンフランシスコ講和条約締結前に支払った中間賠償の約1億6000万円を合わせても一兆円ほどである。これは、ドイツの約7分の1にすぎない金額である[36]。

さらに特記すべきもう一つの事実は、ドイツの補償が全額現金で支払われたのに対し、日本の賠償および請求権資金は、すべて役務と資本財あるいは中間財を支払ういわゆる経済協力方式で支払われたという点である。日本の戦後賠償支払が、基本的に日本経済の対外拡張政策と緊密に連携して行われたということは、非常に特徴的である。東アジア諸国に支払われた日本の賠償資金は、日本企業の対アジア進出を促進する役割を遂行し、東アジア地域の対日経済依存は、この賠償外交を通して深化したといっても過言ではない[37]。

日本は戦後賠償および請求権支払を、過去に自分たちが引き起こした不当な侵略と支配に対する懺悔と反省の意味で行ったという認識をほとんど持っていなかった。それよりはむしろ、賠償および請求権支払を日本が恩恵を施すという次元で、アジアの低開発国家に対し経済協力や援助の意味で提供したと考えるのが一般的な傾向である。すなわち、日本の賠償はこうした懲罰と復旧のための物質的供与行為というより、アジア各国の開発のための経済援助提供の意味だと認識される傾向が濃厚であった[38]。

日本戦後処理の未解決課題

今日のヨーロッパ統合への始動が可能だった理由を考えてみると、第2次世界大戦以後ドイツと周辺ヨーロッパ諸国が平和と繁栄を共同で追求するために、不幸であった過去を清算することに積極的に取り組んだ結果とみることができ

表 2-4 1993年1月現在のドイツの支払額（単位：マルク）

連邦補償法によるもの	710億4900万
連邦救済法によるもの	39億3300万
対イスラエル補償	34億5000万
16カ国との包括協定	14億
その他の給付	78億
連邦補償法外の地域に属する州による給付	22億1700万
苛酷緩和の最終規定	6億4400万
合　計	904億9300万

出典：内田雅敏『戦後補償を考える』講談社，1994年，120頁。

表 2-5 2030年までの補償支払額の総額（推定）（単位：マルク）

連邦補償法によるもの	950億
連邦救済法によるもの	40億
対イスラエル補償	34億5000万
16ヶ国との包括協定	25億
その他の給付	120億
連邦補償法外の地域に属する州による給付	35億
苛酷緩和の最終規定	18億1500万
合　計	1222億6500万

出典：内田雅敏『戦後補償を考える』120頁。

る。この過程で，ドイツが積極的な主導権を発揮したという点を評価しないわけにはいかない。一方，日本のアジアに対する戦後処理政策は，内戦の論理と経済の論理だけを押し立てた便宜的な方式で推進された結果，莫大な苦痛と損失を経験したアジアの被害者たちとの和解と信頼を引き出すことには失敗したといえる。日本の戦後処理に対する不満と告発は，アジア各地でいろいろな形で提起されており，日本はこのような未解決の戦後処理課題を効果的に扱えずにいるのが現状である。経済大国日本が政治的指導力を発揮できずにいるのは，未解決の戦後処理という暗い影がのしかかっているからだということは否認できない。

　戦争が終わってから70年になるが，いまだ日本の法的な戦争関連損害補償要求訴訟が終わっていないということは，こうした事実をよく物語っている。周

知の通り従軍慰安婦，外国人原爆被害者，サハリン同胞，外国国籍の日本軍人，軍属など数多い対日被害補償問題が提起され，日本の戦争責任・戦後責任に関する追及が続いているのが日本の当面している現実である。

最後に，本章の限界について述べよう。本章は，ドイツの戦後補償外交と日本の戦後賠償外交の全体像を明らかにし，これを比較検討することに焦点を当てたため個別国家や個別事案に対しては，ごく簡略に検討するに留まった。今後の研究では，日本とドイツの戦後処理外交の諸相に対するより緻密な概念的検討と実証的な比較分析が求められよう。また，日本の対アジア戦後賠償外交に対しても，個別事例に対する深い検討が行われなければならないのである。

註

(1) 駐韓日本大使館の公式ウェブサイト参照。http://www.kr.ebb-japan.go.jp

(2) ドイツでのニュールンベルク裁判と日本での東京裁判は，ともに第2次世界大戦の開戦国であるドイツと日本の戦争責任者を処罰するための国際裁判で，これに対する比較検討はこの研究では直接的に扱いはしないが日独戦後処理比較研究の独立的領域になり得る。

(3) 戦後処理を包括的な概念として扱っている文献としては，高木健一著，チェ・ヨンギ訳『戦後補償の論理』ハンウル出版，1995年，佐藤健生「日本とドイツの戦後処理比較」河英善編『韓国と日本――新しい出会いのための歴史認識』（韓国語）ナナム出版，1997年，内田雅敏『戦後補償を考える』講談社，1994年，などがある。

(4) 戦後処理問題を中心に日本とドイツの比較問題を扱った業績としては，佐藤健生の前掲論文が代表的である。日本語文献としては，佐藤健生「ドイツの戦後補償は日本の規範か」『世界』1991年2月号，加藤秀治郎『ドイツの政治・日本の政治』一芸社，1998年，大嶽秀夫『アデナウアーと吉田茂』中央公論社，1986年，大嶽秀夫『二つの戦後・ドイツと日本』日本放送出版協会，1992年，粟屋憲太郎・田中宏・三島憲一・広渡清吾・望田幸男・山口定『戦争責任・戦後責任――日本とドイツはどう違うか』朝日選書，1994年，などが代表的な研究である。また英文研究としては，Ian Buruma, *The Wage of Guilt: Memories of War in Germany and Japan* (New York: Farrar Straus, 1994), Akiko Hashimoto, "Japanese and German Projects of Moral Recovery: Toward a New Understanding of War Memories in Defeated Nations" (Occasional Papers in Japanese Studies) Edwin O Reischauer Institute of Japanese Studies Harvard University などを参照されたい。

(5) 広渡清吾「ドイツにおける戦後責任と戦後補償」粟屋憲太郎・田中宏・三島憲一・広渡清吾・望田幸男・山口定『戦争責任・戦後責任』182頁。

(6) 同上，182-183頁。
(7) 同上，183-184頁。
(8) ニュールンベルク裁判に関しては，佐藤健生，前掲論文，1997年，79-91頁，を参照。
(9) ソン・チュンギ「アメリカ軍政政策と脱ナチ化作業」『大邱史学』2002年11月，121-144頁。
(10) 連邦補償法の前文は，次の通りである。「ナチズムに政治的に敵対するという理由でまたは人種，信仰または世界観上の理由でナチズム権力の支配下で迫害された人々に不法が行われたこと，信念に基づきあるいは信仰または良心のためにナチズムの権力支配に対し行った抵抗はドイツ民族と国家の福利への貢献であり，また民主的，宗教的，経済的組織もまたナチズムの権力支配により違法に侵害されたこと，これらの事実を承認し連邦議会は連邦参議院の同意を得て以下の法律を議決した。」
(11) 広渡清吾，前掲論文，184-185頁。
(12) 佐藤健生「日本の戦後補償問題への提言」船橋洋一編『いま，歴史問題にどう取り組むか』岩波書店，2001年，59-60頁。
(13) 広渡清吾，前掲論文，188-190頁。
(14) 名古道功「過去の克服と相互理解を目指して」池明観・五十嵐正博・岡田正則・名古道功編著『日韓の相互理解と戦後補償』日本評論社，2002年，373-374頁。
(15) もちろんドイツですべての関連企業が，この基金の拠出に積極的だったのではない。対象となった企業22万中で6497社が賛同し，全体の3％にすぎない。しかし，国家と企業が共同で基金の設立に参与したということは，歴史的に大きな意義をもつと評価できる。佐藤健生の前掲論文，66-67頁および名古道功の前掲論文，274-275頁，を参照。
(16) 石田勇治『過去の克服――ヒトラー後のドイツ』白水社，2002年，292-295頁。
(17) 以下は，李元徳「日本の戦後処理外交研究――対アジア戦後賠償政策の構造と含意」『日本学研究』第22集（2007年9月，檀国大学日本研究所）の中心内容を基礎として再構成したことを明記しておく。
(18) 岡野鑑記『日本賠償論』東洋経済新報社，1958年，533-546頁。
(19) サンフランシスコ講和条約と賠償に関する日本の既存研究は非常に膨大である。その中で，日本政府の立場から賠償問題を公式に整理した代表的な文献は，以下の通りである。大蔵省財政史室編『昭和財政史――終戦から講和まで』第1巻，東洋経済新報社，1984年，外務省賠償部監修・賠償問題研究会編『日本の賠償』世界ジャーナル社，1963年，が参考になる。
(20) ミャンマーの対日賠償協定締結に関する代表的な研究は，Ma-Mint Kyi,「Burma-Japan Relations 1948-1954: War Reparations Issue」（東京大学総合文化研究科国際社会科学専攻博士論文，1984年），永野慎一郎・近藤正臣編『日本の戦後

賠償——アジア経済協力の出発』第五章ビルマ賠償，勁草書房，1999年，を参照。
(21) フィリピンの対日賠償協定に関する研究としては，吉川洋子『日比賠償交渉研究』勁草書房，1991年，が代表的である。
(22) インドネシアの対日賠償協定に関する研究として代表的なものは，宮城大蔵「インドネシア賠償をめぐる国際政治」『一橋論叢』125(1)，2001年，を参照。
(23) 日韓会談の請求権問題を深層的に検討した研究としては，李元徳『韓日過去史処理の原点——日本の戦後処理外交と韓日会談』ソウル大学出版部，1996年，太田修『日韓交渉——請求権問題の研究』クレイン，2003年，を参照。
(24) 北朝鮮交渉に関しては，和田春樹・高崎宗司『検証日朝関係60年史』明石書店，2005年，高崎宗司『検証日朝交渉』平凡社，2004年，を参照。
(25) 台湾出身日本兵士に対する慰労金支払経緯に対する詳しい内容は，台湾人元日本兵士の補償問題を考える会編『台湾・補償・痛恨——台湾人元日本兵戦死傷補償問題資料集合冊』1993年，を参照。
(26) 石井明「中国の対日占領政策」日本国際政治学会編『日本占領の多角的研究』季刊国際政治第85巻，31-57頁。
(27) 日台間の平和条約締結をめぐる交渉過程および賠償処理問題に関する詳細な内容に関しては，石井明「中国の対日講和」渡辺昭夫・宮里政玄編『サンフランシスコ講和』東京大学出版会，1986年，彭明敏・黄昭堂『台湾の法的地位』東京大学出版会，1983年，を参照。
(28) 中国人たちは対日賠償問題に関して「怨恨を徳で返す（以徳報怨）」という言葉をしきりに引用して，中国人の度量の大きさを強調してきた。
(29) 日中国交正常化交渉に関する新しい史料と多様な観点に関する解説については，石井明・朱建栄・添谷芳秀・林暁光編『記録と考証——日中国交正常化・日中平和友好条約締結交渉』岩波書店，2003年，を参照。
(30) 本章では，日本とドイツの戦後処理の比較を中心課題に設定している。日独とともに同盟国の一員であったイタリアの戦後処理も比較の対象になりえるがこれは今後の課題としたい。イタリアの戦後処理問題に関する研究としては，石井憲「敗戦と憲法」（1）（2）『千葉大学法学論集』第19巻第2号，2004年，を参照。
(31) 1953年に西ドイツが，西欧諸国と締結したロンドン債務協定で，賠償問題の最終規定は平和条約の締結まで待つことが合意された。1990年にドイツが統一された後も平和条約は締結されないままで，その代わり東西ドイツと旧占領国4カ国間に2＋4条約が締結された。英米仏ソの旧占領4カ国の中，英米仏は西ドイツから，ソ連は東ドイツからの賠償措置が終了しているとする認識が受け入れられ，ドイツとこれらの国家との賠償問題は新しく提起されることはなかった。
(32) 佐藤健生，前掲論文，2001年，57頁。広渡清吾，前掲論文，1994年，180-194頁。
(33) ナチ迫害犠牲者補償と区別される戦後補償として，戦争そのものに起因する一般

第Ⅰ部　歴史・政治・国際関係からみたアジア

国民の被害を補償する制度も存在する。たとえば，一般戦争結果法と戦争遺族補償戦争捕虜補償などがある。これら国民に対する一般的な戦争被害補償は，国民生活再建のための社会保障的機能をもつと言えるが，この部分に西ドイツは1980年代末まで約1000億マルクを支出した。

(34)　佐藤健生，前掲論文，91-99頁。
(35)　同上，89頁。
(36)　内田雅敏『戦後補償を考える』講談社，1994年，119-122頁，田中宏「日本の戦後補償と歴史認識」粟屋憲太郎・田中宏・三島憲一・広渡清吾・望田幸男・山口定『戦争責任・戦後責任』52-54頁。ここで田中宏は，日本の戦後賠償関連対外支払額が総1兆円程度なのに対して，日本人戦争犠牲者援護などに使用した対内支払額は，現在33兆円に及ぶと主張しており，日本の戦後賠償外交の問題点を批判している。
(37)　永野慎一郎・近藤正臣編，前掲書，1999年，4-6頁。
(38)　外務省賠償部監修・賠償問題研究会編，前掲書，1963年，22-23頁。

第3章　中国からみたアジア共同体
　　　　──中国の対アジア外交──

臧　　志　軍

　「アジア共同体」は，冷戦後のアジアにおける国際関係分野で一つの話題として，いまでも関心が高い。本章では，中華人民共和国建国直後の対アジア外交に関する分析を起点とし，1990年代における中国の対アジア外交の転換も含め，中国における「東アジア共同体」構想をめぐる考量や対応および中国自身が作成した関係構想を整理し，分析したい。

1　冷戦時代における中国の対アジア外交

　中国の対アジア政策にはかなりの連続性がある。21世紀の初期以降，中国のアジア共同体に対する考えを理解するためには，中華人民共和国建国から20世紀末にかけての中国の対アジア外交を概略的に回顧し，中国側の考量要因を分析する必要がある。
　まず，冷戦時代における中国の対アジア外交を，以下の3つの段階に分けて検討する。

第1段階──1949年新中国の誕生～60年代末期
　1949年10月に，中華人民共和国が誕生した。軍事大国化したアメリカおよび西側諸国は，世界一人口が多く，しかも国土面積も広い社会主義国家である中国を巨大な脅威と見なし，軍事同盟の設立や，軍事力の駐在，反共産党中国の政権の支持などを通じて，中国の周辺で半月形のような包囲圏を構築した。こうした事情に直面した新中国は，その対中包囲圏の突破を対アジア外交の最も重要な目標とした。
　1950年6月25日，朝鮮戦争が起こった。9月15日に，アメリカをはじめ国連軍が仁川に上陸し，大規模な反攻を行い，中朝国境まで戦火が広がった。その

とき，中国は朝鮮へ「志願軍」を派遣した。

なぜ中国は，自国の内戦が終戦したばかりで，国内物質の調達がきわめて困難な時期であるにもかかわらず，依然として当時世界で一番強い軍事力を持ったアメリカおよびその同盟国と対戦しようと決断したのか。それは，対中包囲圏の突破が最も重視されていたからである。仮に北朝鮮が滅亡したら，中国に対して強い敵意を持ったアメリカが隣家となり，国家の生存が脅威に直面することになる。平和的な生活や経済建設などが不可能になるという危機感を持った中国は，アメリカとの間に緩衝地帯の存在を維持しようとした。また，中国の指導部は，北朝鮮の指導者である金日成とは抗日闘争時代から緊密かつ個人的な関係を持っており，共産主義者同士，また元戦友への支持ということも当時は重要な要因であった。

1950年代初期の中国は，インドシナ半島で民族独立を実現するために，植民地宗主国であるフランスと戦っていたインドシナ共産党とその指導者であるホー・チ・ミン（胡志明）からの要請に応じて，ベトナムの共産党軍にも物質の提供や軍事顧問団の派遣など支援を行っていた。中国としては，東アジアにおける民族独立・民族解放運動への支持と，共産主義者同士の援助ということもあり，またアメリカをはじめ西側諸国による対中包囲圏の突破も重要であった。

1955年は中国のアジア外交において，たいへん意義のある年といえる。インドネシアのスカルノ大統領の提言をもとに，多くの国々から支持を得て，第1回「アジア・アフリカ会議」がインドネシアのバンドンで開催された。[1]中国の周恩来総理一行もこの会議に出席した。中国の政府首脳にとって，これは初めての非社会主義国家への訪問である。バンドン会議では参加国の間で様々な問題が存在し，会議の最初の段階では一部の国から社会主義国家である中国への厳しい批判もあった。しかし中国は，「求同存異」（双方は互いの相違点を残し，共通点を得るために一緒に努力しよう）という方針を打ち出し，またインドと一緒に「和平共存」という国際関係の原則を提唱して，多くの国々から支持を得るようになった。

バンドン会議での中国の行動は，中国の地域外交政策に，非社会主義諸国に受け入れられない状態から脱却したいという現実主義的な思惑があるが，アジア・アフリカ諸国との連合を目指すという，理想主義的な傾向もあることが明

らかになった。

　バンドン会議で現れた第三勢力の集合ともいえるこれらの動向は，アメリカをはじめ西側陣営から警戒されるようになった。バンドン会議後，中国とインドネシアをはじめ一部の東南アジア諸国との関係が進展したことは，さらにアメリカに，民族主義者と共産主義者との連合，および地域における共産主義勢力の拡張として認識された。強い懸念を持ったアメリカは，インドネシア国内の問題を利用し，右翼勢力の援助に全力を尽くし始めた。そして，アメリカからの支持を得た右翼勢力は，1965年末に軍事クーデターを起こしたのである。

　それと同時に，インドシナ半島でアメリカは，1965年半ばに陸軍部隊を南ベトナムに派遣し，その後北ベトナムにも大規模な空爆を行うなど，インドシナ戦争はさらに拡大した。中国側は，この一連の行動をアメリカによる対中包囲圏強化の最新行為として認識し，この包囲圏を突破するためにベトナム共産党をはじめ東南アジア共産主義者への支援をさらに積極的に行った。

第2段階──1960年代末〜70年代半ば

　1960年代末から，中国の外部事情は最悪な時期に突入した。1968年，中国とソ連との国境地域で武装勢力が衝突し，その後，ソ連は中国とモンゴルとの国境地域を含め，中国の北方国境地域の付近に大規模な軍事力を増加させ，また中国への核攻撃も含め先制攻撃を計画した。これによって，アメリカを中心とした半月形の包囲圏の上に，ソ連がリードする半月形の包囲圏が加わり，中国は円形的な対中包囲圏に置かれることになった。いかにこれを突破できるかは，当時の中国外交にとって最も喫緊の課題であった。

　1970年代に入って，中国の対アジア外交に大きな影響を与えた出来事をまとめると，次の通りである。第1に，1972年2月にアメリカのニクソン大統領が中国を訪問するという歴史的な出来事があった。第2に，同年9月に日本の田中角栄首相が中国を訪問し，中日が国交正常化したことである。第3に，1975年のインドシナ戦争が終結したことである。

　以上の3つのことによる影響として，まずは，東アジアで日米同盟等の軍事同盟は依然として存在していたが，それまでの中国とアメリカ，中国と日本との間の緊張関係が大幅に軽減され，この地域における軍事対抗の程度が低くな

った。つまり，中国側からみれば，中華人民共和国建国以来の孤立状態は崩壊し始めた。

第2に，中米関係の緩和や，とりわけ日本との国交正常化によって，日本との経済関係を中心として，中国と西側諸国の経済関係も徐々に展開された。中国は世界経済システムに参加することができ，したがって世界経済との連携は中国外交の中心的な課題となった。

第3に，インドシナ戦争の終結は東南アジア諸国にとって，アメリカかあるいは中国か，という二者択一を迫ることはなくなった。中国にとっては，この終戦によって対東南アジア外交の空間が広まった。

以上のような変化によって，対アジア外交だけでなく，中国の外交理念上の全体像も徐々に変わってきた。中国は，これからの世界的な潮流は，戦争や集団的な軍事対抗ではなく，世界的な規模の「平和と発展」であると認識し始めた。と同時に，中国の対アジア外交に影響を及ぼす様々な要因の中で，共産主義者同士の支援など，いわゆるイデオロギー的な影響力は低下し，富強国家の実現や世界の平和・安定の維持がより重視するようになった。

第3段階——1970年代末〜90年代初期

1978年末から，中国は「経済建設を中心とする」というスローガンを掲げ，改革開放路線への移行を始めた。世界や他国との繋がりがますます緊密になり，また対アジア外交分野においても新しい理念が出てきた。1990年代初期に発生した次の2つの出来事は，中国の対アジア外交の理念が大きく転換したことを示している。一つは，1991年7月に中国が初めてASEAN外相会議に参加したこと，もう一つは，1992年2月に中国と韓国が国交樹立したことである。

ASEAN（東南アジア諸国連合）は，ベトナム戦争中に成立した，もともと反共産主義の立場を取る関係諸国の政治同盟であった。つまり，最初はアメリカがリードし対中包囲圏の一環として存在していた。ベトナム戦争の終結後，東南アジア地域において緊張が緩和されると，1980年代末には，ASEANは地域発展に向けた組織へ再編された。また，加盟国が多くなるにつれてその地域での影響力も増した。これらの変化に中国は，従来の対応を捨ててASEANへ接近し，1991年7月に初めてASEAN外相会議に参加した。それを起点に中

国は，経済を中心に ASEAN 諸国との協力関係を積極的に構築し始めた。

1992年の中韓国交樹立は最も象徴的な出来事であった。中国と韓国は，朝鮮戦争中は互いに敵国関係にあった。1992年国交樹立の際，朝鮮民主主義人民共和国の創立者である金日成国家主席（1912～94）は，まだ生存していた。彼は元中国共産党員で，毛沢東や周恩来などの中国の指導者たちとの間に深い共産主義同士の関係があり，また抗日戦争中は戦友でもあった。既に，毛沢東や周恩来は亡くなっていたが，中国の指導部には鄧小平のような革命戦争時代の出身者がまだ存在していた。金日成の戦友といえる世代はほとんど退職したものの多くが生存しており，東洋社会における情義という伝統的な価値観からみても，韓国との国交樹立は相当問題があると思われていた。にもかかわらず中国は，韓国との国交樹立という決断を毅然と下した。この事実は，中国のアジア外交における脱イデオロギー化を端的に示しているといえる。

中華人民共和国が成立してから1990年代初期まで，中国の対アジア外交の要点をまとめると，以下の通りである。

第1に，総括的に言えば，中国の対アジア外交は時期によってその重要視される程度は異なるが，(1)対中包囲圏の突破，(2)アジアにおける民族独立・民族解放運動への支持，(3)アジア共産主義者への支援，(4)富強国家という目標の実現，(5)和諧世界（地域）へという5つの考量が存在していた。

第2に，上記の5つの方面は，現実主義的なものと理想主義的なものに分けられるが，冷戦時代において，中国の対アジア外交に主導的な影響力を持ったのは現実主義的な考え方である。中国の対アジア外交で，自国の領土と主権の保全を中心とする国家安全保障は非常に重要視されていた。

第3に，中国の対アジア外交において理想主義的なのは，主に関係諸国同士が平和的に共存・協力することの実現を目指す点である。国家主権の重視と平和共存への期待，この2つが互いに作用した結果として，中国は主権国家の外にある地域的枠組みの存在を受け入れる可能性がある。しかし，前提になるのは，この地域的枠組みが主権国家と入れ替えられるものでないということである。

第4に，中国は，自国の利益を守るという現実的な視点をもとに，あるいは民族解放・民族独立運動や共産主義同士の支援といった，いわゆる「正義」に

よって関係者と「協力関係」を結ぶことはあるが，中国自らリードする正式な地域共同体を作るという意欲は見えなかった。⁽³⁾

2 転換期における中国と「東アジア共同体」構想

1990年代半ばから2010年代末までは，これまでの対アジア外交の調整を引き継ぐと同時に，新しい対アジア外交を検討し試みるという中国アジア外交の転換期と言える。

この時期にアジアの国際関係において注目されたのは，「地域連合」または「地域共同体」という構想である。

1990年に，マレーシアのマハティール首相が，東アジア経済グループ構想を打ち出した。その後，発展版ともいえる「東アジア経済協議体」構築が提言された。中日韓と ASEAN との関係が進展したことを背景に，2002年1月に日本の小泉純一郎首相が東南アジアを歴訪した際に，「東アジア共同体」という構想を提唱した。また，2004年6月には日本外務省が，3つの段階を経て東アジア共同体を構築しようとする考えを表明した。一国の政府首脳として「東アジア共同体」の構築に一番熱意を持ったのは2009年9月に日本の総理大臣に就任した鳩山由紀夫である。彼は首相に就任する前から，友愛精神に基づいた「東アジア共同体」を提唱してきた。

中国は，冷戦後アジアで唱えられた「東アジア共同体」をどのように理解していたのか，その「東アジア共同体」構想に，中国はどのような立場を取ったのかについては，まだ十分な研究が行われていない。

地域共同体の枠組みには，国家を超えることが特徴とされる「共同体方式（Community method）」と国家間の協調が重視される「連盟方式（Union method）」という，2種類がある。⁽⁴⁾ヨーロッパにおける地域共同体は，この2つの方式が並存・併進している。一方，「東アジア共同体」の具体的な形態については，様々な見解が存在するが，だいたい主権国家による「連合体」と，国家主権を融解し諸国を統合する「統合体」と，2種類に分けられる。

冷戦後の中国では，「東アジア共同体」に関する理解はほぼ一致しており，その理想的な状態は，次の5つにまとめることができる。(1)貿易自由，(2)物と

人の移動の自由，(3)通貨の統一，(4)安全保障の相互の確保，(5)人民の間の和睦・調和である。多くの研究者は，東アジア共同体の構築を，経済，政治文化，軍事安全保障という３つの分野における共同体の構築と理解していた。また，この共同体は経済共同体，安全共同体，社会共同体という３つの部分からなるべきという指摘もある。これらの「東アジア共同体」という概念に関する理解は，「統合体」によく似ている。

以上のように理解された東アジア共同体への実現の道については，経済共同体から安全・政治共同体へという「段階的に実現する道」と，「各分野で同時に推進する道」とに分けられるが，東アジア共同体の構築が可能だと認識している中国の研究者は，ほとんど「段階論」を支持している。

中国の研究者の間で，東アジア地域の繁栄と安定を促進するために東アジア共同体が果たす役割について，その認識はほぼ一致している。経済面では，東アジア経済共同体の構築が，地域全体における経済発展の促進と人民の幸せの向上，地域の経済競争力の強化などに大きな成果を収めると考えられている。また「地域経済一体化」の実現によって，地域共通安全保障枠組みの樹立も促進される。それによって，いわゆる「安全保障のジレンマ」が解消され，安全保障を確保するコストが大幅に軽減できると認識されている。

ここで注目したいのは，中国では，「東アジア共同体」という表現より，「東アジアにおける地域協力」（中国語で「東亜地区合作」）という言葉がよく使われていることである。中国語では，前者は主権国家を超えるという意味が強く，後者は一般的な主権国家間の「協力関係」から主権国家を統合した「統合体」に至るまで，様々な形をカバーできるという意味がある。

中国の東アジア共同体構想への態度については，日本では「中国は，地域における自国の影響力の拡大を図り，アメリカ・欧州連合に対抗するため，この構想に対して積極的である」という見方があるが，これは正しいとは言えない。前述のように，共同体には，「連合体」と「統合体」の２種類がある。中国の「東アジア共同体」構想に対する態度は，一言でいうと，「連合体」は「賛成できる」が「統合体」ならば「想像できない」。また「段階的実現」は「可能」とし，「同時的な推進」ならば「しにくい」ということであろう。

1990年代末から中国が積極的な姿勢を示したのは，「東アジア共同体」の構

築ではなく，東アジア地域における経済分野を中心とした「地域協力関係」の促進にすぎない。「共同体」そのものの構築には，むしろ「中国は消極的だ」と言った方がいい。

中国のASEAN諸国との協力関係を推進する努力

1990年代末以降，中国は東アジア諸国，とくにASEAN諸国との協力関係の促進にかなり熱意を示し，新しい東アジア外交を展開した。この新たなアジア外交には，次のような特徴がある。(1)東アジア地域における持続的な安定と成長を実現することを，中国の対アジア外交全体の最優先目標としたこと。(2)この目標を実現するために，3つの「小地域協力関係（sub-regional cooperation）」を構築しようとしたことである。すなわち第1に，東南アジア地域での中国とASEANとの協力関係。第2に，東北アジア地域での中日韓3国間の協力関係。第3に，東アジア地域全体での中日韓＋ASEANとの協力関係である。

ここで再度強調したいのは，中国政府が追求したのは「統合体」ではなく，また「連合体」でもない，単なる経済分野を中心に民生分野も含めた，ケース・バイ・ケース（case-by-case）の「緊密的な協力関係」というメカニズムにすぎない。また，1990年代末からは，中日関係や日韓関係は安定しない状態にあったため，上記の3つの地域協力関係においても中国側は，ASEANとの協力関係に集中してしまった。

1991年7月に，中国外相が初めてASEAN外相会議の開会式に参加し，ASEANとの正式な往来を開始した。また，1994年7月に中国は，ASEANが主導したASEAN地域フォーラム（ARF）の第1回会合に参加した。1997年からは中国とASEAN諸国との間に，「ASEAN＋中国」という首脳会談の定例化が実現された。それと同時に，政府閣僚会議や高官会議などの定期会合も設立された。

21世紀に入ってから，中国はさらに主導的な姿勢でASEAN諸国との関係を推進してきた。経済面では，2000年11月に「中国―ASEAN自由貿易地域」の構築を提唱した。翌年11月に中国とASEAN諸国は，その後10年間で中国―ASEAN自由貿易地域の設立を達成すると宣言した。予定通り，2010年1月

から中国—ASEAN の FTA が発効した。この FTA は，世界的に見ても発展途上国によって形成された最大規模の自由貿易地域である。

　政治面においては，2003年10月に「東南アジアにおける友好協力条約（TAC, Treaty of Amity and Cooperation in Southeast Asia）」に加盟した。非ASEAN 加盟国の中で，中国は一番早い段階でその条約に加盟した国となった。日本と韓国は翌年，アメリカは6年間後（2009年）に加盟したのである。

　安全保障面では2002年11月に，中国と ASEAN 諸国との間で「南シナ海における関係側の行動宣言（DOC, Declaration on Conduct of Parties in the South China Sea）」に合意した。この宣言は，友好的な協商と交渉を通じて，平和的な方法で南シナ海に関する争議を解決し，また解決する前に，各関係国はその争議をさらに複雑化・拡大化する行為はしない，と強調された。そのほか環境保全や国際犯罪の取り締まりなどの分野においても国際協力を推進するとした。[9]

　全般的に言えば，1990年代末以降，とくに21世紀に入ってから，中国とASEAN 諸国との関係が経済関係を中心に速いスピードで進行した。李克強中国政府総理は，この時期を「黄金の10年」と表現し，中国と ASEAN との関係の進展を高く評価した。

「東アジア共同体」構想に関する中国側の立場

　周知のように，東アジア共同体という発想は冷戦後からではなく，20世紀の初め頃から時々唱えられてきた。長い間にわたりその提唱者の中には，西洋植民地主義によるアジアへの侵略に抵抗し，列強の一員となった日本が朝鮮や中国への侵略に反対するために，その「アジア一体化」・「東亜聯合」という構想を植民地になった国々も含めた東アジア諸国の国民を動員する思想的な武器として使った人がいる。また，一部の日本帝国主義者のように，それを道具として近代日本のアジア諸国への侵略行為を正当化しようとした人もいる。

　冷戦後，とくに21世紀に入ってから，EU のようなヨーロッパにおける地域統合の進展を目の前にし，アジアにおける「東アジア共同体」あるいは「アジア共同体」への関心は再び注目を集めている。

　前述のように，一国の首脳として「東アジア共同体」の構築に最も熱意を持ったのは，2009年9月に日本の総理大臣に就任した鳩山由紀夫である。鳩山首

相が目指した「東アジア共同体」の主な内容は，日本・中国・韓国を中心とした東アジアが集団的安全保障体制を構築し，通貨の統一も実現すべきであるとした。鳩山由紀夫首相は，2009年9月16日に首相に就任した際の記者会見で，アジアにおいて，とくに東アジアにおける共同体というものの構築に再び言及した。[10]

日本の鳩山首相が東アジア共同体に関する発言を発表した翌日，中国外交部のスポークスマンが，中国側の東アジア共同体に対する考えについて質問を受けた際，「中国は東アジア諸国と一緒に協力を深めて，東アジア共同体という目標へ前進していきたい」と表明した。と同時に，「東アジア共同体の構築は，東アジアにおける協力としては「長遠的」（日本語では，長期的・遠い＝先の長い）目標である」という認識も明言した。[11]その発言は，鳩山首相による東アジア共同体構築という提案を評価するが，実は今の段階ではこの構想が非現実的なものであるという認識も婉曲な言い方で表明した。にもかかわらず，鳩山首相は9月22日にニューヨークで，中国の胡錦濤国家主席と会談した際，「EUのような形の東アジア地域共同体」の創立を直接提案した。[12]理想に対して熱意溢れる鳩山首相からのこの提案に，中国側は即座に回答しなかった。

2009年10月25日，タイで開かれた東南アジア諸国連合（ASEAN）＋3カ国（日中韓）首脳会議に出席した中国の温家宝政府総理は，東アジア共同体の設立に必要な原則として，「開放性と包容力を持ち，順を追って少しずつ前進すること」と述べ，「共通認識の集積，協力の深化を通じての設立という，先の遠い目標に向けて邁進していく」ことを主張した。[13]

また，2009年12月14日に当時の習近平国家副主席が，東京で鳩山由紀夫首相と会見した際，鳩山首相が示した東アジア共同体構想について，中日両国を含む地域各国の共通の目標でもあることから，中国側はこれを称賛した。アジアの主要な大国である中日両国は，対話と意思疎通を強化し，アジア協力，とくに東アジア一体化のプロセスにおける協力を強化して，優位性による相互補完，互恵とウィンウィン（win-win，共に勝者になること）の実現を目指し，アジアの協力促進のためにともに重要なリーダーとしての役割を果たし，アジアの平和と発展により大きく貢献すべきである，と述べた。[14]

さらに，翌年の4月12日，中国の胡錦濤国家主席は，アメリカのワシントン

で鳩山由紀夫首相と会談した際,「アジア一体化」という問題に関して,中日双方が協力を強化することを提案するとともに,「中国側は日本側と対話や意思疎通を強化し,域内貿易,金融,インフラ建設などの面で協力を推進することにより,アジア一体化に向けた実質的な歩みを絶えずに進めていきたい」と表明した。つまり,今の段階は,軍事や政治の分野ではなく,経済の諸分野での協力を優先的な課題とし,一つ一つ,一歩一歩対応すべきである,という認識を強調した。

以上のように,中国の指導部による東アジア共同体構想に関する発言をみる限り,中国側の立場は明らかである。まず,「中・長期的目標」ではなく,単なる「先の遠い目標」として,評価し賛成するということである。つまり,実は「積極的」ではなく,遠い将来まで「棚上げ」していると言ってもよい「消極的」な立場を取っているといえる。

なぜ,中国がこのような立場を取ったのかについて,中国政府は詳しく説明していないが,中国の研究者たちはこの構想の実現可能性に対して,非常に疑問を抱いている。その主な理由をまとめると,以下の6つに分けることができよう。

(1) アメリカとの関係という問題

東アジア共同体は,とくに政治と安全保障の面でアメリカとどのような関係になるのか,中国側は深い疑問を持っている。地理的に言えば,アメリカは東アジアの国ではない。よって,アメリカをメンバーとして受け入れることが理解できないという立場である。一方,関係上の利益という観点からみれば,アメリカは東アジア地域の一員としての地位は確かなものであり否定できないのである。

2009年10月14日,アメリカのキャンベル国務次官補が北京で「アジア地域で安全,経済,ビジネスに関わるいかなるメカニズムも,アメリカを除外してはいけない」と明言したように,冷戦終了後のアメリカは,自国を外そうとするすべての東アジアの地域的枠組みに関する構想に強い警戒心を示してきた。

ASEAN諸国では,マレーシアのマハティール首相以外のほとんどの指導者たちは,中国や日本などの地域内大国からの影響力を考えると,軍事力も含め

アメリカの関与を引き続き歓迎した。2009年10月7日に日本の鳩山首相による「東アジア共同体」提唱を受けて，シンガポールのリー・シェンロン（李顕竜）首相は，地域全体のパワーバランスの視点から，地域枠組みの構築には，アメリカの参加は不可欠という認識を再び表明した[17]。

日本においては，アメリカを除外した地域的枠組みの構築という考え方は，まったく存在しないのである。2002年1月14日に日本の小泉純一郎首相が，シンガポールで「東アジア共同体」に関して提案した際，「このコミュニティは，決して排他的なものになってはいけない。（中略）特に，この地域における安全保障への貢献やこの地域との経済相互依存関係の大きさを考慮すれば，米国の役割は必要不可欠である。日本は，米国との同盟関係を一層強化していく考えだ」と強調した[18]。その後，新たな日米関係の樹立を目指した鳩山首相であっても，「日米同盟の強化を基礎として東アジア共同体構想を進める」と最終的に明言したのである[19]。以上のような論調のほか，日本には，アメリカのアジア地域での軍事的存在を正当化するために，安全保障論における「地域」を，それぞれの主体が共有する問題認識や懸念を中心に形成されていく一つの「場」として把握したうえで，「安全保障共同体」を唱えたこともある[20]。

中国にとってアメリカは今でも，国家安全・政治安全・イデオロギー安全面で最大の脅威であり，また国家の完全な統一においても最大の障害要因である。にもかかわらず，中国はアメリカとの衝突を避けるように工夫してきた。現在アメリカとは対抗しようとせず，今後もアメリカと対決しようとはしない。むしろ，中国指導者たちは真摯にアメリカとの間に相互信頼，互いの協力関係の樹立を期待している。毛沢東や鄧小平の世代の中国の指導者たちはアメリカを批判したが，実はある程度の好感を持っていた。江沢民や胡錦濤，習近平世代の指導者たちは，アメリカの対外政策を批判すると同時に，実はアメリカの指導者の考えを理解しようと努力してきた。この点，既存の研究で重要視されなかったが，中国は，東アジア地域でアメリカを除外した共同体の構築を望んでいない。なぜならば，力がないだけでなく意欲もないからである。

ところで，問題となるのは，アメリカと同盟国である日本や韓国などの国々にとって地域的枠組みを構築するとき，アメリカとの2国間の同盟関係を放棄することはできないことである。これらの国々が期待しているのは，既存の2

国間の同盟関係の上に地域的枠組みを加えることである。また，この二重的な枠組みを利用して，中国を牽制し封じ込めようとする国もある。冷戦後の日本において，政府関係者による政治・安全保障に関わる東アジア共同体構想の検討は，最初から日米軍事同盟のような2国間の同盟関係を維持することがその前提となっている。中国にとっては，地域的安全保障枠組みが樹立するにあたり，2国間の安全保障枠組みも維持する，ということは関係諸国の平等と利益的バランスが明らかに損なわれるため，絶対に受け入れられない。これに満足できる答えがない限り，中国は東アジア共同体への構築に積極的な立場を取るのはなかなか難しい。

（2）東アジア地域における複雑な領土・領海の主権争い

東アジアにおいて，中国と日本，中国とベトナム，中国とフィリピン，日本とロシア，日本と韓国，フィリピンとベトナム，フィリピンとマレーシアなど，多くの国々の間で複雑な領土・領海の主権争いが存在している。共同体などの地域的枠組みの構築を通じて，これらの争いを解消するという意見が存在する一方で，多国間あるいは地域的枠組みによって，2国間の紛争に介入することを反対する国も存在している。

たとえば中国は，一貫して2国間の交渉という方法で中国と他国との間の領土・領海紛争を解決すべきと主張し，多国間あるいは地域的枠組みによる関与に断固反対している。したがって，地域的枠組みの構築を通じて，2国間の領土紛争を解決しようとする構想は，中国のような争議関係国をこの枠組みに参加させるには，むしろ阻害要因となる。問題の鍵は，「共同体」の意味をどう理解するかである。目指す共同体を「統合体」と理解するならば，領土・領海所有権をめぐる争議は意味がなくなり，共同体の樹立に伴って，この問題に関わるすべての紛争もなくなる。逆に言えば，東アジアにおいて，なぜ多くの国が「東アジア共同体」を提唱しながら，相手国との領土・領海争議を「毅然」として対応しているかというと，その関係諸国が理解し受け入れられる共同体は，実際は「統合体」でなく，「連合体」にすぎないからである。

（3）東アジア共同体による中国の「国家建設」への妨害という懸念

　ここでいう「国家建設（nation building）」とは，統一的な国内市場や統一的な領土，共通した国家アイデンティティの確立を指し，国民国家の樹立とも言える。東アジア諸国の間では，国民国家の成熟度にその差が存在する。東アジア地域だけでなく，アジア地域全体においても，日本のように本当の意味での国民国家に到達した国の数はきわめて少ない。中国は，長期にわたる封建的統治，近代に入ってからの外国による侵略および国家政策の誤りなどによって，国民国家はいまだに成立していないと言える。また，周知のように，台湾問題による国家分裂の状態も克服されていない。

　ヨーロッパで進められた地域統合は，成熟した国民国家の上で行われたものである。充分的な国民国家化はそのすべてのメンバーが，公平・公正な権利を持つ共同体の樹立の前提である。つまり，中国のような国民国家化が完成していない国が，いったん地域的枠組みに加盟すると，自分の利益を守るには国民国家化が完成した国々より不利な立場に陥ってしまうという懸念がある[21]。これも「統合体」的な共同体の構築に積極的ではない，一つの要因となっている。

（4）中日・韓日の間の「歴史認識問題」をめぐる大きなギャップ

　EUの経験からすると，歴史に関する共通認識の形成はその地域的枠組みの成立に重要な前提とも言える。残念なことであるが，東アジアでは，戦前の日本が行った侵略戦争についても異なった認識が存在する。人類の良識を無視する論説が公然と唱えられており，歴史上にある負の遺産が清算されず，また正の遺産も高揚できず，この地域の歴史に関する共通認識の形成はいまだに程遠いといえる。歴史認識問題は国民感情レベルの問題であり，関係諸国の現実的な国益にはそれほど関係がないとか，経済を中心に他の方面での交流が盛んになると，歴史認識における感情的な溝が埋められるという考え方もある。しかし，一国の国民感情はその国の国内世論の基礎であるため，国内世論の整備が進まないと，地域連合体の構築は言うまでもなく真の関係諸国との関係改善に取り組むことも容易ではなかろう。冷戦後の日本と韓国との関係の変化もこの点を反映している。

（5）東アジア地域に存在している断片化

　多くの研究者たちは「多様化」という言葉で，東アジア諸国の価値観，文化，民族，宗教，政治制度などその相違を強調するが，「多様化」より「断片化（fragmentation）」（あるいは「分裂化」）を使った方が適切ではないかという認識も中国にはある。中国，ベトナム，ミャンマーなどの政治制度やイデオロギーはその他の国と異なる。また，同じ政治制度とイデオロギーに属する国家の中でも，シンガポールのような独自性が目立つ国もある。宗教はさらに「断片化」という状態にある。多数の宗教が存在するゆえ，同じ宗教の中でも激しく対立する教派もある。これによって，地域レベルは言うまでもなく，多くの国々は国内の政治や社会の統合にも課題が山積している。

（6）関係諸国間の政治的不信

　中国は，歴史認識問題やあの列島の所有権をめぐる争議，さらに中国の発展を封じ込めようとする日本側の「価値観外交」「地球儀俯瞰外交」などが原因で，日本に対しては強い不信感を抱いている。一方，日本においても，とりわけ中国の軍事力や経済力に対して脅威を抱き，敵対視するような空気が広まっている。また，韓国と日本の間では歴史認識問題などで，不信感がいまだに蔓延している。中国とベトナムなどの一部のASEAN諸国との間でも相互不信が存在している。これらの国は，台頭した中国との経済連携を促進しようとすると同時に，中国という「地域超大国」による「脅威」を強く懸念している。これこそ多くのASEAN諸国の対中外交の実情である。

　また，アメリカや日本などの国の力を生かして，中国からの影響力を牽制するとともに，一部のASEAN諸国はアメリカや日本に利用されないよう警戒しなければならなくなる。モンゴルのように小さな内陸国も同じ立場にあろう。それ以外のインドシナ半島などの地域においても，ベトナムとタイ，ベトナムとカンボジア，タイとカンボジアの間では，昔から深い不信感が残っている。このように，地域の中の各次元で存在する不信感は共同体意識の構築を強く阻害している。

　以上は，現実主義という視点から提起されたものであるが，実は現実主義以外にイデオロギー面からみても，中国側は「統合体」という形の共同体は決し

て受け入れられないはずである。共産主義の理論上,国家の消滅とは,共産主義社会の実現を条件とすることである。つまり,共産主義社会が実現しない限り,国家の存在は必然的かつ必要である,とされる。前述のように,中国の理解では「共同体」というものは,国家主権を融解し,諸国を統合する「統合体」を目指すものと理解されている。だから,この構想が「空想」的なものと見なされているわけである。

中国は「東アジア共同体」を実際に支持しないのに,なぜ自国の立場を曖昧にし,明言しなかったのか。それは外交策略の一環であるほか,理想主義で熱情が溢れている関係国々の指導者への配慮と尊重があった。

3 地域的協調・協力枠組みの構築に関する中国版構想

2012年11月15日に習近平が中国共産党中央委員会総書記に就任し,翌年の3月からは中国国家主席を兼任した。同月,李克強が中国政府の総理に就任すると,中国において,いわゆる習近平時代が始まった。

習近平時代に入った中国のアジア共同体に対する姿勢は,前の胡錦濤時代のやや受身的だったものが一掃され,かなり主導的なものとなった。習近平総書記は,「中国は特色ある大国外交を行わなければならない」と明言した。

習近平時代における中国のアジア共同体に関わるキーワードは,「運命共同体」「新しい安全観」「一帯一路」などが挙げられよう。

運命共同体

2013年3月に,習近平国家主席がロシアを訪問中に,初めての国際交流の場で「運命共同体」という言葉を使った。習近平主席はモスクワ国際関係学院での講演で,「人類は既に一つの『地球村』に住んでいる。一つの同じ船の上で,どんどん互いを包含し合う運命共同体となっている。国際情勢の巨大な変化と世界は同じ舟という現実を前に,中国は協力共栄を柱とする新しいタイプの国際関係を確立し,国と国が心を合わせて協力し,調和ある付き合いをし,共に発展することを主張する」と表明した。

2013年4月のボアオ(Boao)アジアフォーラムにおける基調演説で,習近平

国家主席は，運命共同体の意識をしっかり持って，アジアと世界の共同発展を実現しようと訴えた。

　また習近平国家主席は，2013年10月にインドネシアを訪れた際，国会で演説し，中国はインドネシア，そして他のASEAN諸国とともに，「よき隣人，よき友人，よきパートナーとして，共同発展と共同繁栄を実現するために，より緊密な中国・ASEAN運命共同体を作りたい」と表明した。それと同時に，習主席は，信用を重んじ・友好を求める方針を堅持すること，協力とウィンウィンを堅持すること，共同警備と助け合いを堅持すること，心と心の触れ合いを堅持すること，開放と包容を堅持することを，「中国・ASEAN運命共同体」の実現のために重点的に努力すべき課題とした。具体的な政策やプロジェクトとして，文化・人的交流の促進やアジアインフラ投資銀行（AIIB）の設立などが言及された。

　2013年10月下旬，習近平国家主席は，中国の党と政府の外交関係における上級幹部が集合した「周辺外交工作座談会」で，「我が国の周辺外交の基本方針は，すなわち隣国との関係を良くし，隣国をパートナーとして，隣国と睦まじくし，隣国を安んじ，隣国を豊かにすることを堅持し，親・誠・恵・容の理念をとりわけ実現することである」と指摘した。そのうえ「対外的に我が国の内外方針・政策を正しく紹介し，中国の事情をよく説明し，中国の声をしっかり伝え，中国の夢と各国人民がよい生活をしたいという願望と地域の発展の未来をリンクさせることにより，運命共同体という意識を周辺国家に根付かせなければならない」とした。

　その後，習近平国家主席は，2014年5月上海で開催されたアジア相互協力信頼醸成措置会議（CICA）の首脳会議における基調演説の際，また同年7月のブラジル訪問中にも，繰り返して関係諸国と連携して運命共同体を構築したいと表明し，具体的な政策措置も提起した。

　以上のことからみると，習近平時代になってから中国が提出した「運命共同体」とは，単に中国脅威論や中国への警戒感の一掃を狙った一つのスローガンにすぎないとは言えない。あれは実現に向けての具体的な政策やプロジェクトも検討された中国外交の新たな理念である。

新しい安全観

　2013年3月に，習近平国家主席がモスクワでの演説で，「複雑に入り組んだ国際安全保障上の脅威と単独で戦うのはいけないし，武力を盲信するのはもっといけない。協調的安全保障，集団的安全保障，共通の安全保障こそが問題解決の正しい選択だ」と指摘した。

　また2014年4月15日に，習近平中共中央総書記（国家主席，中央軍事委員会主席，中央国家安全委員会主席）は，中国「中央国家安全委員会」の第1回会議で，国家安全観について，「対外的には平和，協力，ウィンウィンを求め，調和ある世界を建設しなければならない」，「自らの安全とともに共同の安全を重視し，運命共同体を築き，各方面が互恵互利，共同安全という目標に向かって歩むよう促さなければならない」と指摘した。

　さらに2014年5月21日に習近平国家主席は，アジア相互協力信頼醸成措置会議（CICA）の首脳会議で，中国は，各国とともに地域の安全保障と協力の新たなメカニズムを，共に築き，共に享受する，ウィンウィンのアジア安全保障の道を歩み出すべく努力すると強調した。その際，共同，総合，協力，持続可能という4つのキーワードを持つ「アジアの新しい安全保障観」を提示し，その4つのキーワードについては次のように説明した。共同とは，すべての国の安全を尊重しかつ保障することである。安全保障は普遍的・平等的・包容的なものであるべきである。総合とは，伝統的な分野での安全保障と非伝統的な分野を一体化して考え，維持することである。協力とは，対話・交流と協力を通じて各国と本地域の安全を促進することである。多くのアジアの国々にとっては，発展こそ安全問題を解決する鍵となる。持続可能とは，発展と安全保障の両方とも重要で，長く続く安全を実現することである。

　習近平国家主席は，この演説で「アジアの安全は，根本から言えば，アジアの国民によって守られなければならない」とも述べた。しかし，日本のメディアも含めた多くの西側メディアは，その原因は明らかでないが，「根本から言えば」という前提を抜きにして，「習氏はアジアの安全は，アジアの人々によって守られなければならないと主張」と，事実とは食い違った報道をした。このような報道によって，中国はアジア版のモンロー主義を提唱しているではないかという誤解を生み出した。実際，この演説で習近平国家主席は，「アジア

の新しい安全保障観」の開放性も強調した。彼は，アジアはオープンな地域で，アジア諸国と協力を強めると同時に，その他の地域あるいは他の地域にある国々，さらに国際組織との協力も強化すべき，と述べた。また，各方面がアジア地域の連合と安全保障に積極的かつ生産的な役割を果たすことを期待すると表明した。[30]

「一帯一路」

　2013年9月に，中国の習近平国家主席が，カザフスタンで「シルクロード経済ベルトの建設」を，また2013年10月にインドネシア訪問の際は，「21世紀の海上シルクロードの建設」を，正式に提言した。2013年10月に中国の李克強総理は，第16回中国・ASEANサミットで，互連互通に関わるインフラ整備の加速，汎アジア鉄道の建設，アジアインフラ投資銀行の設立など，「21世紀のシルクロード」と「海上シルクロード」の建設に関連する具体的な事業を提言した。以上のように，「一帯一路」という構想は，習近平時代における中国外交の重要な目標として定着した。

　「一帯一路」という構想が提出された背景として，次の点が挙げられる。

　まず，10年（2001～10年）の間に，中国とASEANとのFTA設立という目標は達成された。そこで，これから中国とASEANとの経済協力関係をいかに継続して推進するかという課題が浮上した。中国の李克強総理は，中国とASEANの経済関係について，「いままでは黄金の10年」と評価し，これからは「ダイヤモンドの10年」とその期待を表明した。また「一帯一路」の建設は，中国とASEANの経済関係において「ダイヤモンドの10年」を実現するために最も重要であると位置づけた。

　次に，2011年からアメリカのオバマ大統領が，「アジアへの旋回（Pivot to Asia）」あるいは「アジア・太平洋地域へのリバランス（Rebalance towards the Asia-Pacific region）」という戦略を実施したことで，東アジア地域に存在する領土・領海争議が緊張化してきた。東シナ海情勢の緊張化と域外勢力による南シナ海紛争への関与によって，経済・貿易大国になった中国にとって，海外運送通路の確保は重要な課題として認識されてきた。「一帯一路」の建設を通じて，ASEAN諸国との経済関係を継続的に推進するとともに，ユーラシア大陸を横

断する鉄道輸送ルートの建設によって，多重の対外通路の確保を実現できる。つまり，形成の可能性がある新たな対中包囲圏の突破という思惑もある。

また，「一帯一路」の建設を通じて，中国西部大開発を促進することや，中部アジア・西アジアなどの地域の経済成長を推進し，国際テロの温床となる貧困を削減して，中国西部へのテロなどの脅威を解消すること，そのほか，関係諸国との共同成長・共同繁栄を通じて，中国脅威論を解消できるかなど，様々な理想主義的・現実主義的思惑がみられる。

以上のように，習近平時代に中国が提出した地域的協調・協力の枠組み構築に関する構想をまとめると，以下のような特徴がある。

第1に，運命共同体という表現を使っているにもかかわらず，追求されるのは「統合体」ではなく「連合体」でもない，地域における主権国家同士の間の「緊密な協調・協力関係」ということである。

第2に，この「緊密な協調・協力関係」は，組織的な構造ではなく，ケース・バイ・ケースで，具体的なプロジェクトや政策面の協調によって実現されることである。つまり，「主権の譲渡」でなく，「主権の間の連合」と「主権による授権」を通じて，国家間の「緊密な協調・協力関係」を実現しようとしている。

第3に，開放的なシステムであることである。つまり，域外の国家・組織参加の歓迎のほか，既存の様々な枠組みとの共存・協力もこの構想で考えられる。

第4に，経済面の協力を中心に，情報，文化，科学技術，人的交流も含め，官民一体の形で推進すること，また経済成長を通じて，安全保障などの分野における課題を解決しようとすることである。

第5に，正しい義利観を提唱し，義と利の双方を考慮し，信義を重んじ，情義を重視し，正義を発揚し，道義を確立することを強調している。また，協力・互恵・ウィンウィンが重視されるように，自国とこの地域の利益を追求すると同時に，他国と他の地域の利益にも配慮を示し，それらをできるだけ共通に実現しようと工夫することである。

第6に，「世界の中のアジア」という視点から，アジア地域における協調・協力を推進すること，また周辺諸国との協調によって，さらに広い地域との協調を実現しようとする。「一帯一路」の構想は，この特徴がある。

第7に，国際的な協調を提唱すると同時に，一国の内政への不干渉の原則を堅持することである。つまり，「世界的なことは各国政府・人民が共同で相談して処理するしか方法がない」と主張しているように，「各国の主権範囲内のことは，その国の政府と人民のみが管理できる」ことを，国際社会がともに遵守すべく国際問題の処理における民主的原則として，強調することも忘れてはならない。[31]

　言うまでもなく，このような構想の実現には，様々な障害が存在している。これらを克服できるかどうか，中国自身の定力が厳しく試されているといえよう。

註

(1) 第1回「アジア・アフリカ会議」は，バンドン会議とも言われる。この会議に出席した国は29カ国で，その人口は世界人口の3分の2（14.4億人），面積は世界の4分の1に近い。

(2) その訪問が実現できたのは，ソ連による拡張に対抗しようとするアメリカ側の思惑もあるし，中国側の対中包囲圏の突破という考えもあった。

(3) 1949年初め，中華人民共和国建国の直前，ソ連は中国共産党がリードする「アジア国家共産党情報局」を設立し，その機構でアジアにおける革命運動を統括しようと，毛沢東に提言した。毛沢東は，最終的にアジアにおける革命運動を支援すると宣言したが，一方でその提言を拒否した。詳細については，牛軍「聯盟与戦争：冷戦時代的中国戦略決策及其後果」『世界経済与政治』2014年第6期，を参考されたい。

(4) 朱貴昌「従『共同体方法』到『聯盟方法』——欧盟治理的新発展」『国際論壇』第16巻第5期，2014年9月。

(5) 劉江永「東亜共同体与中日関係——理想，現実与選択」『中日関係史研究』2011年第2期。

(6) 董永裁「浅談『東亜共同体』的構建及其対策」『中日関係史研究』2010年第1期。

(7) 邵峰「東亜共同体的可行性分析与中国的戦略」『世界経済与政治』2008年第10期。

(8) 韓彩珍・時殷弘「東亜区域合作的瓶頸問題与中国」『現代国際関係』2014年第2期。

(9) 残念ながら，周知のように，海底油田開発などの巨大な経済利益による誘惑やその地域外の国々の関与によって，南シナ海における領土争議は完全にコントロールされているとは，いまだ言えない。

(10) 「鳩山内閣総理大臣記者会見」http://www.kantei.go.jp/jp/hatoyama/statement/

200909/16kaiken.html　2009年9月16日。
(11)　「中国官方首度表態愿意参与建立『東亜共同体』」『東方早報』2009年9月18日。
(12)　「鳩山向胡錦濤提議按欧盟形式建東亜共同体」http://news.enorth.com.cn/system/2009/09/23/004212713.shtml
(13)　「温家宝出席第4届東亜峰会　提出建立東亜共同体原則」新華通信社，2009年10月25日。
(14)　「習近平会見日本首相鳩山由紀夫」新華通信社，2009年12月14日。
(15)　「胡錦濤会見日本首相鳩山由紀夫」新華通信社，2010年4月13日。
(16)　「美国明確表態要進東亜共同体」『東方早報』2009年10月15日。
(17)　同上。
(18)　「小泉総理大臣のASEAN諸国訪問における政策演説」http://www.mofa.go.jp/mofaj/press/enzetsu/14/ekoi_0114.html
(19)　伊藤憲一「日本外交と東アジア共同体構想」『外交』vol. 1, 2010年9月。
(20)　高橋杉雄「協調的安全保障の再定義とアジア太平洋『地域』の安全保障」『防衛研究所紀要』第2巻第2号，1999年9月。
(21)　臧志軍「東アジア地域における多国間安全保障枠組みの構築について」『JIIA Fellowship Occasional Paper』日本国際問題研究所，2000年。
(22)　李開盛「東北亜地区碎片化的形成与治理」『世界政治与政治』2014年第4期。
(23)　蘇浩「胡桃模型──『10＋3』与東亜峰会双層区域合作結構分析」『世界政治与政治』2008年第10期。
(24)　「習近平主席中央外事工作会議並発表重要講話」新華通信社，2014年11月29日。
(25)　習近平「携手建設中国・東盟運命共同体──在印度尼西亜国会的演講」新華通信社，2013年10月3日。
(26)　「習近平在周辺外交工作座談会上発表重要講話」新華通信社，2013年10月25日。
(27)　「習近平主席在莫斯科国際関係学院的演講」新華通信社，2013年3月24日。
(28)　「中央国家安全委員会第一次会議召開，習近平発表重要講話」新華通信社，2014年4月15日。
(29)　「習近平在亜洲相互協作与信任措施会議第四次峰会上的講話」新華通信社，2014年5月21日。
(30)　同上。
(31)　「習近平主席在莫斯科国際関係学院的演講」新華通信社，2013年3月24日。

第4章　アジア太平洋地域における貿易・権力・平和
―― 貿易制度のネットワーク分析 ――

古内洋平

1　FTAの台頭と地域の平和

　アジア太平洋地域では，2000年以降，FTA（自由貿易協定）の締結が急増している。FTAには様々な種類があるので，一括りにできない面もあるが，特定の2国間あるいは少数国間での貿易拡大を主なねらいとした国際貿易制度という点は共通していよう。しかし，アジア太平洋地域において，FTAに期待されているのは貿易拡大だけではない。FTAを足がかりとして地域全体の経済協力の枠組みが構築され，それが地域の安定と平和に貢献することが期待されている。RCEP（東アジア地域包括的経済連携），TPP（環太平洋パートナーシップ），FTAAP（アジア太平洋自由貿易圏）に関する議論にも，それは表れている。東アジア共同体構想は様々な経緯から生まれ展開してきたが，その中には，FTAを収斂させて地域全体に拡大することが地域統合の第一歩になるという発想もある。

　貿易の拡大やその制度化はアジア太平洋地域の平和に貢献するのか。この問いに答えるために，本章は，アジア太平洋地域におけるFTAの現状をネットワークという視点から分析し，域内の権力構造および国際平和の可能性を明らかにする。[1]本章では，分析手法として，ネットワーク分析を用いる。この手法は，社会学をはじめとする多様な学問領域で使われてきたが，近年，国際関係論でも注目を集めている。[2]詳細は後述するが，国と国の繋がり（本章では，FTAのような貿易制度参加国同士の繋がり）の全体像を明らかにし，国家間の権力構造を定量的に記述する方法として優れている。この手法で分析することで，アジア太平洋地域の権力構造を新たな視点から知ることができるし，日本衰退論の再検討や地域における国際紛争の可能性についても一定の示唆を得られる

だろう。

　次節においては，FTA のような貿易制度と国際平和の関係に関する既存の研究を概観する。国際関係論の研究者の多くは，貿易制度と国際平和に強い相関関係があることを主張してきた。しかし，いろいろな反論もある。これらの研究を整理したうえで，両者の関係について，ネットワーク分析の視点から検証した研究を紹介する。

　第3節においては，前節で紹介した研究が提示する仮説を詳述し，それに基づいて，アジア太平洋地域における貿易制度ネットワークと国際平和の関係を分析する。具体的には，「依存度」と「アクセス中心性」という概念を用いて，地域の国際的な権力構造を定量的に明らかにする。また，社会的権力という概念を導入することで，経済力や軍事力といった物理的な資源量ではなく，ネットワーク内のポジションによって国家権力の大きさを測定する方法を提示する。

　最後に第4節では，前節で得られた結果をもとに，アジア太平洋地域における国際紛争や地域統合の可能性について議論し，また日本衰退論に新たな視座を提供する。

2　貿易制度と国際平和に関する議論

貿易制度が平和を促進する

　これまで多くの論者たちが，貿易の拡大や貿易の制度化は平和を促進すると考えてきた。それを裏づける実証研究も存在する。いくつかの研究は，貿易パートナー国の組み合わせは，そうでない国の組み合わせに比べて，武力紛争に至りにくいと結論づけている[3]。貿易関係が制度化されると，同じ貿易制度に参加する国同士が戦争する可能性は低くなることを実証した研究もある[4]。

　なぜ貿易制度は平和を促進するのか。利益と信頼という2つの視点から整理できるだろう。第1に，国際関係論におけるリベラリストたちは，貿易がもたらす利益に注目してきた。国際的な分業と生産物の自由な国際取引は，各国の生産性を向上させ，経済成長に繋がる。つまり，自由な貿易はあらゆる国にとって，（程度の差はあれ）利益となる。したがって，戦争を起こして貿易関係を途絶えさせてしまうことは，得られるはずの利益をみすみす逃すようなもので

あり，そのような非合理的な行動（＝戦争）は慎むようになるだろう，という説明である(5)。また，貿易関係は制度化されることで，より安定的となり，戦争抑止効果も持続するだろう(6)。

第2に，貿易制度を通じた国家間の信頼醸成を強調する論者もいる。たとえば，経済統合が進むにつれて，国家間で信頼が醸成されて，国際平和の土台が築かれるとする説明がある(7)。この点に関しては，欧州統合過程における独仏の関係改善は典型例としてよく挙げられる。また，共通の制度のもとで同じような価値を育んだ国同士には，信頼関係がつくられて，ある種の共同体意識が芽生え，平和的な手段で紛争を解決する志向が生まれるという説明もある(8)。貿易制度がつくられる過程やその後において，政策決定者たちが繰り返し交渉する中で，彼らが信頼の絆で結ばれ，誤解が生まれにくくなって紛争の可能性が低下するという議論もある(9)。

本当にそうなのか

貿易制度が平和に役立つという主張は本当なのか。これまで，いくつかの観点から反論が試みられてきた。

第1に，例外の存在，つまり同一貿易制度のメンバー国でありながら武力紛争を起こした国々があるという指摘である。1990年代だけでも，CIS（独立国家共同体）メンバー国であるアルメニアとアゼルバイジャン，COMESA（東南部アフリカ市場共同体）メンバー国であるコンゴ民主共和国・アンゴラ・ナミビア・ルワンダ・ウガンダ・ジンバブエ，CAEU（アラブ経済統合理事会）メンバー国であるイラクとクウェートおよびエジプトとスーダンなどが紛争を起こしている(10)。また，1950〜92年までにアフリカ地域で起きた武力紛争のうち，16％が同一貿易制度のメンバー国間で発生したというデータもある(11)。

第2に，理論的な反論である。貿易が利益をもたらすといっても，自国に比べてライバル国の方がより大きな利益を得るようならば，貿易パートナー国同士は協力し合えないという反論がある(12)。

また，貿易やそれにまつわる交渉が繰り返されたとしても，交渉担当者間に信頼感や共同体感覚が芽生えるとは限らない。発展途上地域では，経済統合が比較的進んでいる地域においてすら，共通のアイデンティティがつくられてい

るとはとてもいえない(13)。また，日本と中国には密接な貿易関係がありながらも政治対立を繰り返してきた歴史を，私たちは経験的に知っている。日中が同一貿易制度のメンバーになれば信頼し合えるといわれても，にわかには信じられないだろう。やはり，貿易制度が信頼を育んでいるのは，政治や社会構造のよく似た国が集まっている西欧にしか通用しないのではないか，といった議論も多い。

さらに，現在のように，多様な分野で無数の国際制度が存在する世界においては，国家は複数の国際制度に所属することになる。そのため，国家は他国から守らなければならない利益を制度ごとに持つようになるが，それだけ，他国と利害衝突の火種を抱えるようになるかもしれない(14)。

これらの議論から分かるのは，貿易制度は平和を促進する場合もあれば，平和とはほとんど関係ない場合もあるし，貿易制度だけでは平和を保障できないこともあるだろうし，平和を阻害する場合もまたあるかもしれない，ということである。しかしながら，これまで，貿易制度の平和促進機能については様々な研究で取り上げられてきたが，平和を阻害するロジックについてはほとんど説明されてこなかった。

ネットワーク分析を使った研究

では，貿易制度が国際平和を阻害してしまうのは，どのようなときか。ネットワーク分析の手法を手がかりに考えてみよう。

ネットワーク分析は，現在，様々な学問領域で用いられている分析手法である。アクター間の関係を繋がり（ties）ととらえて，その繋がりの総体をネットワークとみなす。そして，ネットワークがアクターの行動を制約したり，ある種の行動を促したりすると考えるのである。

ネットワーク分析は，国際関係論における権力の考え方に新たな知見を提供している。国際関係論研究，とくにリアリズムは，一国レベルの権力を測定することのみならず，国際システムにおける権力分布やその変化を観察することを重視してきた。そこでは，軍事力や経済力といった物理的能力が権力の資源とされてきた。しかし，ネットワーク分析論者によれば，物理的能力ばかりが権力を測る指標ではなく，ネットワーク内でアクターの占めるポジションもま

た権力を規定する。まだ明らかになっていないことも多いのだが、ネットワーク内で中心的な位置にいるアクターが、そうでないアクターに対して権力を行使できる立場にいることが一般的に指摘されている。この権力関係が時として国際協調を促したり、妨げたりするのである。

　ハフナー＝バートンとモンゴメリーの研究は、ネットワーク分析を用いることで、貿易制度と平和の関係に関して、これまでの研究とは異なる説明を導いている。彼女たちによれば、多数の貿易制度によってつくられた国同士の繋がりを一つのネットワークととらえた場合、そのネットワークのあり方（構造）が国家間の社会的な権力関係を決定づけているという。つまり、ネットワーク内で、中心的な国と周辺的な国が生まれるのである。そして両者の権力に大きな差がある場合、両者は互いを信頼することができず、軍事的な衝突に至ってしまうことすらあるという。次節で詳細に検討し、アジア太平洋地域について分析してみよう。

3　アジア太平洋の貿易制度ネットワークの分析

分析枠組み——依存度とアクセス中心性

　本節では、ハフナー＝バートンたちの分析枠組みを用いて、アジア太平洋地域の貿易制度ネットワークを考察する。ただし、ここで問うのは、この地域における社会的権力構造の現状（つまり、社会的権力が行使されうる国家間関係の特定）であって、貿易制度が地域の平和に実際に寄与してきたかという因果関係ではない。因果関係の特定には、貿易制度のみならず、同盟関係、政治制度、軍事力や経済力など、いくつもの変数を考慮に入れる必要がある。本章では、現状を考察することで地域の将来の平和に関して示唆を得るにとどめ、因果関係の特定については今後の課題としたい。

　はじめに、貿易制度の加盟によって出来上がった国同士の繋がりを、ネットワークとしてとらえる。たとえば、図4-1のように、日本とシンガポールはFTAを結んでいるので、互いに繋がっており、一つのネットワークをつくっている。また、NAFTA（北米自由貿易協定）加盟国であるアメリカとメキシコとカナダもまた、一つのネットワークをつくっている。さらに、日本はメキシ

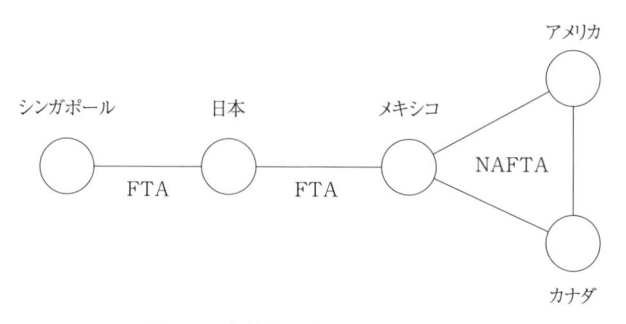

図 4-1　貿易制度ネットワークの例
注：これは分かりやすく説明するための例示である。現実には，この5カ国すべてがもっと多くの貿易制度に加盟しており，本来すべての国が互いに線で結ばれている。
出典：著者作成。

コとFTAを結んでいるので，両国が2つのネットワークを架橋して，一つの大きなネットワークをつくっている。もしTPPが締結されれば，上記5カ国は加盟する予定なので，すべての国が互いに線で結ばれることになり，アメリカ・メキシコ・カナダの繋がりはさらに強くなる。このように，国家は，FTAのような貿易制度への参加を通じて，他国と関係を取り結ぶ。この関係の総体をネットワークと呼ぶのである。そして，新たな貿易制度ができれば，新しい国がネットワークに参入してくることもあるだろうし，そうなればネットワークは拡大する。また，同じ国同士が参加する貿易制度の数が増えるほど，それらの国同士のネットワーク内における繋がりは強さを増す。

次に，ネットワークは国家間の社会的な権力関係を規定する。ハフナー＝バートンたちは，「依存度」と「アクセス中心性」という概念を用いて，これを説明する。A国のB国に対する依存度の大きさは，両国がともに所属する貿易制度の数を，A国が所属する貿易制度の総数で割った数で表現される。たとえば図4-1でいえば，（もちろん実際とは異なるが）日本のシンガポールに対する依存度は0.5（1÷2）で，シンガポールの日本に対する依存度は1.0（1÷1）である。この両国間では，日本に比べて，シンガポールの方がより相手に依存しているといえる。

他方，アクセス中心性の大きさは，通常，ネットワーク内の他の国との繋がりの総数で表現される。この値が大きい国ほど，ネットワーク内で重要な位置

にいると考えられている。ただし，ある国のアクセス中心性の大きさは，他国のそれに影響を受ける。つまり，周辺的な国（中心性の小さな国）と繋がっているよりも，重要な国（中心性の大きな国）と繋がっている方が，自国の中心性は大きくなるわけである。[17] 図4-1でいえば，3カ国と繋がっているメキシコの中心性が最も大きく，そのメキシコに繋がっている国ほど中心性は大きくなる。

ハフナー＝バートンたちは，1950～2000年までの期間におけるすべての国の組み合わせを検証した結果，依存度とアクセス中心性の大きさに著しい不均衡がある国同士の関係では，社会的権力が行使されやすく，軍事的衝突が起きやすい傾向を見つけた。[18]

ここでいう社会的権力とは，ある国際制度から排除するとか国家承認しないなど，他国に社会的恩恵を与えないようにする能力や，あるいは，経済制裁を科して孤立させるとか名指しで非難したりするなどして，他国に社会的制裁を加える能力のことを指す。[19] たとえば，図4-1において，シンガポールは日本との関係が切れたら国際的に孤立するが，メキシコは日本との関係が切れてもアメリカやカナダとの関係を維持できる。そのため日本は，メキシコに対してよりも，シンガポールに対して社会的権力を行使しやすい状況に位置している。

ハフナー＝バートンたちによれば，アクセス中心性の大きな国は，ネットワークに統合されていない周辺的な国を信頼できず，敵対的な態度をとりやすい。他方で周辺的な国は，中心的な国からの社会的権力の行使に抵抗できるだけの力がない。そのため，社会的権力を行使される可能性が高まったら，別の権力（たとえば，軍事力など）で中心的な国に応戦することが選択肢に上ってくる。つまり，社会的権力の不均衡はフォーラムスイッチング（別次元での力くらべへの移行）を引き起こしやすく，国家間の対立をエスカレートさせ，軍事衝突を招く場合すらあるというのである。

アジア太平洋地域の依存度

上記のことを確かめるため，アジア太平洋地域において1976年6月～2014年11月に締結されたFTAのデータを使って，同地域41カ国それぞれの依存度を求めた（この時期に締結されたFTAは表4-1参照）。[20] そのうえで，すべての国の組み合わせについて，依存度の差を算出した。依存度の差は0～1までの値をと[21]

表 4-1　アジア太平洋地域における FTA 一覧（1976年6月〜2014年11月）（49件）

名　　称	発効年月	名　　称	発効年月
アジア太平洋貿易協定（APTA）	1976年6月	日本・マレーシア	2006年7月
パプアニューギニア・オーストラリア（PATCRA Ⅱ）	1977年2月	インド・ブータン	2006年7月
南太平洋地域貿易・経済協力協定（SPARTECA）	1981年1月	韓国・ASEAN	2007年6月
		中国・パキスタン	2007年7月
オーストラリア・ニュージーランド	1983年1月	日本・タイ	2007年11月
ラオス・タイ	1991年6月	マレーシア・パキスタン	2008年1月
インド・ネパール	1991年12月	日本・ブルネイ	2008年7月
ASEAN 物品貿易協定（ATIGA）	1993年1月	日本・インドネシア	2008年7月
メラネシアン・スピアヘッド・グループ（MSG）	1994年1月	中国・ニュージーランド	2008年10月
		日本・フィリピン	2008年12月
インド・スリランカ	2000年3月	日本・ASEAN	2008年12月
ニュージーランド・シンガポール	2001年1月	中国・シンガポール	2009年1月
日本・シンガポール	2002年11月	日本・ベトナム	2009年10月
太平洋諸国貿易協定（PICTA）	2003年4月	ASEAN・インド	2010年1月
インド・アフガニスタン	2003年5月	ASEAN・オーストラリア・ニュージーランド	2010年1月
シンガポール・オーストラリア	2003年7月	韓国・インド	2010年1月
中国・マカオ	2004年1月	マレーシア・ニュージーランド	2010年8月
中国・香港	2004年1月	中国・台湾	2010年9月
インド・タイ	2004年9月	ニュージーランド・香港	2011年1月
オーストラリア・タイ	2005年1月	インド・マレーシア	2011年7月
パキスタン・スリランカ	2005年6月	日本・インド	2011年8月
中国・ASEAN	2005年7月	マレーシア・オーストラリア	2013年1月
ニュージーランド・タイ	2005年7月	インドネシア・パキスタン	2013年9月
インド・シンガポール	2005年8月	ニュージーランド・台湾	2013年12月
南アジア自由貿易地域（SAFTA）	2006年1月	シンガポール・台湾	2014年4月
韓国・シンガポール	2006年3月		

注：発行済みの FTA のみを掲載した。また，一口に FTA といっても様々な種類や形態があるが，この表では下記出典に従ってリストにした。
出典：日本貿易振興機構（ジェトロ）「世界と日本の FTA 一覧（2014年11月）」（http://www.jetro.go.jp/jfile/report/07001093/fta_ichiran_2012.pdf）［最終閲覧日：2015年2月21日］。

る。値が大きいほど，その2国間の依存度に大きな差があるということを示している。たとえば，日本と中国の依存度の差は0.01であり，ほとんど差はない。両国は，実際の貿易量では大きく依存し合っているが，地域の貿易制度ネットワークでは依存し合う関係にないことが分かる。また，インドとブータンの依存度の差は0.85であり，最大値1に近い値である。これはブータンがインドに大きく依存している結果である。依存度の差を見ると，どの国の組み合わせが貿易制度ネットワーク内で依存し合っているかが分かる。

依存度の差の度数分布を示したものが図4-2である。この図によれば，依存度に差があまりない2国間関係がほとんどで，各国の依存度は比較的均衡した状態にあるといえる。つまり，ハフナー＝バートンたちの説明に従えば，貿易制度を原因とした国家間の不信や軍事衝突は，アジア太平洋地域においては起こりにくい状態である。ただし，依存度の均衡が地域特有の現象かどうかを判断するには，他地域との比較が必要であり，それは今後の課題として残る。

しかし，国同士の組み合わせの中には，少数ではあるが，依存度の差が大きいものもある。たとえば，依存度の差が0.6以上あるのは14組ある（表4-2）。これらの組み合わせを見ると，いくつかのことが分かる。第1に，インド近隣諸国（バングラデシュ，モンゴル，ネパール，アフガニスタン，ブータン，モルディブ）は，インドに対する依存度の値が大きい。いずれも0.7以上の依存度の差がある。ハフナー＝バートンたちの説明に従えば，インドは，アジア太平洋のネットワークの中では，近隣諸国に対して社会的権力を行使できるポジションに置かれている。

第2に，モンゴルは多くの同一貿易制度加盟国に対して大きく依存している。インド，中国，ラオス，韓国，スリランカとの依存度の差は，0.6以上ある。上記の説明に従えば，モンゴルは，この地域の様々な国から社会的権力を行使されやすいポジションに置かれている。

第3に，表4-2だけでは分からないことではあるが，中国は，モンゴルやマカオなどから依存されているものの，それ以外の国との依存度の差はほとんどない。また日本は，中国以上に，他国との依存度の差はほとんどない。この地域において，中国や日本は，その経済規模の大きさにもかかわらず，社会的権力を行使できるポジションにはいないことが分かる。

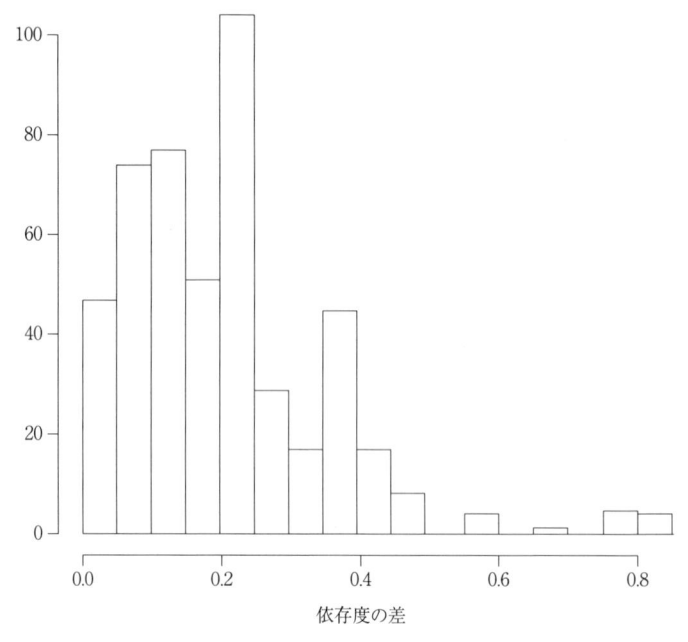

第Ⅰ部　歴史・政治・国際関係からみたアジア

図 4-2　2 国間依存度の差の度数分布

注：すべての国の組み合わせについて貿易制度加盟数のデータ（社会関係行列）をつくり，2 国間の依存度の差を算出。その後，差の絶対値を求めて度数分布図を作成した。依存度の計算とグラフ作成には統計ソフト R を使用した。
出典：著者作成。

表 4-2　依存度に大きな差がある 2 国間関係（14 組）

依存度の差	2 国の組み合わせ	依存度の差	2 国の組み合わせ
0.85	インド←モンゴル	0.77	インド←バングラデシュ
	インド←アフガニスタン		インド←ネパール
	インド←ブータン	0.67	パキスタン←モルディブ
	インド←モルディブ		パプアニューギニア←パラオ
0.78	中国←モンゴル	0.60	スリランカ←モルディブ
	中国←マカオ		韓国←モンゴル
	ラオス←モンゴル		スリランカ←モンゴル

注：依存度の差が0.6以上ある 2 国の組み合わせを抽出した。矢印の向きは，どちらがより相手に依存しているかを示している。たとえばインドとモンゴルであれば，モンゴルがインドに大きく依存している。
出典：著者作成。

表4-3 アジア太平洋地域41カ国のアクセス中心性と加盟貿易制度数（2014年11月時点）

国　名	アクセス中心性	加盟制度数	国　名	アクセス中心性	加盟制度数
シンガポール	0.29	14	スリランカ	0.08	5
タ　イ	0.29	12	バングラデシュ	0.08	3
マレーシア	0.29	12	パキスタン	0.08	6
ラオス	0.29	9	モンゴル	0.07	2
インドネシア	0.28	9	ネパール	0.07	3
ブルネイ	0.28	8	台　湾	0.07	4
フィリピン	0.28	8	モルディブ	0.07	2
ベトナム	0.28	8	香　港	0.07	3
カンボジア	0.28	7	マカオ	0.06	2
ミャンマー	0.28	7	クック諸島	0.03	3
インド	0.13	13	キリバス	0.03	3
ニュージーランド	0.13	10	マーシャル諸島	0.03	3
日　本	0.13	10	ミクロネシア	0.03	3
オーストラリア	0.13	8	ナウル	0.03	3
中　国	0.12	9	ニウエ	0.03	3
韓　国	0.12	5	ツバル	0.03	3
パプアニューギニア	0.09	5	バヌアツ	0.03	3
フィジー	0.09	4	パラオ	0.02	2
サモア	0.09	4	アフガニスタン	0.01	2
ソロモン諸島	0.09	4	ブータン	0.01	2
トンガ	0.09	4			

注：アクセス中心性については，註(10)の文献に従い，固有ベクトル中心性の値を算出した。値は小数点第3位を四捨五入した。
出典：統計ソフトRのsnaパッケージ（社会ネットワーク分析のツール）を使って著者作成。

アジア太平洋地域のアクセス中心性

次に，依存度を測定したのと同じデータを用いて，アジア太平洋地域41カ国のアクセス中心性の値を析出した（表4-3）。

第1に，表4-3から分かるように，ASEAN10カ国のアクセス中心性の値が大きい。これらの国々は，アジア太平洋地域の貿易制度ネットワークの中心といえ，社会的権力を行使しうる位置にいる。とくにラオス・ベトナム・カンボジア・ミャンマーといったASEAN後発国は，ASEANとして他国とFTAを

交渉・締結できるという強みもあって，その経済規模の小ささにもかかわらず，この地域で中心的な地位を獲得している。実際，カンボジアとミャンマーが参加する貿易制度数は7つで，その数は日本・中国・インドよりも少ないが，これらの国よりも中心性の値は大きい。両国は，物理的な能力の小ささを，社会的権力の大きさで補っているといえるかもしれない。

　第2に，日本，中国，インドは，締結している貿易制度の数は比較的多いものの，ASEAN10カ国に比べるとアクセス中心性の値は小さい。これらの国は，社会的権力の観点からは「中堅国」といえるだろう。このように，地域の経済大国が必ずしもネットワークの中心に位置しているとは限らないのは，興味深い点である。これは，依存度に関する分析と同様の結果が得られたといえる。この点に関連して，グローバルな貿易制度ネットワークを調査した研究では，アメリカの中心性はそれほど高くなく「中堅国」であることが分かっている。[22]

　第3に，太平洋島嶼国，アフガニスタン，ブータンは，そのアクセス中心性の値が小さく，周辺的な国である。実際，太平洋島嶼国は，ニュージーランドやオーストラリアへの依存からの脱却が課題とされてきた。また，アフガニスタンやブータンは，ネットワーク全体における周辺国であると同時に，先にも述べたようにインドに依存していることもあって，そのぶん社会的権力を行使されやすい存在である。

4　アジア太平洋と日本の未来

対立の火種はどこに

　前節の分析結果をふまえて，アジア太平洋地域の国際対立の可能性について，ネットワーク分析の視点から考察してみよう。

　前節の分析によると，国家間対立の可能性は，インドとその近隣諸国（バングラデシュ，ネパール，アフガニスタン，ブータン，モルディブなど）の間，およびオーストラリア・ニュージーランドと太平洋島嶼国の間に存在する。どちらも，依存度とアクセス中心性それぞれの値に大きな差があるからである。ハフナー＝バートンたちの説明によれば，依存度とアクセス中心性の値に大きな開きのある2国間関係は，互いを信頼できず，社会的権力が行使されやすい状況に置

かれており、時として軍事衝突の可能性すらあるという。

たしかに、インド近隣諸国はインド依存から、太平洋島嶼国はニュージーランドやオーストラリア依存から、それぞれ脱却しようとする過程で、依存相手国との軋轢を起こすかもしれない。

実際、近年、インド近隣諸国は中国との関係を深めており、インドはこの動きを警戒している。たとえばブータン政府は、中国に接近した結果、2013年にインドからの経済支援を一部停止された。この影響で家庭用ガス料金が2倍に跳ね上がり市民生活を直撃した。同年のブータン総選挙では、このこともあって、政権交代が起きている（2014年には支援再開）。

また中国は、安全保障の確保や資源開発などを目的に、太平洋島嶼国に経済・技術支援を行うことで関係を深めている。中国の進出に対して、オーストラリアやニュージーランドは警戒している。たとえばフィジーは、2006〜14年までの軍事政権時代に、欧米やオーストラリアとの関係を悪化させた。その間に、中国はフィジーへの支援金を増やし、同国を南太平洋での影響力拡大の拠点としつつある。一方、オーストラリアはフィジーに対する不信を強め、フィジーが2014年9月に民政復帰した現在でも、両国関係の先行きは不透明なままである。

以上のことを一般化すると、次のように言えるだろう。貿易制度を通じて他国に依存する国や、貿易制度ネットワークの周辺に位置する国は、依存状態や周辺的地位から脱却しようとして、別の国（経済大国や中心的な国）に繋がろうとする。そのことが、依存相手国からの不信を招いて、社会的権力行使の可能性を高めてしまう。そして実際に、権力が行使されれば対立は深まり、社会的権力の小さな国はフォーラムスイッチするかもしれない。つまり、同じ貿易制度に参加している国同士でも、対立は引き起こされるのであって、常に平和的であるとは限らない。ただし、中心的な国は相手に不信を抱いたからといって権力行使するとは限らないし、周辺的な国は権力行使に抵抗するとも限らない。このことを確かめるには、さらなる事例研究が必要となる。

階層型の地域統合

次に、アジア太平洋の地域統合の現状と将来について、前節の分析結果から

考察しよう。

　ネットワーク分析の重要概念の一つに，優先的選択というものがある。これは，ネットワークに新規参入するアクターはネットワーク内で最も影響力を持つアクターに繋がろうとする，という法則である。この法則はあらゆる社会的ネットワークで観察されている。この法則があるために，影響力を持つアクターは，ネットワークが拡大するにつれてますますその影響力を拡大させる。その結果，ネットワーク内部のアクター間に影響力の格差が生じて，階層がつくられる。

　優先的選択の法則に従えば，この地域の国にとっては，ASEANとのFTA締結が最も魅力的な選択肢となるはずである。たしかに，アジア太平洋地域において，2001～05年までに締結されたFTAのうち，ASEANもしくはASEAN10カ国のうちのいずれかの国が加盟しているものは62％（13のFTAのうち8），2006～10年までは70％（20のFTAのうち14）を占めている。アジア太平洋地域の貿易制度形成においては，ASEANにそれ以外の国が繋がるという優先的選択が働いてきたといえる。その結果，ASEANの中心性は時間とともに強化され，地域の枠組みはASEANを中心に形成されてきた。

　しかし，ASEAN側からすれば，地域のすべての国とFTAを結ぶ必要はない。実際，2011年以降は，地域横断タイプのFTAが多くなったこともあって，ASEAN10カ国が関わるFTAはこの地域では減少した（2011～14年で50％；6のFTAのうち3）。ASEANが貿易制度を通じて直接繋がっていないのは，アフガニスタン，ブータン，太平洋島嶼国などであるが，ASEAN側はこれらの国々に特別な関心を持っているとは思えない。したがって，地域の枠組みにどの国を包摂し，どの国を排除するかは，ASEANの決定に大きな影響を受けることになる。地域統合のボーダーを決定するのはASEANであるといっても過言ではない。

　将来的なことをいえば，ASEAN＋1の積み重ねが，事実上，アジア地域統合の地理的枠組みとなるだろう。これは，ネットワーク分析の視点からいえば，ASEANをハブとする階層型の地域統合となることが予想される。

地域統合における日本と中国の役割

　アジア太平洋地域の地域統合を考えるとき，日本と中国の存在は重要である。地域統合を促進する要因とも，阻害する要因とも，どちらともいえるのが，日本や中国の存在である。

　前節で見たように，両国の他国に対する依存度は決して高くない。つまり，日本や中国はこの地域のどこか特定の国に依存しているわけではなく，特別依存されているわけでもない。また，両国のアクセス中心性の値はそれほど大きくなく，ネットワーク分析の視点では「中堅国」といえる。言い換えると，日本と中国は，アジア太平洋地域に深く埋め込まれているわけではない。この点，経済大国はある特定の地域だけに深くコミットするわけではない，という一般的な説明を裏づけている。日本や中国といった地域の経済大国が統合されてこそ地域統合が達成されると考える立場からすれば，両国の埋め込まれなさは地域統合にとっての障害に見えるだろう。

　しかし，ASEAN からすれば，日本や中国が「中堅国」でいる限り，地域における特権的地位を守ることができる。このことは，ASEAN のプレゼンスを維持することになり，ASEAN の利益にかなうものである。さらにいえば，日本や中国は，域内の FTA 締結に尽力しつつも，地域横断型の FTA も同時に推進しており，その傾向はますます強まっている。つまり両国は，域内でのアクセス中心性を大きくすることを志向しておらず，この地域においては「中堅国」であり続けるだろう。このことから考えても，日本や中国は，ASEAN の特権的地位を脅かす存在にはならないと予想できる。したがって，ASEAN を中心とする階層型地域統合の実現を目指す立場からすれば，両国が「中堅国」であることは地域統合を促進する要因と見える。

日本は衰退するのか

　日本経済が衰退したことで，日本の力は弱体化したといわれる。中国経済の台頭も相まって，日本の衰退イメージは広まった。しかし，多くの論者が述べてきたように，経済力だけが力の源泉ではない。日本政府もそれには自覚的であり，パブリック・ディプロマシーを推進したり，国家ブランディング強化のための体制を整えたりすることで，他国を引き込む魅力（ソフトパワー）を増

やそうとしている。[27]

　ネットワーク分析の視点から見ても，アジア太平洋地域における日本の地位は決して高くはない。前節でみたように，日本のアクセス中心性はそれほど大きくはなく，「中堅国」である。つまり日本は，域内諸国に対して社会的権力を行使できる立場にはない。

　しかし，ネットワーク分析は，アクセス中心性以外にも権力を測定する指標を提供している。[28]その一つにブローカーという視点がある。ブローカーとは，ネットワーク内の部分集合（サブ・ネットワーク）同士や，孤立しているアクターとそれ以外の間を橋渡しする位置にいるアクターを指す。ブローカーは，ネットワーク全体に情報や資源を行き渡らせるうえで重要な役割を担ったり，ネットワークを分断することもできるため，大きな権力を持っていると考えられている。

　この視点から見ると日本は，地域の中心ではなく，アジア太平洋地域と他の地域を架橋するブローカーを目指すことで，権力の資源を増やすこともできる。本章では，アジア太平洋地域に限定して，アクセス中心性を測定し，各国の社会的権力を測定した。そこでは，日本の権力は「中堅」であった。しかし，現在の世界では，地域を横断してグローバルに貿易制度のネットワークが構築されている。日本は地域横断型のFTAも数多く締結してきたし，TPPも含め，その動きはさらに加速するだろう。本章では明らかにすることはできなかったが，グローバルなネットワークを観察した場合，日本のブローカーとしての役割は強化されているかもしれない。[29]実際，日本の中には，TPPがアジアと米州圏との橋渡し役になるとの期待を寄せる声もある。[30]アジア太平洋地域のネットワークとグローバルなネットワークの相互関係や，グローバルなネットワークの権力構造を解明することが，今後の研究課題であろう。

　註
　(1) ネットワーク分析を用いた東アジア地域の実態については，毛里和子・森川裕二編『東アジア共同体の構築4　図説ネットワーク解析』岩波書店，2006年。同書は，経済・政治・社会・文化など地域における多様な分野のネットワークについて，本章よりもはるかに詳しい。本章は，貿易ネットワークと平和の関係に注目している

という点で同書とは目的が異なる。
(2) 国際関係論の分野では，2000年代後半以降，ネットワーク分析を使った研究が数多く発表されている。概念や研究成果の基本的な解説と紹介については，Emilie M. Hafner-Burton, Miles Kahler and Alexander H. Montgomery, "Network Analysis for International Relations," *International Organization*, 63-3 (2009), pp. 559-592; Miles Kahler, ed., *Networked Politics: Agency, Power, and Governance* (Ithaca: Cornell University Press, 2009), Emilie M. Hafner-Burton and Alexander H. Montgomery, "Centrality in Transnational Governance: How Networks of International Institutions shape Power Processes," Presented at the New Power Politics: Networks, Governance and Global Security workshop, Denver, CO: March 1, 2013 (http://people.reed.edu/~ahm/Projects/SNACent/SNACent.pdf).
(3) John R. Oneal, Frances H. Oneal, Zeev Maoz and Bruce Russett, "The Liberal Peace: Interdependence, Democracy, and International Conflict, 1950-85," *Journal of Peace Research*, 33-1 (1996), pp. 11-28, John R. Oneal, Bruce Russett and Michael L. Berbaum, "Causes of Peace: Democracy, Interdependence, and International Organizations, 1885-1992," *International Studies Quarterly*, 47-3 (2003), pp. 371-393, Zeev Maoz, "The Effects of Strategic and Economic Interdependence on International Conflict across Levels of Analysis," *American Journal of Political Science*, 53-1 (2009), pp. 223-240.
(4) Edward D. Mansfield, Jon C. Pevehouse and David H. Bearce, "Preferential Trading Arrangements and Military Disputes," *Security Studies*, 9, 1-2 (1999), pp. 92-118, Edward D. Mansfield and Jon C. Pevehouse, "Trade Blocs, Trade Flows, and International Conflict," *International Organization*, 54-4 (2000), pp. 775-808, Edward D. Mansfield and Jon C. Pevehouse, "Institutions, Interdependence, and International Conflict," in Gerald Schneider, Katherine Barbieri and Nils Petter Gleditsch, eds., *Globalization and Armed Conflict* (London: Routledge, 2003), pp. 233-250.
(5) Joseph S. Nye, "Comparing Common Markets: A Revised Neo-Functionalist Model," *International Organization*, 24-4 (1970), pp. 796-835.
(6) Bruce M. Russett and John R. Oneal, *Triangulating Peace: Democracy, Interdependence, and International Organizations* (New York: Norton, 2001).
(7) Ernst B. Haas, "The Study of Regional Integration: Reflections on the Joy and Anguish of Pretheorizing," *International Organization*, 24-4 (1970), pp. 607-646, David Mitrany, *A Working Peace System* (Pittsburgh: Quadrangle, 1966), David Mitrany, *The Functional Theory of Politics* (New York: St. Martin's Press, 1976).
(8) Karl W. Deutsch, Sidney A. Burrell, Robert A. Kann, Maurice Lee Jr., Martin

Lichterman, Raymond E. Lindgren, Francis L. Loewenheim, and Richard W. Van Wagenen, *Political Community and the North Atlantic Area: International Organization in the Light of Historical Experience* (Princeton: Princeton University Press, 1957), Emanuel Adler and Michael Barnett, *Security Communities* (Cambridge: Cambridge University Press, 1998).

(9) David H. Bearce, "Grasping the Commercial Institutional Peace," *International Studies Quarterly*, 47-3 (2003), pp. 347-370, Maurice Schiff and Alan L. Winters, "Regional Integration as Diplomacy," *World Bank Economic Review*, 12-2 (1998), pp. 271-295.

(10) Emilie M. Hafner-Burton and Alexander H. Montgomery, "War, Trade, and Distrust: Why Trade Agreements Don't Always Keep the Peace," *Conflict Management and Peace Science*, 29-3 (2012), pp. 257-278.

(11) Kathy L. Powers, "Regional Trade Agreements as Military Alliances," *International Interactions*, 30-4 (2004), pp. 373-395.

(12) Joseph M. Grieco, *Cooperation Among Nations: Europe, America, and Non-tariff Barriers to Trade* (Ithaca: Cornell University Press, 1990).

(13) Bearce, op. cit., pp. 347-370.

(14) Charles Boehmer, Erik Gartzkea and Timothy Nordstrom, "Do Intergovernmental Organizations Promote Peace?," *World Politics*, 57-1 (2004), pp. 1-38.

(15) Hafner-Burton, Kahler and Montgomery, op. cit., pp. 559-592.

(16) Hafner-Burton and Montgomery, "War, Trade, and Distrust," pp. 257-278.

(17) ネットワーク分析では、他のアクターとの繋がりの数で比較される中心性を次数中心性と呼ぶ。また、自己の次数中心性を、繋がっている相手の次数中心性で重みづけした値を固有ベクトル中心性と呼ぶ。

(18) Hafner-Burton and Montgomery, "War, Trade, and Distrust," pp. 257-278.

(19) Hafner-Burton, Kahler and Montgomery, op. cit., pp. 559-592.

(20) アジア太平洋地域には、アメリカ、あるいは北米、さらには南米の一部を含める場合もあるが、ここでは、ジェトロの調査分類に従った。41カ国とは、アフガニスタン、インド、インドネシア、オーストラリア、韓国、カンボジア、キリバス、クック諸島、サモア、シンガポール、スリランカ、ソロモン諸島、タイ、台湾、中国、ツバル、トンガ、ナウル、ニウエ、日本、ニュージーランド、ネパール、パキスタン、バヌアツ、パプアニューギニア、パラオ、バングラデシュ、フィジー、フィリピン、ブータン、ブルネイ、ベトナム、香港、マーシャル諸島、マカオ、マレーシア、ミクロネシア、ミャンマー、モルディブ、モンゴル、ラオス。

(21) 分析に際しては、註(10)の文献に従い、表4-1の49のFTAに加えて、WTO（世界貿易機関）も貿易制度としてデータに入れた。

⑵　Emilie M. Hafner-Burton and Alexander H. Montgomery, "Power Positions: International Organizations, Social Networks, and Conflict," *Journal of Conflict Resolution*, 50-1 (2006), pp. 3-27.

⑵　『朝日新聞』朝刊，2013年7月15日。

⑵　『日本経済新聞』電子版，2014年9月17日。

⑵　ただし，この地域で交渉中（2014年11月時点）のFTAのうちの42％に，ASEAN10カ国のいずれかの国が関わっている現実もある。

⑵　山本吉宣「地域統合の理論化と問題点」山本吉宣・羽場久美子・押村高編著『国際政治から考える東アジア共同体』ミネルヴァ書房，2012年，26-28頁。

⑵　金子将史「転換期を迎える日本のパブリック・ディプロマシー」『国際問題』No. 635，2014年，38-48頁。

⑵　ネットワーク内で行使される権力として，アクセスとしての社会的権力，ブローカーとしての権力，退出による権力行使の3つが挙げられている。この点について，Hafner-Burton, Kahler and Montgomery, op. cit., pp. 559-592.

⑵　ネットワーク分析では，媒介中心性を測定することで，ネットワーク内部のブローカーを特定できる。

⑶　『日本経済新聞』電子版，2011年11月16日。

第5章　アジアの国際開発協力と CSO（NGO）
―― 「リージョナル市民社会」とアジアの貧困問題 ――

高 柳 彰 夫

1　「援助の光景の変化」とアジアの CSO ネットワーク

　今日，東アジアといえば，国家間の対立の深まりが注目される。しかし国家以外のアクターに注目してみたとき，同じことはいえるのだろうか。国家以外のアクターの一つとして注目されるのは，NGO（非政府組織）をはじめとした市民社会のアクターである。NGO など市民社会組織（CSO）に注目した時，グローバルなネットワークが様々な問題領域で形成され，「グローバル市民社会」(global civil society) の台頭もたびたび議論されてきたが，グローバル市民社会の台頭は地域レベルでの CSO のネットワーク化も含んでいる。

　筆者は「グローバル市民社会」を「政府，ビジネス・セクターとは独立した，特定の価値実現のために国境を越えて市民により自発的に組織化された多様な政治的・社会的活動のためのグローバルな領域」と考えてきた。アジアなどの地域における「政府，ビジネス・セクターとは独立した，特定の価値実現のために国境を越えて市民により自発的に組織化された多様な政治的・社会的活動のためのリージョナルな領域」としての「リージョナル市民社会」も台頭しているのではないだろうか。

　アジアで CSO の国境を越えた活動が展開されてきた問題領域として重要なのは，開発や貧困削減であろう。アジアといえば，近年では経済成長が注目される国が多く，韓国のように先進国の一員として ODA を実施する側になった国や，中国やインドなど今も途上国として分類される一方で近年開発援助を活発に行い，「新興ドナー」(emerging donors) として挙げられる国も出てきた。新興ドナーの台頭は，「援助の光景の変化」(changing aid landscape) をもたらしてきた。しかし忘れてはならないことは，世界の極度な貧困者の60%がアジア

に住み，アジアにとって貧困は主要な問題であり，国際開発協力は，国家間であれ，市民社会であれ，求められ続けることであろう。

　国際開発協力といえば，21世紀に入り，はじめはODA（政府開発援助）の供与国である北（＝先進国）の間で，2000年代半ばからは南（＝途上国）も広範に参加し，また世界のCSOネットワークの代表が公式に参加して議論されてきた「援助効果」（aid effectiveness），あるいは「効果的な開発協力」（effective development cooperation）というテーマが議論されてきた。CSOは，世界規模のネットワークをつくり，ODAの効果向上のためのアドボカシー（政策提言）を行うとともに，事業活動をはじめ，CSO自らの活動の効果を向上するための規範づくりにも取り組んできた点で興味深い。[2]

　本章では，「援助の光景の変化」の中で，国際開発・貧困削減に取り組むCSO（以下，開発CSO）のアジアにおけるネットワーク活動の進化の意義を，とくに援助効果，効果的な開発協力をめぐるネットワークに注目しつつ考えてみたい。

2　アジア——開発と援助の多様性

　20年前であれば，アジアの開発と援助を論じる場合，唯一の先進国であり世界最大のODA（政府開発援助）供与国としての日本と，途上国でありODAの受取国としての他のアジア諸国という構図であった。しかしアジアは，今日でも大きな貧困人口を持ちながらも，開発と援助をめぐる構図は大きく変わっている。この節では，アジアにおける貧困と援助をめぐる構図の変化をまず確認しておこう。

アジアの貧困

　世界の貧困問題というと，サハラ以南のアフリカが思い浮かべられることが多いだろう。たしかに，サハラ以南アフリカでは，全人口9.12億人の48.5％にあたる4.14億人が「極度の貧困人口」である。しかし全人口が多い（南アジア16.49億人，東アジア・太平洋19.92億人）アジアの貧困にももっと注意が向けられるべきであろう。表5-1を見て分かるように，全人口に占める極度な貧困者

表5-1 世界の極度の貧困人口

	極度な貧困者（1人1日1.25米ドル未満）の割合（％）		極度の貧困者数（100万人）		極度の貧困人口の地域別割合（％）	
	1990	2010	1990	2010	1990	2010
東アジア・太平洋	56.2	12.5	926	251	48.5	20.7
南アジア	53.8	31.0	617	507	32.3	41.7
サハラ以南アフリカ	56.5	48.5	290	414	15.2	34.1
世界全体	43.1	20.6	1,908	1,215		

出典：World Bank, *World Development Indicators 2014*.

（1人1日1.25米ドル未満）の割合は，アジアはサハラ以南アフリカよりも低いし，急速に減っている。しかし極度な貧困者の数は，南アジア，東アジア・太平洋合計でサハラ以南アフリカを上回る7.58億人となる。世界の極度な貧困者の62.4％がアジアで生活していることになる。

たしかにアジアには中国，インド，ASEAN諸国など，高い経済成長で注目されている諸国も多い。貧困人口の割合は過去20年間に大幅に改善していることは確かである。また人口増加に伴い，極度な貧困者数が増えているサハラ以南アフリカに対して，アジアの貧困者数は減っている。しかし，貧困は引き続きアジアの問題であり，とくに世界の極度な貧困者の60％以上がアジアにいることを忘れてはならない。

関連して重要なこととして，従来は貧困問題というと後発開発途上国（LDCs）の問題と考えられがちであるが，近年中所得国の貧困問題にも注意すべきだという声が高まっている。先進諸国間のODAに関する政策調整や基準作りを行う機関であるOECD（経済協力開発機構）のDAC（開発援助委員会）の2013年版年次報告書は，極度な貧困者の70.5％，貧困者（1人1日2米ドル未満）の77.8％が中所得国に居住していることを挙げ，LDCsとともに中所得国の貧困問題にも取り組む必要性を強調した。[3]

なお，表5-1からはヨーロッパ・中央アジア，中南米，中東・北アフリカの数字を省いている。

アジアと開発援助――「援助の光景の変化」

　開発援助をめぐる構図にも変化が生じている。20年前のアジアといえば，二国間援助では，アジアの唯一のドナー（供与主体）は日本で，他の諸国は被援助国という構図でとらえられていただろう。1989年と1991～2000年には日本はDAC諸国で最大のドナーであったが，21世紀に入り，財政再建などの影響でODAは減少傾向にあり，現在ではアメリカ・イギリス・ドイツ・フランスに次ぐ世界第5位のドナーになっている。2014年の日本のODA額は91.88億米ドルで前年比15.3％減，対GNI（国民総所得）比0.19％となった。[(4)]

　実際には他のアジア諸国も開発援助をやってはいたが，ドナーとして大きな存在にはなっていなかったのが20世紀のアジアの開発援助をめぐる構図であった。

　先進国の一つとなった韓国が2010年にDACに加盟し，名実ともにドナーの一員になった。2014年の韓国のODA額は18.51億米ドルであり，これはGNIの0.13％にあたる。[(5)]

　また台湾は国際的に国家として承認されていないが，DACにODA額を報告している。2013年には2.7億米ドル（対GNI比0.05％）で，2009年の4.1億米ドルをピークに減少傾向にあるが，[(6)]この金額は2013年にDACに新規加盟した5カ国（アイスランド，ポーランド，チェコ，スロバキア，スロベニア）のうちポーランドを除く各国より大きい。

　近年，中国とインドのドナーとしての台頭が注目されている。中国の開発援助の歴史は1950年代にさかのぼることができ，[(7)]たとえばタンザニアとザンビアを結ぶタンザン鉄道は1960年代後半に中国の支援で建設されたものである。インド政府は自らの開発援助の開始時期を1964年であるとしている。2011年の，中国の開発援助は55億米ドルで対GNI比は0.08％，インドのものは7.87億米ドルと推定されている。[(8)]中国やインドをはじめとした「新興ドナー」が注目されるのは，近年の金額的な急激な拡大とともに，DACのメンバーでないためDACの基準や規範やルールとは一線を画す方針を示しているからである。中国やインドの開発援助は以下のような問題が指摘されてきた。

・中国・インドの開発援助政策は，内政不干渉や受取国との互恵を原則としている。それに基づき伝統的ドナーのような政治的・経済的コンディショ

ナリティをつけていない。人権・民主主義・ガバナンスなどに関する問題点を指摘されてきた諸国が中国やインドの支援を求めるようになる。中国・インドが人権・民主主義・ガバナンスに問題がある諸国の政権を支えることにならないか。
・中国・インドともに DAC のように ODA の定義を持たず，投資や貿易との境界が不明確である。またタイド（ひもつき）援助が主流である。援助・貿易・投資に加え，とくに中国は労働輸出も加えた「四位一体」の援助となり，自己の経済的利益追求の手段となっているのではないだろうか。
・中国やインドのとくにアフリカでの援助は資源獲得の手段となっているのではないだろうか[9]。

その一方で，被援助国としての経験も生かしていること，韓国・日本以外の DAC 諸国が軽視しがちな経済インフラの重要な資金源となっていること，2008年のリーマン・ショック以降の伝統的ドナーの援助額停滞後の重要な資金源となっていることも指摘されている。また，現在中国とインドを中心に，途上国の開発に融資を行う BRICS 銀行やアジア・インフラ投資銀行（AIIB）の設立も協議されている。

アジア諸国の NGO/CSO の多様性

国際開発協力の NGO，あるいは市民社会・CSO，その政策・制度環境（enabling environment）——CSO が活動を実施する方法に影響を与える，政府・公的ドナー・その他の開発アクターによりつくられる政治的・政策的文脈[10]——に関しアジア諸国は多様である[11]。

伝統的に CSO の活動が活発な国として挙げられるのはフィリピンとインドであろう。フィリピンには現在7万団体以上の CSO があるといわれる。アメリカの植民地支配を受け，市民の自発的結社の伝統は強い。マルコス体制下で民主化運動や貧困層支援で CSO は活発化し，1986年の2月政変の後は1987年憲法で社会開発における市民社会の役割が明文化されるなど役割が拡大している。インドには約200万の CSO があるといわれるが，外国からの資金受け入れの監視，インドの CSO の海外での活動禁止など政府による監視も厳しい[12]。

バングラデシュとカンボジアは，独立戦争（バングラデシュ）や内戦（カンボ

第5章　アジアの国際開発協力と CSO (NGO)

ジア）終結後に欧米をはじめとする国際CSOが多数活動し，次第に地元の市民の団体も増加してきた。バングラデシュには，現在約2500団体のCSOがあり，カンボジアの場合は約3500団体のCSOがある。バングラデシュのBRAC（Bangladesh Rural Advancement Committee が正式名称であったが，略称であったBRACが現在の正式名称）のように，南アジア諸国やアフリカ諸国でも活動するようになり，年間予算が5億米ドルを超える国際CSOになった団体がある。[13]カンボジアでは，地元のCSOの発展に伴い，国際CSOの役割が検討されるようになってきている。[14]一方でカンボジアでは，2010年以来たびたび政府よりCSOの活動規制を内容とする法案が提案されてきたが，2015年にCSOの登録義務化，政府による監視や解散命令権などを含む結社・NGO法が内外のCSOや二国間ドナー，国連などからの批判にもかかわらず制定された。

　インドネシアではスハルト体制の下でも，様々な抑圧を受けながらも，社会・経済分野や，人権・環境などの分野でCSOが活動してきた。スハルト体制が倒れた後，CSOはより自由な環境で活動できるようになった。

　北東アジアはCSOの活発化が遅れてきた地域といえよう。分断国家でもある韓国・台湾の場合は，1980年代後半までの強権体制下で民主化要求や人権擁護などの社会運動があったが，民主化後，NGOの萌芽がみられた。韓国では先進国になるとともに，また台湾も既に1人当たりGDPが先進国並みになったとみられる中で，開発CSOの活動が活発化している。

　日本の場合は明治以来の国家主導の開発の歴史の中で，長い間公益法人は政府の許可の下でしか設立できない制度だったため，1998年のNPO法（特定非営利活動促進法）制定まで，ほとんどの団体が法人格を持つことが難しく任意団体での活動を強いられるなど，CSOには厳しい環境があった。国際開発協力という点では，1980年代初頭のインドシナ難民問題，1995年の阪神・淡路大震災時の「ボランティア・ブーム」などを転機にCSOは台頭してきた。しかし日本のCSOの国際開発協力の総額は300億円程度とみられ，たとえば前述のBRAC一団体の年間活動額の半分程度でしかない。

　中国は共産党の一党支配体制ということもあり，市民社会の不存在，あるいはNGOやCSOといっても実際には政府や共産党の関連団体といわれてきた。しかし近年中国国内でも，欧米のCSOの支援も受けつつ，また共産党のビジ

ョンには賛同しながらも，CSO の台頭が見られてきた[15]。現在中国では6000もの外国の CSO が活動するといわれているが，2015年3月上旬以来，中国政府は外国の CSO の活動に対する大幅な規制をする――中国の「道徳的慣習」に反する活動の禁止，中国国内での資金・募金集めの禁止，中国国内での事務所は1カ所に限り支部を認めないなど――法制度の導入が検討されていることが報道されている[16]。

3　アジアの CSO のネットワーク

「グローバル市民社会」はグローバルなネットワークが様々な問題領域で形成されてきたことから論じられてきた。もし「リージョナル市民社会」を論じるならば，地域における CSO の，あるいは各国の市民社会の国境を超えたネットワークが形成されていることに注目することが必要であろう。

アジアの開発 CSO ネットワーク

表5-2に，アジア諸国の開発や貧困削減をテーマとする CSO のネットワークをまとめた。この中には活動の活発度に差がある。カンボジアのように CSO の能力強化とアドボカシーとで別のネットワーク（両団体は同じ建物にあり，活動は「相互補完的」である[17]）が存在する国もある。韓国の場合，KCOC は開発 CSO のネットワークとして活動してきた。2010年の G20 と後述する2011年の援助効果に関するハイ・レベル・フォーラム（HLF4）のプサン開催を機に開発 CSO と社会運動団体合同のネットワークとして KoFID が設立された。前述したように DAC に加盟するなど本格的に ODA を実施し始めていた韓国で国際開発協力についてのアドボカシー活動が本格化した。バングラデシュの場合は複雑である。もともと CSO のネットワークとして ADAB が活動してきたが，ADAB の党派色の強い活動に不満を持つ有力 CSO が脱退して FNB をつくり，2つのネットワークが対立的に存在している。中国の CANGO は，中国政府の対外経済貿易部（当時）の中国技術交流センターから1993年に独立し「上からの」CSO として設立された経緯がある[18]。

アジア規模の開発関連の CSO ネットワークは，これまで課題ごとに作られ

第5章 アジアの国際開発協力とCSO（NGO）

表5-2 アジア各国の開発関連のCSOネットワーク

フィリピン	Caucus of Development NGO Networks（CODE-NGO）
カンボジア	Cooperation Committee for Cambodia（CCC：CSOの能力強化，政策・制度環境）
	NGO Forum on Cambodia（アドボカシー）
インドネシア	International NGO Forum on Indonesian Development（INFID）
インド	Voluntary Action Network India（VANI）
ネパール	NGO Federation of Nepal（NFN）
バングラデシュ	Federation of NGOs in Bangladesh（FNB）
	Association of Development Agencies in Bangladesh（ADAB）
韓国	Korea NGO Council for Overseas Cooperation（KCOC）
	Korea Civil Society Forum on International Development Cooperation（KoFID）
台湾	Taiwan Alliance for International Development（Taiwan AID）
中国	China Association for NGO Cooperation（CANGO）
日本	国際協力NGOセンター（JANIC：関東中心）
	関西NGO協議会，名古屋NGOセンターなど地域別ネットワーク

出典：筆者作成。

ることが多かった。農地改革・農村開発関連のAsian NGO Coalition for Agrarian Reform and Rural Development（ANGOC），農村開発の人材育成に関するAsiaDHRRA，適正技術に関するApprotech Asiaなどが存在してきた。

援助効果の議論[19]とハイ・レベル・フォーラムのプサン開催

21世紀に入ってからの開発援助の主要テーマの一つが援助効果（aid effectiveness）であった。このテーマが論じられた背景には，「援助の断片化」（aid fragmentation）や「援助の氾濫」（aid proliferation）といった多数の援助アクターによるバラバラな援助プロジェクトの乱立の結果，プロジェクトの重複や偏在，全体の効果の検証の難しさ，援助アクターごとに異なる手続きに伴う事務手続き増大などへの南からの不満があった。一方北の側では，ミレニアム開発目標（MDGs）などに伴うODA増額には効果の向上が不可欠な事情から，開発援助をめぐる多様な当事者間の援助協調の必要性が議論されるようになった。こうした南北の諸状況の中で，とくに北西欧諸国が主導しつつ[20]，DACを中心に南や国際機関からの参加者も交え，援助効果に関する議論が行われるようになっ

た。

　2005年3月にパリで開催された第2回援助効果に関するハイ・レベル・フォーラム（HLF2）では「援助効果に関するパリ宣言」（Paris Declaration on Aid Effectiveness）が採択され，(1)（途上国の）オーナーシップ（ownership），(2)整合性（alignment），(3)調和化（harmonisation），(4)成果のマネージメント（management for results），(5)相互のアカウンタビリティ（mutual accountability）の5原則が合意された。

　援助効果に関しては，2008年9月にアクラでHLF3が，2011年11月末にプサンでHLF4が開催され，HLF4で採択された「効果的な開発協力のためのプサン・パートナーシップ」（Busan Partnership on Effective Development Co-operation：BPd）やその後の交渉に基づき，現在ではOECDと国連開発計画（UNDP）が合同で事務局を務めるGlobal Partnership for Effective Development Co-operation（GPEDC）に議論の場が移されている。課題の設定自体，援助効果から「効果的な開発協力」（effective development cooperation）に変わってきている。

　GPEDCは2014年4月にメキシコシティでハイ・レベル会合（HLM）を開催したが，重要なこととして，中国とインド，両国とともにBRICSとして挙げられる南アフリカが欠席し，ブラジルとアルゼンチンは出席したものの，会議のコミュニケへの賛同を拒否したことがある。安全保障や領土問題で対立する中国とインドは，開発援助の問題に関しては共同歩調をとっているのである。[21]「援助の光景の変化」は，有力な新興ドナーがブロックとして行動しているとみられることも含めて考える必要があろう。

　CSOはパリ宣言後，援助効果に関するアドボカシー活動を開始した。HLF3で採択されたアクラ行動計画（Accra Agenda for Action：AAA）で，CSOを独自のアクターとして認知すること，CSOが自らの活動の効果に関する原則づくりに取り組むことへの期待が明文化された。HLF3とHLF4の間の世界のCSOの活動は，ODAの効果の問題についてのアドボカシーを行うBetterAidと，CSOの「開発効果」向上の規範づくりに取り組むOpen Forum for CSO Development Effectiveness（Open Forum）の2つのネットワークで展開された。BetterAidの目標には，問題設定の「援助効果」から「開発効果」（develop-

表5-3 CSOの開発効果に関するイスタンブール原則

> 1．人権と社会正義を尊重・促進する。
> 2．ジェンダー平等・公平性を促進し，同時に女性・少女の権利を促進する。
> 3．人々のエンパワーメント，民主的オーナーシップ，参加に焦点を当てる。
> 4．環境の持続可能性を促進する。
> 5．透明性，アカウンタビリティを実践する。
> 6．平等なパートナーシップと連帯を追求する。
> 7．知識を創造・共有し，相互学習にコミットする。
> 8．プラスの持続的変化にコミットする。

ment effectiveness）への転換や，開発における人権の主流化が含まれていた。[22] CSOがOpen Forumを設立して開発効果向上の規範づくりに取り組んだのは，ODAの効果についてアドボカシーを行うCSOは効果を上げているのかが問われたからであった。

援助効果をテーマにグローバルなCSOのネットワークができたこと，そしてHLF4がプサンで開催されることになったことは，開発協力をテーマにするネットワークをアジアで進める契機ともなった。Open Forumは，各国でのコンサルテーションをベースに，後述するCSOの開発効果に関するイスタンブール原則（表5-3）と，その実施のためのガイダンスを含む「CSOの開発効果に関する国際枠組み」（The International Framework for CSO Development Effectiveness＝採択された会議が開催された地の名前をとり，シェムリアップ・コンセンサスと呼ばれる）を作成したが，その過程で2回アジア地域のコンサルテーションを開催した。

韓国では，HLF4直前の2011年9月に，KoFIDやKCOC主催で第1回ソウル市民社会フォーラム（Seoul Civil Society Forum）が開催され，海外参加者（日本を含むアジア10カ国，アメリカ，カナダ，ヨーロッパ，BetterAidとOpen Forum事務局）も交え，HLF4への課題を議論した。そしてHLF4（2011年11月29日〜12月1日）の直前の11月26〜28日には，BetterAid，Open Forum，KoFIDなどの共催により，プサン市民社会フォーラム（BGCSF）が開催され，世界各地から750名近いCSO関係者が集まった。

また，たとえばOpen Forumの日本での国別コンサルテーション（2011年2月）にKCOCとKoFIDの代表が参加するなど，各国間の援助／開発効果をめぐるCSO間の交流が活発化した。

ポスト・プサンの CSO ネットワーク——CPDE 北東アジア・サブリージョナル・グループを中心に

　HLF4 後，CSO の国際ネットワークは BetterAid と Open Forum の両方の活動を引き継ぐ形で CSO Partnership for Development Effectiveness（CPDE）というネットワークがつくられた。これは HLF4 へのプロセスで BetterAid と Open Forum の相互の連携が次第にとられなくなっていったことへの反省が背景にある。CPDE はグローバルなレベルよりも国や地域のレベルの活動を重視することになった。アジア・太平洋圏ではアジア・太平洋地域グループ，そのサブリージョナル・グループとして北東アジアのグループがつくられた。とくに日本も参加してきた北東アジア・サブリージョナル・グループでの議論をここでは紹介しよう。なお，北東アジア・サブリージョナル・グループには，当初は韓国・中国・モンゴル・日本（それにフィリピンにある CPDE 事務局）が参加し，後に台湾が加わった。HLF4 の翌年から，2012 年（北京），2013 年（台北），2014 年（東京），2015 年（ウランバートル）と会議を開催し，効果的な開発協力や CSO の開発効果関連の課題を議論してきた。

（1）ODA に関するアドボカシー

　ここでは，各国での CSO と政府の関係にも配慮し，個別の課題についてあまり詳細に述べないこととしたい。

　現在 DAC メンバーである韓国と日本では，貧困削減をいかに ODA 政策において主流化するのか，援助の透明性をいかに高めるのかが課題になっている。それぞれプサンでの合意の実施状況について，政府との対話を行っている。

　韓国では，ODA に関しては，無償資金協力・技術協力は外交部（と実施機関としての Korean International Cooperation Agency＝KOICA），有償資金協力は企画財政部（Ministry of Strategy and Finance）が担当し，国務総理室（Prime Minister's Office）が政策調整を行う体制の中で，外交部に比べて企画財政部は援助効果・効果的な開発協力の課題に熱心でない現実がある。

　日本政府では HLF4 後，援助効果や効果的な開発協力は関心が高いテーマとなっていないし，2015 年 2 月に改定された開発協力大綱（それまでは ODA 大綱）でも踏まえられているとは言いがたい。2014 年の北東アジア・サブリージ

第5章　アジアの国際開発協力とCSO（NGO）

ョナル・グループ会議（東京）では，当時進められていたODA大綱改定に関して各国からの参加者の間で強い関心が集まった。

　台湾でもCSOは，前述したODA額の減少，対象国が台湾と国交を持つ諸国であり外交の手段としての側面が強いことを批判してきた。台湾の外務省はNGO部を設けるなどCSOとの関係を重視していることを強調するが，実際のCSOへの資金供与額は0.3％に過ぎず，また政策対話も制度化されていない。

　中国に関しては，HLF4以前からCSOの国際ネットワークに参加してきたこともあり，また中国の政治状況や，前述したCANGOの性格からアドボカシー活動が難しい。しかし2014年の北東アジア・サブリージョナル・グループ会議（東京）の成果文書では，中国などの名指しは避けながら，新興ドナーのいくつかが2014年4月にGPEDCの高級レベル会合を欠席したことについて懸念を表明している。

　また，CPDE全体の取り組みでもあるが，北東アジア・サブリージョナル・グループ会議でもポスト2015年──2015年に多くが達成期限を迎えるミレニアム開発目標（MDGs）と，2012年の持続可能な開発サミット（リオデジャネイロ）で策定が決定された持続可能な開発目標（SDGs）を合わせた次の開発と環境に関する世界の目標づくり──についての各国での取り組みについても情報交換や経験の共有が行われてきた。

（2）CSOの開発効果

　前述のイスタンブール原則を各国でどのように実施しているのかについての情報交換，経験の共有，共通の課題についての議論も，CPDE北東アジア・サブリージョナル・グループで行われてきた。

　まず，イスタンブール原則についてのCSOや社会全般の理解を深めることが共通の課題になっている。とくに小規模のCSOや大都市圏以外のCSOの間ではイスタンブール原則はほとんど知られていない。韓国ではイスタンブール原則やシェムリアップ・コンセンサスが全訳され，韓国・日本では啓発パンフレットの作成が行われている。モンゴルでもイスタンブール原則とシェムリアップ・コンセンサスの翻訳の計画がある。また韓国ではKCOCとKoFIDが，日本ではJANICがイスタンブール原則の理解促進のためのセミナーやワーク

ショップの開催を行っている。また韓国と日本では，政府のODA実施機関であるKOICAやJICA（国際協力機構）ともイスタンブール原則の成果を共有している。

それぞれの原則関連では以下のことが共通している。

- 原則1（人権）：原則1のガイダンスでは，CSOが「人権を基盤とする開発アプローチ」（Human Rights-based Approaches to Development：HRBA）の採用が奨励されている。HRBAとは何であるのか，多様な解釈があり，共通の定義や理解はない。共通項を見つければ，開発を国連や地域機構で採択された国際人権条約など国際人権基準に基づき経済的・社会的・文化的権利や，市民的・政治的権利の実現と考えるアプローチといえよう。また権利保有者の満たされていない権利と義務履行者の義務の分析という手法が重視される。しかし，国際人権基準の実現という理念と，権利保有者の権利と義務履行者の義務の分析という具体的な分析手法のどちらを重視するのかも関係団体の間で多様である。北東アジアにおいても，各国でHRBAについての理解や普及を進める活動を各国のネットワークが行っている段階である。
- 原則2（ジェンダー）：開発CSOの間ではジェンダーの取り組みが弱い。
- 原則4（環境）：開発CSOと環境CSOとの間での連携が弱い。
- 原則5（透明性・アカウンタビリティ）：CSOの透明性やアカウンタビリティの向上は各国のCSOの課題である。KCOCとJANICは行動綱領やアカウンタビリティに関するチェックリストをつくっている。
- 原則6（パートナーシップ）：韓国・台湾・日本の開発CSOはいずれも慈善やサービス供給の意識が強いため，南のCSOとパートナーシップを組むよりも直接活動を好む傾向がある。

なお，CPDEはイスタンブール原則とシェムリアップ・コンセンサスの実施状況について2014年にまとめていて，世界19の国と地域のレポートを掲載している。アジアからは，カンボジア，インド，日本，ネパールの4カ国のレポートが含まれている。イスタンブール原則やシェムリアップ・コンセンサスの地元の言語への翻訳，セミナー・ワークショップの開催，教材などの作成，政府との対話の席で紹介といったことは世界の多くの地域で行われていることで

ある。また8原則の中では，原則1（人権：とくにHRBA）と原則6（パートナーシップ）が世界的なチャレンジとされている。北東アジアの取り組みはほぼ世界的傾向に沿うものである。

Asian Development Alliance：ADA

2013年には，アジア規模の開発CSOのネットワークとして，Asian Development Alliance（ADA）が，15のネットワーク団体が参加して発足した。現段階での主要なテーマとしては，効果的な開発協力とポスト2015である。CPDEのアジア・太平洋地域グループとは共通するメンバーが多いが，一部相違がある。

4　アジアにおける開発CSO関係者の相互交流

BetterAidとOpen Forum，BGCSF，CPDEなどは，アジアの多くの開発CSOが関係を深める機会にもなった。CSOのアジア規模でのネットワーク，言い換えれば「リージョナル市民社会」の深化の中で，韓国と台湾のCSOが開催する会議では，アジア各国から参加者が招かれた。

第2，3回ソウル市民社会フォーラム

2012年にKCOCとKoFID共催で第2回（2月），3回（9月）のソウル市民社会フォーラムが開催された。第2回では，中国・カンボジア・フィリピン・インドネシア・ネパール・モンゴル・日本のCSO（主に表5-2で紹介したネットワーク団体）が招かれ，HLF4とBPdの評価，ODAの透明性，イスタンブール原則の実施をテーマにした。

第3回では，中国・モンゴル・日本（筆者を含む）のネットワーク団体が参加し，HLF4後の北東アジアの共通課題について議論するとともに，各国における効果的な開発協力に関するアドボカシー活動とイスタンブール原則の実施について報告が行われた。

なお第4回は2013年10月に「ポスト2015におけるインクルーシブで効果的なパートナーシップ」をテーマに開催されているが，この際は海外からのゲスト

スピーカーは，CPDE 共同議長の一人であり，ウガンダの National NGO Forum の Richard Ssewakiyanga であった。

Taiwan AID のアジア NGO 国際開発会議

Taiwan AID は2004年に非公式に発足し，2013年に正式に法人登録された比較的新しいネットワークである。2012年にはアジア NGO 国際開発会議を開催し，アメリカ・韓国・ミャンマー・香港・ベトナム・日本から参加者を招き，緊急人道援助と長期的な開発の諸問題を議論したが，その際に海外参加者からイスタンブール原則などの紹介があり，台湾の CSO が CPDE に参加する契機になった。

2014年にも再びアジア NGO 国際開発会議が開催された。テーマはポスト2015や開発効果であった。アルゼンチン・カナダ・カンボジア・香港・インド・韓国・ミャンマー・フィリピン（CPDE 事務局を含む）・タイ・ベトナム・アメリカ（日本駐在の東日本大震災被災者支援の担当者）・日本（筆者を含む）と参加者はアジア太平洋圏から広く招待された。開発効果のセッションでは，カンボジアにおけるアドボカシーやイスタンブール原則実施の取り組み，インドからはドナーとなったインドの開発援助に対する CSO のアドボカシー活動の展望などの報告があった。

また Taiwan AID は，政策・制度環境（2015年3月16日実施。筆者もスピーカーの1人として参加），HRBA（2015年6月に実施）などをテーマに，ワークショップを外国からの参加者も交えながら開催し，台湾の CSO の能力強化の活動を計画している。

5　課題と展望

この章では，まず貧困が依然としてアジアの重要課題であることと，韓国・台湾のドナー化や新興ドナーの台頭に伴う「援助の光景の変化」を確認した後，アジアでの国際開発協力の CSO のネットワークの活動を通じて，アジア諸国における援助効果・効果的な開発協力や CSO の開発効果に関してどのような取り組みが行われてきたのかを見てきた。CSO のネットワークを通じて見え

てきたアジアの国際開発 CSO をめぐる課題をいくつか挙げておこう。

第 1 に，とくに北東アジア諸国は，国家主導の開発体制が強い歴史，それに韓国・台湾・中国では，過去あるいは現在も継続する形で強権体制があったため，CSO の発達自体が遅れてきた。CSO に対する社会の理解の促進そのものが課題である。

第 2 に，アジアにおける最大のドナーである日本が，ODA 大綱を改定した開発協力大綱で，ODA の外交・安全保障の手段としての位置づけを強め，また従来の非軍事の原則から，民生目的や災害援助に当面限定しながらも被援助国の軍事組織への支援に道を開いたことへの関心は，アジア諸国の CSO の間で高い。

第 3 に，新興ドナーが前述したように，DAC の規範やルールに基づかない開発援助を拡大させていることについても，有力新興ドナーの中国とインドがあるアジアの CSO の間で関心が高い。インドに関しては CSO が自国の開発援助についてアドボカシーを開始しているが，中国に関しては一党支配体制の下で CSO がどこまでアドボカシーができるのか，楽観できない。第 2・第 3 の点を合わせ，地域の有力ドナーの開発援助政策に，アジアの CSO としていかに声を上げて政策に影響を与えるのかが課題となろう。また中国・インドだけでなく，マレーシアやタイなども開発援助を行うようになっているが，南の諸国同士の協力（南南協力）や，北と南のドナー共同の協力活動（三角協力）もますます CSO のアドボカシー活動の対象として重要になってくる。「援助の光景の変化」は CSO にとってますます注目すべき点になっている。

第 4 に，イスタンブール原則としてまとめられた CSO の開発効果向上策についても，アジア諸国で様々な取り組みがネットワークを通じて共有されている。今後，より「よい実践事例」を共有していくこと，とくに世界的に共通の課題となっている HRBA とパートナーシップについてアジア規模で議論を深めていくことが重要と思われる。

第 5 に，政策・制度環境の悪化が見られるアジア諸国も少なくなく，これに国境を超えていかに対応していくのかも課題となろう。政策・制度環境が CSO に好ましいものであることは，より影響力を持つ「リージョナル市民社会」にも不可欠であろう。

最後に，本書のテーマである「アジア共同体」との関連でいえば，アジアの市民の共同体を展望できるのであろうか。本章の最初で，「リージョナル市民社会」の台頭の可能性ということを述べたが，本章で述べてきたCSOのネットワークの活発化は「リージョナル市民社会」の萌芽ともいえる。しかし，現在たとえばCPDEの会議に参加するのは，各国のネットワーク団体であることが多い。開発や貧困削減をめぐる市民社会のグループとして重要な，農村や都市スラムなど貧困問題に直接取り組む現場の住民組織のネットワーキングには繋がっていない。また，タイ・マレーシアなどいくつかの国のCSOが欠けてきた現実もある。「リージョナル市民社会」の深化の一つに向けての課題として，各国のネットワーク団体間のネットワークにとどまらない形で，現場で貧困削減の活動を行う住民組織なども含めてネットワーキングを深化させる可能性を模索すること，より多くの国のCSOの参加を得ることが挙げられよう。

　補足的に次の2点を述べておきたい。第1に，あまり知られていることではないが，台頭しつつある台湾のCSOがかなり中国本土で活動している。第2に，筆者も含め韓国と日本のCSO関係者の間で，開発CSOの本来の課題でないとしても，歴史認識や領土問題で日韓関係が冷え込んでいることへの憂慮がしばしば話題になっている。「リージョナル市民社会」とは国家間対立とは違う形での市民間の「もう一つの国際関係」を模索する空間でもある。

註

(1) 高柳彰夫『グローバル市民社会と援助効果——CSO/NGOのアドボカシーと規範づくり』法律文化社，2014年，18頁。
(2) 詳しくは，高柳，同上書を参照。なお，筆者はこのテーマについて研究者としてだけではなく，国際協力NGOセンター（JANIC）政策アドバイザーとして参加してきたが，本章の見解はJANICを代表しないことを明確にしておきたい。
(3) OECD, *Development Co-operation 2013: Ending Poverty*, Chapt. 1.
(4) 2013年には日本のODAは前年比9.2%増の115.82億米ドル（対GNI比0.23%）で，DACで第4位のドナーであったが，2013年度の増加の主要要因はミャンマーに対する約1900億円の債務救済であった。
(5) http://www.oecd.org/dac/stats/ による。
(6) 同上。また台湾外務省によるODAの年次報告書の最新版でも同じ数字が紹介されている。Ministry of Foreign Affairs (Taiwan), *International Cooperation and*

第5章　アジアの国際開発協力と CSO (NGO)

Development Report 2013.

(7) ここで ODA でなく,「開発援助」と記したのは,中国やインドは DAC の ODA の定義を受け入れていないからである。

(8) Development Initiatives, *Investments to End Poverty: Real Money, Real Choices, Real Lives,* 2013 による。

(9) 中国・インドなど新興ドナーの開発援助については,以下の文献を参照。Emma Mawdsley, *From Recipients to Donors: Emerging Powers and the Changing Development Landscape,* London & New York: Zed Books, 2012(佐藤眞理子・加藤佳代訳『国際開発援助の変貌と新興国の台頭──被援助国から援助国への転換』明石書店,2013年); Richard Manning, "Will the 'Emerging Donors' Change the Face of International Cooperation?", mimeo, OECD/DAC, 2006, Hisahiro Kondoh, Takaaki Kobayashi, Hiroaki Shiga and Jin Sato, "Diversity and Transformation of Aid Patterns in Asia's 'Emerging Donors'", JICA Research Institute, 2010, 下村恭民・大橋英夫・日本国際問題研究所編『中国の対外援助』日本経済評論社,2013年。またインドの CSO は,世界の NGO の開発援助に関する調査・研究・アドボカシーのレポートでもある *The Reality of Aid* にも寄稿している (Sagarika Chaudry, Balendusherhar Mangalmurdy and Anil Singh, "India: Aid and the Private Sector: A Study in the Context of India", *The Reality of Aid 2012,* Manila: IBON Books, Harsh Jaitli and Jyotsa Mohan, "India: Understanding the South-South Voopration Dynamic in Relation to India's Aid Policy," *The Reality of Aid 2014,* Manila: IBON Books)。

(10) Open Forum for CSO Development Effectiveness, *The Siem Riap Consensus on the International Framework for CSO Development Effectiveness,* 2011, p. 20.

(11) アジア諸国の NGO/CSO や国家との関係についての研究として,重冨真一編『アジアの国家と NGO──15か国の比較研究』明石書店,2001年,秦辰也編著『アジアの市民社会と NGO』晃洋書房,2014年,を挙げておきたい。

(12) インドでは CSO の海外からの資金受け入れは許可制であり,本章執筆の最終段階の2015年3月にインドでは国内の民族問題に関わる30団体を含め69団体の CSO が外国からの資金受け入れを禁止された (*The Times of India,* March 5, 2015)。

(13) BRAC については,Ian Smillie, *Freedom from Want: The Remarkable Success Story of BRAC, the Grassroots Organization That's Winning the Fight against Poverty,* Sterling: Kumarian, 2009(笠原清志監訳・立木勝訳『貧困からの自由──世界最大の NGO-BRAC とアベッド総裁の軌跡』明石書店,2010年)を参照するとよい。

(14) Oxfam, "Future Roles of INGOs in Cambodia," 2014. および筆者のカンボジアにおける聞き取り調査 (2015年2月)。

⑮　中国の市民社会については，王名・岡室美恵子・李妍焱『中国のNPO——いま，社会改革の扉が開く』第一書林，2002年，李妍焱『中国の市民社会——動き出す草の根NGO』岩波新書，2012年，などの文献が出ている。

⑯　ロイター通信による。http://www.reuters.com/article/2015/03/04/us-china-parliament-ngos-idUSKBN0M00C220150304, http://www.reuters.com/article/2015/03/09/us-china-parliament-ngos-idUSKBN0M518X20150309（アクセス：2015年3月20日）

⑰　Cooperation Committee for Cambodia (CCC), NGO Forum on Cambodiaインタビュー調査（2015年2月13日）。

⑱　王他，前掲書，102頁。

⑲　援助効果の議論とCSOの参加をめぐって，詳しくは，Brian Tomlinson, *CSOs on the Road from Accra to Busan: CSO Initiatives to Strengthen Development Effectiveness*, Manila: IBON Books, 2012，高柳，前掲書，を参照。

⑳　スウェーデン，ノルウェー，デンマーク，フィンランド，イギリス，オランダ，アイルランドは，援助効果をめぐる議論で，Nordic+というグループで行動していた時期がある。

㉑　前日のBRICS銀行設立構想も，中国とインドの国際開発における協調行動といえよう。

㉒　BetterAidのアドボカシー活動については，高柳，前掲書，4章，を参照。

㉓　Tomlinson, *op. cit.*, pp. 22-24，高柳，前掲書，213-214頁。

㉔　筆者は，2013年（台北）と2014年（東京）の会議に参加しているので，以下の記述は会議における各報告者のパワーポイントと筆者のメモに基づく。

㉕　以上の記述は，Taiwan AID主催のEnabling Environment Workshop（2015年3月16日）での議論に基づく。

㉖　中国のCSOからも，GPEDCのメキシコシティHLMにおいて，中国の政府は欠席したが，経済界からの出席者がいた旨の報告があった。

㉗　HRBAについては，川村暁雄「人権基盤型アプローチの基底——人間の尊厳のための社会関係の把握・変革・自覚・共有」『アジア太平洋人権レビュー2008』，2008年，同「人権と人権基盤型アプローチ」牧田東一編『国際協力のレッスン——地球市民の国際協力論入門』学陽書房，2013年，が参考になる。

㉘　CPDE, *The Journey from Istanbul: Evidences on the Implementation of the CSO DE Principles*, Manila: CPDE, 2014.

㉙　このようにレポートを執筆できた国・地域が少ない背景には，CPDE事務局による原稿募集がメーリングリストにより行われたため見落とされがちであったこと，締め切りまでの期間が短かったことがある。

㉚　Brian Tomlinson, "The Journey from Istanbul: A Synthesis of Evidence of

Implementation of the CSO DE Principles," CPDE, *op. cit.*

(31) タイに関しては Open Forum がタイの CSO に呼びかけた経緯があるが，タイ側の返答が「自分たちの優先順位と合致しない」との返答であったという。Open Forum や BGCSF の参加者名簿にはタイからの参加者があるが，国際 CSO のバンコク事務所のスタッフである。

第6章　ヨーロッパ統合と東アジア共同体
―― 和解と共存の試み？ ――

上原良子

1　EUは東アジアのモデルになりえるのか

　ヨーロッパと東アジア。同じく第2次世界大戦を戦いながら，それぞれ驚くほど異なる戦後の歩みを辿った。東アジアでは，第2次世界大戦終結後から今日に至るまで，歴史認識問題の克服もままならず，しばしば厳しい関係に陥っている。

　一方西欧諸国は，戦後初期より「ヨーロッパの建設」とも呼ばれるヨーロッパ統合を構築してきた。1950年にシューマン・プランにより提唱された欧州石炭鉄鋼共同体（ECSC）を出発点として，1958年に欧州経済共同体（EEC），そして冷戦崩壊後の1993年には欧州連合（EU）へと発展させた。現在，EUには旧共産主義国の中東欧諸国も加盟しており，この「28カ国のヨーロッパ」は，今やアメリカ合衆国にも匹敵する人口と経済規模に達している。[1]

　このヨーロッパにおいて侵略国であったドイツは，「過去の克服」に取り組んできただけではない。ヨーロッパ統合を支持することにより信頼を獲得し，経済的繁栄とヨーロッパにおけるリーダーシップを発揮することができたのである。

　ではこのヨーロッパ統合という歴史的実験は，東アジアの国際関係の未来にとって有益なモデルとなり得るのであろうか。またヨーロッパの経験から我々が学ぶことは何であろうか。とはいえEUはヨーロッパ統合の出発から既に60年の歴史を重ねた組織であり，これをモデルとして東アジアに移植することには無理があるように思われる。そこでまずEUを生み出した要因と，その制度の特質を考察したうえで，緊張状態著しいロシアや地中海といったEUと近隣諸地域との関係構築の試みを考察してみよう。そこには域内のみならず，域外

との共存の試みにも，東アジアへのヒントが隠されているのではないだろうか。

2　ヨーロッパはなぜ統合を選択したのか

独仏対立と平和

　ヨーロッパはなぜ欧州統合という新しい国際関係のあり方に挑戦したのであろうか。その第1の要因は，独仏対立の克服と域内平和の実現であろう。というのもヨーロッパは20世紀において2度の世界大戦を引き起こしたが，その背景には独仏対立が存在したからである。

　総力戦と呼ばれた第1次世界大戦後，ヨーロッパはヴェルサイユ体制を通じて，新たな国際秩序による平和の実現を目指した。そこで，集団安全保障体制である国際連盟の創設やドイツの軍事力の解体等が試みられた。しかしながら，最終的に第2次世界大戦を防止することはできなかった。そこで，第2次世界大戦後の戦後処理においては，ヴェルサイユ条約の失敗を踏まえて，革新的な解決策が求められていた。

　とりわけ最大の焦点となっていたのがドイツ問題である。軍事力においても経済力においても「強すぎるドイツ」といかにして向き合うべきか，これは今日においてもヨーロッパ国際関係の課題である。ドイツの強すぎる軍事力は，侵略戦争を招いた。また強すぎる経済力は，ヨーロッパ経済の動力源である一方，ヨーロッパ市場においてドイツ一人勝ち状況と引き替えに，他国の経済に打撃を与え格差を拡大させた。

　ではこうしたドイツに対し，いかに向き合うべきなのであろうか。敵対的かつドイツの「力」を押さえこむ外交政策をとるべきか，それとも協調路線を取るべきなのか。戦間期のフランス外交は，その2つの選択肢の間で揺れた。ヴェルサイユ条約において，ポアンカレ外交は世論の反独感情を後押しに天文学的金額の賠償金や，一方的戦争責任の押しつけ，軍備制限など復讐主義的で過酷な講和条約を強要した。さらに賠償支払いの遅延から，ルール占領を強行したが，これはハイパーインフレを招き，ドイツ経済に壊滅的打撃を与えた。結局こうした復讐主義的な強硬策は国際世論からの非難を受け，外交的孤立を招いただけでなく，ドイツ世論に激しい反ヴェルサイユ感情を植え付け，ヒトラ

ーの台頭を許す遠因を作った。

　その後，フランス外交はブリアン外相による国際協調路線へと転じた。ブリアン外相はドイツのシュトレーゼマン外相とともに，独仏和解，国際協調を旗印に，ドイツの西部国境を保障する地域的集団的安全保障条約・ロカルノ条約を締結し，国際連盟を基盤とする国際協調路線をとった。そして1929年9月の国際連盟総会において，ヨーロッパ連邦構想を提唱した。

　しかし大恐慌後，ドイツではヒトラーが台頭し，1933年に政権を掌握した。その後再軍備と独裁体制を進め，1939年にはポーランド，そして1940年にはベルギー，フランスを侵略し，再度世界大戦が勃発した。ドイツの戦争犯罪についてはここで繰り返すまでもない。占領地域では秘密警察による弾圧と恐怖政治が繰り広げられ，ユダヤ人らの集団虐殺といった人道に対する罪が重ねられた。

　そして第2次世界大戦後，ヨーロッパはこれらの「過去」をいかにして克服するのかが問われた。ドイツは，ナチスという過去を克服し，民主化と同時に，謝罪と補償に取り組み，信頼の回復に努めた。

　独仏和解におけるヨーロッパ統合の意義は2つ存在する。第1点は，ドイツがヨーロッパ統合に参加することを通じて，「過去」を否定し，統合に伴う拘束を受け入れ，ヨーロッパ協調を基本路線としたことである。第2点は，近隣諸国の側も，ヴェルサイユ体制のような復讐主義的外交路線を押し付け，従属的な地位を強いるのではなく，統合という形でドイツに対し対等かつ相互的な地位を提供したことである。たしかに，侵略国や国際法に違反する国を処罰することは必要である。しかし長期にわたって，従属的な地位を強いることは，ナショナリズムを刺激し，さらなる復讐と敵対的関係を生み出すと認識するようになったのであった。

　そして1950年には，外相シューマンが発表した欧州石炭鉄鋼共同体構想を発表した占領の犠牲となったフランスは，復讐心を乗り越え，相互の和解と対等的な国際関係の構築を提案した。こうした「2つの過去の克服」により，両国は，今日まで戦火を交えることなく，和解と平和の関係の確立に成功したのであった。アジアの国際関係における不和に直面すると，ヨーロッパにおける国際協調の歴史の重みを感じずにはいられない。[(2)]

ここで指摘したいのはしばしば対比される日本とドイツとの過去の克服への姿勢であるが，両者の質的な相違に留意する必要がある。同じく第2次世界大戦における侵略戦争と戦争犯罪とはいえ，両国の近隣諸国との関係性は異なる。独仏関係においては，独仏とも基本的には大国，ないし植民地を領有（ドイツは第1次世界大戦まで）しており，帝国主義国間の争いであった。そのため，克服すべき過去は，侵略戦争に関わる問題となる。一方，日本と近隣諸国との関係は，侵略行為に加え，植民地の支配・被支配という，もう一つの過去の克服の問題を抱えている。国際関係の中では人道主義的ともいえる多くのヨーロッパ諸国であるが，たとえばフランスも植民地支配を文明化の使命として正統化しており，謝罪に至っていない。現在の国際関係にも爪痕を残す植民地支配という過去を，いかにすれば克服することができるのかが問われている。

国境を越える経済活動と国民国家

　ヨーロッパ統合を生んだ第2の要因は，国境を越える経済活動と国家の枠組みとの間のズレにある。ヨーロッパが産業革命により経済成長を遂げた19世紀，とりわけ第2次産業革命の頃より，経済的には国境を越えた経済活動が活発化した。その一方，政治的には国民国家の形成，帝国主義諸国間の領土獲得競争，国民意識の昂揚等，むしろ国家の間の壁は高まっていた。その結果，第1次世界大戦においては，ウィルソンの14カ条により戦後処理の原則として「民族自決」が掲げられ，とくに東欧ではオーストリア＝ハンガリー帝国が解体され，複数の新しい国家が誕生した。たしかに国家や民族という枠組みの政治的価値は評価すべきであろう。しかし経済的に見ると，こうした国家の分断，細分化は，国境を越えた経済活動をむしろ阻害する障壁ともなっていた。とりわけドイツの領土をめぐる戦後処理は，こうした政治的な枠組みと経済活動との矛盾を象徴していた。ドイツは，普仏戦争によりアルザス・ロレーヌを獲得し，この地の鉄鉱石と，ルールの石炭により，鉄鋼業を中心とするヨーロッパ最大の工業地帯を形成していた。さらにドイツ東部のシュレジェン地域においても，石炭業と鉄鋼業を擁する有数の工業地帯が発展していた。しかし両地域とも，戦後処理によりドイツから分断・割譲されたことは，単に領土を喪失したのみならず，経済圏が国境により分断されたことを意味した。

一方フランスにとって,「アルザス・ロレーヌ」の「回復」は,普仏戦争以来の悲願であった。これは同時に,良質の鉄鉱石の産地を回復したものの,鉄鋼業の操業にあたっては,良質のルール炭の「輸入」が不可欠となることを意味した。経済力の基盤となる鉄鋼業の操業そのものが,外国からの輸入に依存するということは,経済的な脆弱性を抱えることになる。そのためドイツからの石炭の安定供給が,対外政策の優先事項となった。国境を越えた資源の安定供給はどうあるべきか,近隣諸国といかにして協調的に資源を配分できるのか,こうした要請から生まれたのが欧州石炭鉄鋼共同体であった[3]。

欧州石炭鉄鋼共同体は,国際関係における革新的な枠組みであった。主権国家を中心とする国際秩序,いわゆるウェストファリア体制において,国家主権の一部を移譲された超国家的な国際機関が誕生したのである。資源をめぐる領土争いでも,また戦敗国を排除し一方的に資源を他国が利用する組織でもなく,加盟各国が戦勝国・戦敗国の区別なく,対等かつ相互に資源を利用可能としたことが成功の要因であった。

また第2次世界大戦後のヨーロッパ経済は,まず戦災からの復興に取り組まなければならなかったが,同時に,1930年代の大恐慌からの回復という課題も引き続き存在した。つまり単に戦前への回帰だけでは,ヨーロッパの経済的苦境を脱することは困難であった。アメリカとソ連が新たな超大国として存在する戦後世界においては,ヨーロッパ経済も新たな革新を遂げる必要があった。こうした問題意識を抱いたのは,実はヨーロッパ人ではなく,アメリカの官僚たちであった。戦後ヨーロッパの戦後処理と復興計画を立案していた国務省の官僚たちは(のちに近代化論を唱えるウォルト・ロストウや経済学者となるキンドルバーガーが参加していた),ヨーロッパの国家の狭さ,そして国民経済の規模の小ささを問題視した。西欧一国の国民経済の規模は,アメリカと比較すると州レベルでしかない。この規模では,アメリカが構想する自由貿易の世界において国際競争力を持つには限界がある。そこで,「ヨーロッパ合衆国」としてアメリカに比肩しうる大市場を形成することが,ヨーロッパ経済が根本的に再生する打開策ではないかと考えた。そこで提案されたのが,マーシャル・プランを通じた経済統合であった[4]。

経済的には,ヨーロッパおよび東アジア両地域とも,既に経済的相互依存が

深化していることは言うまでもない。しかしヨーロッパでは，さらなる経済成長を実現するためには，経済統合，そして市場統合という自由貿易の制度化が必要であると認識されてきた。とはいえ，市場の開放は，脆弱な経済構造を持つ国にとって，国内産業の衰退を招きかねない。そのため，経済統合の初期段階に，段階的な開放（初期における保護の継続）や，早急な近代化や産業政策による国際競争力の獲得が進められた。東アジアが現在直面している TPP 等，市場開放にあたって，西欧諸国の経験が参考となるであろう。

ヨーロッパの没落

　第3の要因は，国際関係におけるヨーロッパの没落である。2度の大戦を経て，19世紀までのヨーロッパの世紀はもはや終わりを告げ，アメリカの時代へと覇権が交代したことは明白であった。こうした状況の中で，とくに文化人はヨーロッパの存在意義について再考を余儀なくされた。経済力も軍事力も衰え，政治力も欠いたヨーロッパにいかなる意義があるのか。そして，国際社会において，いかなる立ち位置にあるべきかが問われた。そして，ヨーロッパが国際関係の中で埋没することを防ぐためには，ヨーロッパ諸国を統一し，一つの声を発することが不可欠であると考えられるようになった。そこには，アメリカ的な価値観・発想に対するアンチテーゼを提示する，という役割も意識されている。その意味で，ヨーロッパ統合は，きわめてヨーロッパ的な価値観へのこだわりを示し，経済的利益とは異なる，ヨーロッパ的独自性の追求に重きが置かれている。[5]

　没落から脱するために統一を求めたヨーロッパ。経済成長と国威高揚にしのぎを削る東アジア。東アジアとヨーロッパを比較するとき，このベクトルの相違をどう考えるべきであろうか。これは，経済成長と国民意識にも関わる問題であろう。また地域統合は，危機の中から生まれるのか，それとも繁栄の中から生まれるのか。これは他の地域統合との比較も必要であろう。しかし，少なくとも東アジアにおいては，中国がゆくゆくはアメリカを凌駕し，21世紀の覇権国となることが目されている。東アジアはこの中国の覇権とともに，どのような協調的な国際秩序を描くことができるのかが試されている。

冷　戦

　第4の要因は，冷戦という国際構造が統合の成立を促したことである。冷戦という米ソの対立の狭間で，ヨーロッパは分断を強いられ，各々の陣営の中で団結することを余儀なくされたのであった。ヨーロッパ統合とは反共政策の一環でもあり，西欧はこれをうまく活用したともいえる。

　第2次世界大戦後，大陸の西欧諸国，とくにフランス・イタリアでは共産党が高い支持を獲得していたことに対し，アメリカは西欧諸国の共産化を危惧していた。そこで，共産主義の蔓延を防ぐため，マーシャル・プランによる経済危機からの回復と西欧の一体化を促した。とりわけ冷戦により分断された西ドイツが東ドイツおよびソ連へ接近することを阻止するために，西欧を統合し，その中にドイツをしっかりと埋め込むことが急務とされた（ドイツのヨーロッパへの「封じ込め」）。

　さらに1950年の朝鮮戦争の勃発は，地理的に遠いヨーロッパにも衝撃を与えた。アジアにおける「熱戦」は，同じく東西両陣営が対峙するヨーロッパにおける軍事衝突の可能性を想起させ，第3次世界大戦の勃発さえ危惧された。ヨーロッパ統合には，経済的繁栄だけでなく，西側ブロックの一員として自由と民主主義という価値の共有を統合参加の暗黙の条件としており，共産主義との対峙の中から欧州統合の形成が促されたのである。そして今日においても，独裁や人権侵害を認めない民主主義的な「価値の共同体」は，EUの重要なアイデンティティの一つである。[6]

3　「ヨーロッパ」とはいかなる共同体か

EUの特質
（1）制度化された共同体

　では，こうして構築されてきたEUとは，いかなる制度なのであろうか。その第1の特徴は，単なる協調的な国際関係ではなく，制度化された共同体であるという点である。EUは，他の国際機関と異なり，唯一，加盟国の国家主権の一部が移譲された超国家主義的な国際機関である。当然，法体系の面でも，EU法／共同体法を備え，これが国内法に優越するEU独自の体系となってい

る。EUの加盟国において，制定される法の約6割がEU起源の法とも指摘される。逆にいえば，すべての政策ではないにせよ，多くの領域で，加盟国ではなく，EUが各国の政策に影響を及ぼしている（「ヨーロッパナイゼーション」）。そのためEUの諸機関が置かれているブリュッセルには，独自のEU官僚（「ユーロクラット」）が存在し，政策立案等に携わっている。

（2）利益の共同体

　第2は「利益の共同体」という側面である。外交政策として，各国が統合政策を選択するにあたっては，単なる理想主義だけでは成り立たない。経済的利益等，戦略的な互恵関係の確立が不可欠である。たしかに超国家主義的な統合に参加し，一部とはいえ国家主権を超国家機関に移譲することは，決定権を失い，場合によっては自由競争の中で競争力を持たず，苦戦を強いられる部門も出てくる。しかし同時に，国境に由来する障壁・コストの削減は損失を上回る大市場に参加するメリットも存在する。こうした中での経済統合をめぐる交渉の凄まじさ，妥協と駆け引きは言うまでもなく，そこで鍛えられた交渉術の巧みさは，ヨーロッパの隠れた特性でもあろう。

　またグローバルな国際競争における生き残り策としても，ますますEUは不可欠な枠組みとなっている。たとえば，EUは「規制帝国」と呼ばれるように，環境や食など，様々な規制を設定することにより，加盟国間での品質の向上，そして域外との差異化を図っている。またエアバスに代表されるように，一国単位では困難な宇宙・航空産業といった先端産業においても，ヨーロッパの枠組みで共同開発を行うことにより，アメリカと比肩しうる産業を育成してきた。一国単位の枠組みとヨーロッパという枠組みの複数の枠組みを使い分けることができるのは，小国の生き残り策としても興味深い。

　EUは，欧州石炭鉄鋼共同体として，エネルギーと基幹産業の共同体として誕生した。これらは，まさに戦略物資として，領土争い，国際紛争を引き起こしてきたのである。しかしこれらを超国家的な国際管理下に置くことにより，平和的かつ安定的な分配を可能とし，さらに繁栄の枠組みとして地域統合という新しい制度を創出したのである。こうした相互利益を基盤としていることが，EUの凝集力の強さを生み出している。

（3）安全保障共同体

　第3は，「安全保障共同体」としてのEUである。20世紀の2度の大戦は，「世界」戦争と名付けられながらも，実質的にヨーロッパが主な主体であった。そのため，再度の大戦を防止するためには，まずヨーロッパの平和を確立する必要があった。その点で，統合を通じてドイツが過去を克服し，少なくともEU加盟国間の紛争を防止することができた点で，大きな成功を収めたといえよう。日本における初期の統合研究の多くも，国民国家を超え，平和を確立した「不戦共同体」，というビジョンに共鳴し，始まった。

　その一つのイメージは，まず侵略国であったがドイツが過去を克服し，平和と繁栄を享受する民主主義国家へと脱皮し，ヨーロッパとともに歩む姿にある。たしかにドイツをヨーロッパという制度に「封じ込め」るというリアリストによる戦略的観点からの評価もある。しかし，侵略国・被侵略国を問わず，相互に歩み寄ることにより，統合という枠組みの中で，対話と共存を可能とした点は特筆すべきであろう。[9]

（4）価値の共同体

　第4は，「価値の共同体」という側面である。ヨーロッパをめぐる定義とアイデンティティは多様である。地理的一体性のみならず，そしてギリシャ・ローマ以来の文化・芸術やキリスト教といった文化・文明的一体性もたしかにヨーロッパ的な特質である。しかし前述のように，ヨーロッパ統合は冷戦の中で育まれたため，西側の議会制民主主義や法の支配，個人の自由・人権といった市民的・民主的価値の共有が求められてきた。その根底にあるのは，ファシズムと共産主義という独裁体制の否定である。実はこうした点については，長らく明文化されてはこなかった。しかし事実上，冷戦期にECに加盟可能であるのは，民主主義国家に限定されることが大前提とされてきた。たとえば，第2次世界大戦後も1970年代まで独裁体制下にあったスペイン・ポルトガルが加盟したのは，民主化後の1980年代であった。そして冷戦が崩壊し，中東欧諸国がEUに加盟するにあたって，EUもようやく自らの民主主義的な定義を定めるようになった。近年，こうした民主主義と人権といった価値の共有は，むしろ開発援助や平和構築など対外政策の中で強調される傾向にある。[10]

EUモデルはアジアのモデルか

　では，以上のような特徴を持つ，EU型の共同体は，東アジアにおいて実現可能であろうか。ヨーロッパにおいても東アジアにおいても，冷戦により自由民主主義と共産主義という異なる政治体制によりブロック化され，国家・民族の分断という悲劇を経験した点は共通している。しかしヨーロッパでは，1980年代末の冷戦の終焉により，共産主義体制は崩壊し，民主化と市場経済への移行を図った。その後，旧中東欧諸国の多くは，EUに加盟（東方拡大）したが，そのプロセスにおいて，これらの価値の共有・実行が問われた。一方，東アジアでは経済的一体性は高まっているものの，様々な政治体制が混在しており，欧米的な議会制民主主義・人権・個人の自由・法の支配といった基本的価値が必ずしも共有されていない点は大きく異なる。そのため，現行のEUのような，基本的な価値の共有を前提とした制度の構築は，東アジアにおいては短期的には困難であろう。

　ここで留意すべきは，ヨーロッパが構築してきたEU型の地域統合体は，必ずしも地域統合の唯一のモデルというわけではない，ということである。たしかに，初期の学術的な地域統合論は，とくにアメリカで盛んであったが，ヨーロッパをモデルとしてそのプロセスを理論化し，世界の各地域に移植することを前提としていた(11)。しかしながら，今日のEUは，ヨーロッパが直面する様々な課題の克服の中から生み出され，その結果，地域統合の普遍的なモデルというよりも，むしろヨーロッパに根差した「独特の政体（sui generis）」とも呼ばれている(12)。そして今後，EUがどのような形態に発展するのか，国家主権の一部を移譲する超国家主義的な連邦なのか，それとも政府間主義的な連合なのか，定かではない。そもそも発足後60年以上にわたって構築されてきた制度を，そのままモデル化し，移植することは現実的ではなかろう。

　必要性という点から考慮すると，まず経済成長および経済交流については，経済統合が不在の今日においても，一定の段階に達している。関税同盟，自由貿易地帯の設置等は考慮に値しよう。

　とはいえ強く望まれるのは，やはり平和および安全保障の安定化措置であろう。東アジアの緊張状態がある今日こそ，何らかの安定化措置・枠組みが切望される。様々な異なる価値・体制の共存という点では，EU型の同質的な共同

体の移植よりも，むしろ EU と近隣諸国間との間の境界領域における安定と信頼醸成等の可能性の模索も参考となるのではないだろうか。

4 境界領域——共存か敵対か

EU は，自らの共同体の深化と同時に，域外との関係構築にも尽力してきた。ヨーロッパは歴史的に，冷戦期には東にソ連・東欧という共産圏と共存し，そして南には，アラブ／イスラム世界といった，価値を共有しない地域と境界を接してきた。そのため，ヨーロッパの包括的安全保障にとって，常に自らの制度構築と同時に，これらの必ずしも価値を共有しない地域との関係構築は不可欠の課題であった。東アジアの現状を考えると，境界領域をめぐるヨーロッパの取り組みには，東アジアにおける信頼醸成を促すヒントがあるのではないだろうか。

そこで以下，EU に限定せず，ヨーロッパにおける様々な境界領域をめぐる政策と，これらを実践している各地域の現状と課題を概観してみたい。[13]

境界領域をめぐる様々な政策
（1）広域アプローチ 1 [14]——OSCE（欧州安全保障協力機構）

OSCE（欧州安全保障協力機構）とは，ヨーロッパのみならず，北米，中央アジアの，異なる政治体制の国が参加する世界最大の地域安全保障の枠組みである。安全保障問題に対し，軍事にとどまらず，政治，経済，人権等，多角的かつ包括的に対処することを特徴としている。OSCE は，1975年に発足した CSCE（欧州安全保障協力会議）を前身とする。冷戦期には，東西両陣営が一同に会する唯一の場であり，陣営に関係なく安全保障問題について対話することが可能な組織であった。1995年に OSCE へと改組され，紛争防止に加え，民主主義体制の構築と，基本的人権の保障と保護のために，加盟国の協力を促している。軍備管理や，紛争予防・早期警戒，人権・民主化のモニタリング等，多様なミッションを実施している。[15]

冷戦期においては，前線での偶発的な戦闘行為が核戦争を引き起こす可能性も否定できなかった。そうした中で，両陣営の間で対話の枠組みを生み出した

ことは少なからぬ意義を持つ。冷戦後，地域紛争が多発する中で，紛争予防や早期警戒，人権のモニタリング等の予防外交的な手法は，他地域にとっても有益な取り組みであろう。しかしながら，いったん当事国が強い意志と軍事力を持って軍事行動を起こすとき，これらの措置には限界がある。

（2）広域アプローチ2――欧州審議会と欧州人権レジーム

　欧州審議会は，EUとは異なるヨーロッパ機関である。ヨーロッパ統合を目指し，ECSCに先んじて，1949年にストラスブールに設置された。安全保障と経済以外の，主に人権，民主主義，法の支配等の分野を中心に活動を積み重ね，とくに人権保護の分野ではEUよりも先んじており，欧州人権レジームを構成している。加盟国は発足当初に欧州人権条約を締結し，今日，「欧州人権レジーム」と呼ばれる欧州人権裁判所等，人権保障のための諸制度を備えたものになっている。その手法は，超国家機関ではないため，加盟各国間の条約の締結や，専門家による会合，勧告・決議の採択，モニタリングといった，ソフトなものにとどまる。しかし，こうした「法の統合」により，ゆるやかに一体性を育む手法ももう一つのヨーロッパのあり方であろう。

　域外との関係という意味では，加盟にあたって，民主主義や人権等の遵守を加盟条件としている点が重要であり，「民主主義の安全保障」とも呼ばれる。そのため冷戦終結後は，中東欧諸国の加盟にあたって，民主化のチェック機関の役目を果たし，「民主主義の学校」とも呼ばれた。[16]

（3）リージョナルアプローチ1――クロスボーダー・コーペレーション

　EUの政策の特質の一つは，国家の枠にとらわれない自由な枠組みを設定できる点である。その典型が，地域政策であろう。EUの地域政策は，経済成長の格差を是正するために，複数の国家が参加する広域プロジェクトから，都市政策まで，様々なプロジェクトを擁している。そのなかでも，国家をまたぐ境界領域のプロジェクトは，地域統合ならではの試みである。近年はこうした政策手法が，EUと域外地域との境界領域においても用いられ，クロスボーダー・コーペレーションも進められている点が興味深い。

　例えば「東」の中東欧・旧ソビエト連邦諸国とは，冷戦崩壊後より多様なク

ロスボーダー・コーペレーションといった様々なプロジェクトが重層的に推進された。また「南」の地中海地域とは、1970年代より様々なプロジェクトが試みられ、1995年にはEUROMED（バルセロナプロセス・欧州地中海パートナーシップ）が発足した。

（4）リージョナルアプローチ2 ―― ENP（欧州近隣諸国政策）

ENP（欧州近隣諸国政策：European Neighborhood Policy）は、近隣諸国とのより安定的な関係強化を確立するための枠組みとして、2004年に発足した。ENPは北アフリカ、中東といった地中海沿岸諸国から、東欧、コーカサスに及ぶ諸国を対象とする枠組みである。その背景には、同年、東方拡大により中東欧の旧共産圏10カ国がEUに加盟したことと、後述の地中海におけるEUROMEDが頓挫したことから、新たな対応に迫られていたことがある。EUと新規加盟国との間に亀裂が入ることを防ぎ、また政治的に不安定な近隣諸国が破綻国家に陥ることなく、経済成長と民主化の実現により、政治的に安定し、EUと緊密な関係を構築することを目指す枠組みである。

ENPの特徴は、EUとの2国間関係で実施されるものの、広大な領域に対し共通の方針・政策を設定したことであろう（地理的広がりと、多様性ゆえに、むしろ上述の「広域」レベルの枠組みに分類することも可能であろう）。しかしながら、各地域・各国それぞれに多様な価値観や文化、歴史を有しており、画一的な対応では限界がある。そのため、当地の事情に対応した枠組みが構想されるようになり、再び「地中海連合」「ノーザン・ディメンション」「東方パートナーシップ」等、EUの北・東・南の地域レベルの政策枠組みが重視されるようになった。

（5）リージョナルアプローチ3 ―― EUROMEDから地中海連合へ

一方EUROMEDは、1995年に欧州地中海パートナーシップ、もしくは通称バルセロナプロセスとして発足し、2008年に地中海連合と改称された。EUROMEDは、ENPと異なり二国間ではなく複数の国が参加する多角的枠組みである。しかしEUのように制度化されておらず、きわめて柔軟な枠組みである。参加するアクターも、各国政府にとどまらず、自治体、民間団体や

NGOも含み，テーマに応じてアクターも変容する。テーマも安全保障から，経済，文化・人的パートナーシップまで多岐に及ぶ。様々なアクター・レベルによる交流，対話，パートナーシップ，セミナーの実施は，信頼醸成措置（CBMs）としても有効であろう。また課題ごとに，参加アクターを組み替える柔軟さを備えている。地中海連合では，とくに再生可能エネルギーや水問題，交通網の拡充，企業育成等が取り組まれている。[19]

（6）リージョナルアプローチ4 ── ノーザン・ディメンション

またバルト海を中心とするEUの「北」については，「ノーザン・ディメンション（ND）」が90年代末に生まれた。ノーザン・ディメンションはEUの東方拡大後，90％以上がEUに加盟したため，域内開発の枠組みと，域外向けの国境地域協力（ENPI-CBC）といった枠組みが共存している。これらの特徴は，ヨーロッパレベルでの広域ではないものの，同質的な文化や歴史，政治を持つ地域ごとに，枠組みを設定している点である。また地域レベルでの試みとしてバルト開発フォーラム等も存在し，グローバリゼーションの中で生き残りを図り，成長と雇用の確立を目指している。[20]

（7）リージョナルアプローチ5 ── 東方パートナーシップ

東方パートナーシップ（Eastern Partnership）は，ENPの一部として，東欧6カ国（アルメニア，アゼルバイジャン，ベラルーシ，グルジア，モルドバ，ウクライナ）を対象とするプロジェクトである。これらは，近年，たびたびロシアとの間で緊張関係が高まった地域である。民主化と自由主義的な市場経済の確立を目標としており，グルジアとモルドバは将来のEU加盟も視野に入れ，連合協定締結を進めている。[21]

各地域の取り組みと課題

EUはたしかに域内の紛争を克服したという点では画期的な組織であった。しかしながら，近隣諸国との関係を視野に入れると，常に脅威に脅かされてきた。イスラエルとパレスチナ問題は依然として解決策を見出せず，1990年代以降はユーゴスラビアをめぐる戦争とイスラム原理主義の台頭，2011年の「アラ

ブの春」，さらに近年は「イスラム国」の登場，といったように，ヨーロッパは常に脅威に直面してきた。2001年の9.11を引き起こしたテロリストのネットワークが生み出されたのもヨーロッパであった。

一方，EC/EU は数度の拡大を繰り返してきたが，そのたびに境界は移動し，新たな安全保障問題に直面してきた。そのため EU と境界を接する隣接地域の安定性の確保は，EU の安全保障を左右する重要な課題となっている。

地中海地域

EU の地中海政策には，多様な試みが存在してきた。1970年代から EC の地中海政策が開始したが，本格的な展開を見せるのは90年代である。1995年に前述の EUROMED（欧州地中海パートナーシップ，通称「バルセロナプロセス」）が発足し，地中海全域の諸国を含む多角的な枠組みが成立した。2004年の EU の東方拡大に伴い，近隣諸国政策（ENP）が新たな隣接地域の安定を目指し，同年展開した。

しかし，今日の EU は，EU 内外のアラブ／イスラム世界との共存という新たな難問に直面している。そしてこれらの問題は，異なる政治体制が混在する境界領域の政策を考える際に，重要な論点を提供している。従来の EU の地中海政策は，基本的には穏健派イスラムと協力し，開発政策と人権状況の改善を進め，ヨーロッパとの信頼関係を構築し，安定化を目指してきた。しかしながら，2011年の「アラブの春」により，これらの政策は，内政干渉を避けたとはいえ，独裁者の支援という側面を浮かび上がらせた。そして2015年 1 月のパリでのシャルリー・エブド襲撃事件，そして11月のパリ同時多発テロ事件により，EU は改めてイスラム過激派のテロへの対策が求められている。これらの過激派の活動は，ヨーロッパ域内のテロ活動と連動しており，ヨーロッパの安全保障に直結する問題である。とりわけシリア問題に起因する移民・難民問題は，EU の域内問題となっている。

EU は改めて地中海政策の根本的再構築を求められている。民主化支援と人権推進はどのようにあるべきか。内政干渉の問題はどうあるべきか。さらに経済のみならず，社会資本やインフラも含めた地域開発は著しく遅れ，失業率も高止まりのままであり，これらがテロリストを生み出す温床となっている。こ

第6章　ヨーロッパ統合と東アジア共同体

うしたなかでヨーロッパはいかなる支援を行うべきなのか，ヨーロッパという「他者」が，これらの地域にどこまで，どのように関与できるのかが問われている。

ロシア

冷戦崩壊後，EUの東方においては黒海経済協力機構 (BSEC)，ヴィシュグラード等，地域主導の協力枠組みが登場し，むしろEUの東方に対する対応を促した。そして，前述のようにEUは，EUと黒海経済協力機構との間の「黒海シナジー」，そして旧ソ連6カ国との「東方パートナーシップ」などによって，地域の安定化を進めている。

しかしながら問題は，これまで旧ソ連諸国の中の親ヨーロッパないし，親米勢力が，NATOやEUへの加盟を主張してきたことにより事態をより複雑化させたことである。たしかに「東方パートナーシップ」は，これらの諸国のEUへの加盟を前提としてきた。そしてアメリカおよびヨーロッパ諸国もこれらの諸国の親米・新西欧勢力を支援し，NATOおよびEUの東方拡大を進めてきた。しかし2014年のウクライナ危機を経た後，こうした政策の是否が，改めて議論を呼んでいる。ロシアはことのほか旧ソ連諸国がこれらに加盟することに敏感であり，これがウクライナ危機の遠因とも指摘される。大国におもねる必要はないにせよ，敵対的関係であるなしにかかわらず，拡大ではなく中立的な緩衝地帯の必要性等，多様な選択を考慮する必要もあろう。

ノーザン・ディメンション

安全保障上，むしろ今後の展開が危惧される「南」と「東」と異なる展開を遂げたのが，EUの「北」のノーザン・ディメンションである。元来，バルト海を挟んで，ソ連と対峙する東西対立の最前線であったが，冷戦の崩壊後の北欧と中東欧諸国への東方拡大により，ロシアの飛び地，カリーニングラードを残し，EUの域内となった。EU加盟の是非はここでの分析対象ではないが，注目すべきは，多様な歴史的経緯を持つ国々が，新しい地域協力の枠組みを生み出している点である。つまりロシアと共存のみならず，むしろロシアとの関係を飛躍の契機として活用し，経済成長の機運を模索している。今後，北極海

145

航路の可能性が模索される中で，協調と経済発展の試みがいかなる成果を上げるか，注目する必要があろう。[24]

5　東アジアの可能性

　ヨーロッパは，イギリスを除き，大陸であるがゆえに，近隣諸国との多様な「つきあい方」に関して，豊富な経験と知識を積み重ねてきた。EUはこうした地域の知恵を制度化したものともいえよう。地域統合とは，単一の制度を移築するのではなく，歴史に根差した地域特有の諸問題に対応する，独自の形態なのであろう。

　むしろ注目すべきは，数々の失敗にもかかわらずヨーロッパの一体化を目指してきたその粘り強さである。戦後60年以上，「一つのヨーロッパ」という目標に向かって，失敗と挫折を繰り返してきたその粘り強さに瞠目すべきであろう。求められるのは，短期的な失敗を乗り越え，長期的な取り組みとして協調関係確立への不断の努力を積み重ねる姿勢である。東アジアの未来を考えるとき，我々がヨーロッパから学ぶことができるのは，EUのような制度化，つまり国家主権を移譲するような強固な超国家機関の形成ではなく，むしろ柔軟かつ多様な国際協調の枠組みであるかもしれない。

　さらにEU内部の制度よりも，EUが境界を接する地域との関係こそ，現在の東アジアが直面する問題に近いのではないだろうか。そこでは，さながら様々な枠組みの政策実験が行われている。2国間関係と同時に，複数の国家が参加する多角的な枠組みによる根気強い信頼醸成の枠組みが必要であろう。異なる課題ごとに，参加アクターも変化するEUROMEDのような柔構造の枠組み，そしてOSCEのような対話やモニタリングの枠組みは示唆的である。冷戦期の米ソ首脳間のホットラインのように，危機的状況において，対話のルートが確保されていることは，東アジアにおいても必要であろう。また学生・生徒レベルの交流，学術的なシンポジウム等非政府レベルでの対話・交流も，次世代への準備という意味で無視できない。さらに会議やフォーラムを通じて，政治家個人のレベルで面識を持ち，地道にパイプを確保することは，思わぬ結果を生むであろう。また政治的な課題をあえて避け，災害救援や海難救援等の

協力関係を構築することも重要な一歩となる。

　ヨーロッパは，多数の国と国境を接し，紛争を繰り返してきただけに，こうした地道な関係構築の手段に長けている。たしかに東アジアは政治的には分断・対立状況にある。しかし経済的発展および各国間の経済交流は活発であり，将来の世界経済の一大センターとなることが予測されている地域である。必ずしもEUのような共同体を目指す必要はない。東アジアに経済的繁栄のみならず，協調的な枠組みを確立することこそ，グローバルな課題となっている。東アジアの実情に即した，柔軟かつ独創的な解決策を模索することが必要であろう。

註

(1)　EUの最新の動向については，http://europa.eu/index_en.htm　http://www.eu-injapan.jp/ を参照されたい。EUの概要については，中村民雄『EUとは何か──国家ではない未来の形』信山社，2015年。ヨーロッパ統合の歴史については，遠藤乾編『ヨーロッパ統合史』名古屋大学出版会，2008年。EUの特質については遠藤乾『統合の終焉──EUの実像と論理』岩波書店，2013年。

(2)　ブリアンの外交路線は，国防政策においても，防衛主義的軍事戦略をとった。これは多数の死傷者を生み出した第1次世界大戦による厭戦気分，反戦感情が続いていた世論の支持を受けていた。しかしながら，結果として，こうした防衛優位の軍事態勢が，ナチスの侵略を防ぎ得なかったとして，戦後，批判を受ける。そのため，今日では，欧州連邦構想も含めて，ブリアン路線の評価は高くない。上原良子「戦前の欧州統合の系譜Ⅰ」吉田徹編『ヨーロッパ統合とフランス──偉大さを求めた一世紀』法律文化社，2012年。戦間期の全体的動向については，戸澤英典「ヨーロッパ統合の胎動」遠藤編前掲書，54-77頁。独仏和解については上原良子「独仏和解とフランス外交──復讐から和解，そして『ヨーロッパ』へ」田中孝彦・青木人志編『〈戦争〉のあとに──和解と寛容』勁草書房，2008年，111-141頁。

(3)　上原前掲「戦前の欧州統合の系譜Ⅰ」。

(4)　上原前掲「独仏和解とフランス外交」。

(5)　上原良子「戦後復興と欧州統合」吉田編，前掲書，105-128頁。

(6)　上原良子「ヨーロッパ統合の生成　1947-1950年」遠藤編，前掲書，77-93頁。

(7)　中村民雄編『EU研究の新地平──前例なき政体への接近』ミネルヴァ書房，2005年。

(8)　遠藤乾・鈴木一人『EUの規制力』日本経済評論社，2012年。田中素香・長部重康・久保広正・岩田健治『現代ヨーロッパ経済』第4版，有斐閣，2014年。

(9) 初期の統合研究の潮流として，鴨武彦『ヨーロッパ統合』日本放送出版協会，1992年。
(10) 中村，前掲書。
(11) 鴨武彦『国際統合理論の研究』早稲田大学出版会，1985年。
(12) 中村編，前掲書。
(13) ECおよびEUの成果の一つは，加盟国間の国境を越える解決策を提示してきたことにある。たとえば，ヨーロッパ統合の出発点である欧州石炭鉄鋼共同体は，前述のように国境を越える資源の共有を可能にした。また構造政策における地域政策も，国境をまたいだ「地域」を設定し，従来の国民国家では実施しえなかった領域を対象にした革新的な政策を実現した。その他近年，EUとは異なるが，国境を越えた行政協力も活性化している。

第2次世界大戦まで幾度となく戦争を繰り返してきた独仏関係であるが，現在両国は政治・行政協力を進め，2004年に独仏協力事務総局を発足させている。これにより，定期的に独仏共同閣議，共同議会等が開催され，自治体等や市民社会での協力も支援している。和解と協調のためには，華々しいイベントも重要であるが，日常的に会議を開催し，意見を交わすという地道な取り組みも視野に入れる必要があろう（http://www.allemagne.diplo.de/Vertretung/frankreich/fr/11-politique/03-aa/03-coordinateurs-delegues/01-coordinateur-franco-allemand-seite. html）。その他，国家ではなく，自治体での連携が進んでおり，交通網の整備（とくに通勤等で利用する短距離交通網）や，水・エネルギー・ガスなどのインフラの整備，救急救命，地域開発，災害救援等の行政サービスを実現しているのである。また個人レベルでみると，国境を越える通勤も珍しくないEUでは，こうした日常生活に対応した協力関係の構築も信頼醸成の重要な基盤となるであろう。
(14) 本章では，ヨーロッパレベルを「広域」，ヨーロッパより小さく，複数の国家に及ぶ範囲を「リージョナル」と呼ぶこととする。
(15) 植田隆子・百瀬宏『欧州安全保障会議（CSCE）――1945-92』日本国際問題研究所，1992年。宮脇昇『CSCE人権レジームの研究――「ヘルシンキ宣言」は冷戦を終わらせた』国際書院，2003年。
(16) 庄司克宏「欧州審議会と『民主主義の安全保障』」『二松学舎大学国際政経論集』3号，1995年。
(17) 蓮見雄編『拡大するEUとバルト経済圏の胎動』昭和堂，2009年。若森章孝・清水耕一・長尾伸一・八木紀一郎編著『EU経済統合の地域的次元――クロスボーダー・コーペレーションの最前線』ミネルヴァ書房，2007年。
(18) http://eeas.europa.eu/enp/index_en.htm；蓮見編，前掲書。
(19) 上原良子「『9・11』後のバルセロナプロセス――地中海におけるEUの包括的安全保障と『文明の対話』」木畑洋一編『ヨーロッパ統合と国際関係』日本経済評論

社，2005年，207-242頁。
(20) 蓮見編，前掲書。
(21) http://eumag.jp/issues/c0214/
(22) 蓮見雄「黒海地域のビジネス環境の改善と EU の影響圏の拡大」(2013年4月5日）等，ユーラシア研究所のサイトが有益である。
(23) 荻野晃『NATO の東方拡大』関西学院大学出版会，2012年。広瀬佳一・吉崎知典編著『冷戦後の NATO ──"ハイブリッド"同盟への挑戦』ミネルヴァ書房，2012年。
(24) 蓮見編，前掲書。

第Ⅱ部

経済・社会・環境からみたアジア

第7章　韓国からみたアジアの経済協力
―― FTA を超えた多面的な協力の模索 ――

金　　鍾　杰

1　韓国経済にとって日本とは

　1965年の日韓協定以降，韓国の工業化の過程で日本の役割は非常に大きかった。2010年の統計で言うと1億2000万人を超える人口，朝鮮半島の2倍程度の国土，韓国の6倍程度の国内総生産，そして経済成長の歴史を先に作ってきた日本の経験は韓国の経済成長に大きな助けとなった。しかし，韓国にとって資本・技術・市場の供給先としての日本の役割は，次第に縮小していった。1965～74年，1985～94年，2008～10年を比較すると，韓国の全体の輸出と輸入市場に占める日本の割合はそれぞれ，30.2%→16.8%→16.1%，40.2%→26.7%→15.2%に低下した。日本の対韓国直接投資も同様の傾向を見せている。1962～81年の間，日本が占める割合は55.4%であったが，2005～10年は15.0%に低下した。韓国の経済発展に伴い，日韓の垂直な経済関係は水平的な関係に転換しており，日韓両国の企業はすでに対等な競争相手として世界市場での熾烈な競争を繰り広げている。

　対等な競争関係になるということ自体，両国間の経済協力を阻害することはない。プラント，資源開発，半導体などの高度な資本・技術集約的な分野で両国の企業間における戦略的な提携も活発であり，それぞれのメリットを生かした世界市場での共同投資・共同開発・共同販売などの動きも広がっている[1]。問題になるのは企業側ではなく，政策担当者の認識である。いまだに韓国の対日貿易赤字と日本の非関税障壁が問題視されていることがある。日韓 FTA の交渉も「迷路」に陥っている。日韓両国首脳は2003年10月にバンコクで行われた APEC の首脳会談の際，2005年の妥結をめどに FTA 交渉を始めると公表した。既に2000年から両国の研究機関による共同研究が行われ，また産学共同の「ビ

ジネスフォーラム」も組織されるなど，数年にわたる準備過程もあった。しかし，実際に交渉に入ると事は進まなくなり，現在は完全に打ち切りの状態にある。

一方，日韓FTAと違って韓米FTAの交渉は，非常に速いスピードで進行した。韓米両国の通商長官は，2007年6月30日の午前10時（現地時間）にアメリカの国会議事堂で，韓米FTAの公式署名式を行い，2006年2月から始まった17カ月間の交渉を終わらせた。以後いくつかの争点において追加交渉が行われ，2010年12月3日の最終署名，2012年3月15日の発効となった。

韓米FTAを進めた韓国政府の論理は，ごく単純明快であった。韓国経済に新たな成長の突破口が必要で，FTAは世界的な趨勢である。競争力の強化のためには，世界の最大かつ最高の市場であるアメリカへの接近は必要だ。またアメリカの経済システムの導入は，韓国経済の先進化に繋がるのである。それに中国・日本を牽制する韓米同盟の強化論まで入り込むと，韓米FTAは総体的な国家グレード・アップ戦略として位置づけられた。しかし，それだけではない。韓米FTAは，韓国の対外経済協力戦略が今までのアジア重視戦略から全世界を対象に，しかも自由化のレベルが非常に高いFTAを遂行する，「同時多発的」かつ「包括的」なFTA推進戦略への最初の成果でもあった。

本章では，日韓FTAと韓米FTAを振り返りながら，これから韓国または周辺の国々がとるべき発展と協力のモデルを模索したい。日韓FTA交渉の決裂や韓米FTAの締結といった一連の過程は，おおむね韓国のFTA戦略がアメリカと歩調をともにしたことを意味する。はたしてそれはどのような意味をもつのか。韓米FTAのような協定は，今後の東アジアにおける経済協力の手本になるのであろうか。その判断は，今後東アジアの国々が求める将来の経済モデルとの関連で検討されるべきであろう。本章ではまず，日韓経済関係の争点と日韓FTA交渉の決裂過程を整理する。次に，韓米FTAの内容と韓国経済への影響について議論する。最後に，今後韓国と東アジアの国々がとるべきであろう経済の運営方式，発展モデルについて整理する。

2　日韓経済関係の争点

対日貿易赤字と非関税障壁の問題

　韓国の対日貿易赤字の問題は，日韓経済関係において常に議論の元であった。たしかに韓国の対日貿易赤字は大きかった。1965～2002年まで，韓国全体の累積貿易収支は89億ドルの黒字だったが，対日貿易は1878億ドルの赤字だった。最近もあまり変化は見られない。たとえば，2008～10年の貿易黒字は684億ドルだったが，日本とは965億ドルの赤字だった。「輸出立国」の考え方に慣れてきた韓国人にこの数字は非常に不快なことかもしれない（表7-1）。

　しかし冷静に考えてみると，対日貿易赤字が提起する問題は経済学的なものではない。経済学的に問題になるのは，特定の国とのことではなく国全体の貿易赤字の水準のはずだ。既に貿易黒字基調が維持されており，3000億ドルを超える外貨準備高を確保している韓国にとって，対日貿易赤字は経済学的な問題ではなく「感情的な」問題と言える。常識的に考えるならば，日本からの輸入が大きい理由は日本が安くて質の良い品物（機械・中間財など）を生産しているからである。韓国は日本の製品を韓国の製造過程において積極的に取り入れ，韓国経済全体の効率性を向上させたということだけの話である。むしろ近くに日本という高度に工業化された生産基地があることは，韓国経済にとって肯定的な影響を与えたとみるのが適切であろう。その結果として現れたのが対日貿易赤字である。

　もう一つ，しばしば取り上げられるのがいわゆる「日本の非関税障壁」の問題である。現実的に関税障壁は問題にならない。韓国の主力輸出品のほとんどが実質的には無関税だからである。2006年を基準にすれば，韓国の対日輸出品の77％は無関税であり，農水産物（10.1％），繊維（7.3％）などを除けば日本の関税率はかなり低い。それでは，日本の非関税障壁は高いと言えるだろうか。実際議論になるのは，許認可制度および数量規制のようなことではない。一部では検疫手続きなどの「技術的措置」(technical measures) などに関する不満もあるようだが，日韓間の貿易の中で占める比重は非常に小さい。多く取り上げられているのは，やはり日本型長期取引慣行が非関税障壁の最大要因だという

表7-1 韓国の対日貿易（年平均，億ドル）

年度	対日貿易 輸出	対日貿易 輸入	対日貿易 貿易収支	韓国全体の貿易収支
1965-69	0.6	4.6	△4.0	△7.3
1970-74	7.1	14.3	△7.2	△13.6
1975-79	22.4	44.2	△21.8	△23.1
1980-84	31.5	62.8	△31.3	△30.4
1985-89	87.7	130.9	△43.2	△36.7
1990-94	123.4	209.1	△85.7	△55.1
1995-99	151.4	265.9	△114.5	47.7
2000-04	182.2	341.6	△159.4	151.7
2005-09	253.9	533.9	△280.0	162.2
2010-13	353.3	642.5	△289.2	360.8

出典：韓国貿易統計。

ことである。しかし，これも証明することはかなり難しい。日本企業の企業間関係（系列下請け関係）こそ，日本市場の閉鎖性の源であるという主張が1980年代のアメリカを中心に大きく提起された。しかし莫大な努力にもかかわらず，明確な形で証明されていない。長期的な取引という日本的な特徴が長年不況の間相当変わったということ，また日本の公正取引政策が韓国と比べて特別に緩いとは言えないことも非関税障壁論の正当性のなさを物語る。

日韓FTA交渉の決裂

日韓FTAの交渉は長い間膠着状態にある。2003年12月22日に第1回目の交渉を開始し，2004年11月までに計6回の交渉が行われたが，現在は第7回の交渉の日程さえ決まっていない（表7-2）。少なくとも日韓FTAと関連した多くの既存研究は，その効果についておおむね肯定的であった。しかしCGE（計算可能な一般均衡）モデルを使用したほとんどの研究は，限られた仮定のもとで理論的に存在する「利点」を強調するにすぎない。両国は目に見える形で，日韓FTAの長所をお互いに確信できなかった。

たとえば，韓国の対外経済政策研究院と日本のアジア経済研究所の共同研究によると，日韓FTAによって「短期」的には対日貿易赤字は60.9億ドル増え，

第7章　韓国からみたアジアの経済協力

表7-2　日韓FTAの推進経過

推進への合意 (1998年7～11月)	・両国の通商長官，FTAに向けた共同研究合意
共同研究 (1998年12月～ 2003年4月)	・韓国対外経済政策研究院，日本アジア経済研究所，共同研究 ・2001年5月～02年1月：日韓ビジネスフォーラム構成，ソウルと東京で開催 ・2002年3月～03年10月：両国首脳，産官学共同研究合意，計8回開催および最終報告書採択 ・2003年4月：ソウルで共同研究の結果発表
交渉開始宣言 (2003年10月)	・両国首脳，2005年までに「包括的かつ高水準のFTAを締結」のための交渉を開始することを宣言
交渉過程	・2003年12月～04年11月：計6回交渉，実質的に決裂

出典：筆者作成。

実質GDPは0.07％ポイント減少する。「長期」的には対日貿易赤字は65.3億ドル増えるが，実質GDPは2.81％ポイント増加すると結論づけた。ここで「短期」と「長期」の区分は時間の問題ではない。計算の根拠となるCGEモデルは，現在の状態に一定のショック（日韓FTA）を加えた後，再び完全雇用の均衡に到達したときの変化をみる経済学的なモデルである。したがって「短期」は単に関税撤廃の効果だけをみたものであり，「長期」は増加された収入が貯蓄に繋がった場合（資本蓄積）とその過程において生産性が増加した場合（生産性増大効果）を含んでいる。しかし，このような「架空の世界」の中での計算結果が，政策担当者の行動に確信を与えることは難しい。その前に目に見えるのは，比較的に日本よりは高い関税率で保護されていた韓国の製造業の被害そして日本の農業の被害であり，ここで対日貿易赤字と日本の非関税障壁という問題が加わり交渉は混乱を重ねた。

　以上のような状況で，日韓両国の交渉戦略は当然次のように導出された。第1に，自分の比較優位分野の市場開放を強く要求することであった。最も代表的な産業が農業であった。日本は韓国の農畜産物の最大の輸出市場であり，韓国全体の農畜産物の輸出額の約60％が日本に輸出された。韓国の農畜産物（HSコートの01～24）の対日輸出額は14億ドル（2003年）にすぎず，仮に日本市場の開放によってそれが2倍増えたとしても，わずか14億ドルにすぎない。電気器機（HSコートの85）一つだけでも対日輸出額が51億ドルであることを考えると，日本の農畜産物の市場開放がもたらす経済的な効果はそれほど大きくな

い。しかし，日本の農業市場への開放要求は非常に強かった。その背景には，製造業において韓国産業が比較的に保護されていることに対する懸念もあった。たとえば当時，製造業に対する実行関税率（HSコートの6単位基準）を見ると，総4495個の品目の中で韓国は約70％の3140個の品目が5～12％の関税率であった。日本は，約80％の3574品目が5％未満の関税率を維持していた。しかも競争力の強い製品（電子，機械など）はほとんど無関税であった。このような状況で，製造業に対する関税の撤廃がもたらす直接的な被害は韓国の方がより大きく，それを補うように農業市場開放への固執もみられた。

　第2に，利害得失の不均衡が予想されるときに交渉成功の鍵を握っているのは，その不均衡を是正できる「経済協力」のアジェンダを設定できるかどうかである。しかしそれもあまり進展しなかった。多くの議論は，(1)日本からの直接投資，(2)中小企業間の協力，(3)技術の移転，(4)自由な労働力移動などに向けられた。しかし冷静に考えると，これらの政策目標のために政府がどこまで介入できるかがはっきりしない。投資を促すための投資情報の整備と提供は政府の役割になりうるが，民間企業の投資そのものに対して政府が干渉する余地はほとんどない。投資行為の最終的な責任は，民間企業がもつからである。これは中小企業間の協力，技術の移転などの場合でも同じである。したがって論議の核心となるところは，各種の共同基金の設置（たとえば「構造調整基金」の設置など），あるいは労働力移動に対する日本の果敢な譲歩になろうが，それに対する具体的な解決策も見出せなかった。

　もともと日韓FTAは，単に両国間の経済協力の制度化だけがその目的ではなかった。両国政府の認識の中には「東アジア共同体」という大きな戦略的な目標値を実現するための「手段」としての役割もなかったとは言えない。もし「東アジア経済共同体」が韓国と日本の戦略目標であったならば，日韓FTAの交渉過程においてもそれを十分に念頭に置いた交渉を行うべきであった。論理的かつ実体的に証明できない日本の非関税障壁（業界慣行）が問題になるとか，日本が受け入れ難い農業市場の開放を強く要求することは，最初から交渉の妥結可能性を大きく低下させた。日本も積極的に協力案件を見出す姿勢をあまり見せなかったともいわれる。韓国と日本は，日韓FTAを東アジア全体の協力の足場にすべきであった。

たとえば，日韓FTAにおける協力のアジェンダの中に，東アジア全体の協力を牽引できる日韓共同の「東アジア協力財団」を創設するとか，または「東アジア経済協力研究院」などの創設もできたはずである。また，日韓の共同研究事業においてもある程度中国またはASEANの研究者を参加させ，東アジア全体の産業技術協力を促進する「東アジア産業技術協力センター」の創設も面白い発想であっただろう。考えてみると，技術協力・教育・環境・エネルギーなどの多様な部門においての協力案件を，FTAという「器」の中に取り入れることも十分に可能であった。しかし，韓国・日本ともに自分の狭い「利害得失」の世界にとじこめられ，結局日韓FTAの決裂に行き着いてしまったのである。[3]

3 新たな「自由化」の企画——韓米FTA[4]

戦略の変更——「同時多発的」かつ「包括的」FTAの推進

一つ明らかなことは，韓国が日本と中国に比べて，地域主義政策がもっと必要だったということである。貿易依存度が120％にも達する韓国において，安定した輸出入市場の確保は経済成長に必要不可欠な条件である。そのうえ東アジアの経済成長，また韓国経済の東アジア市場に対する依存度を考えると，この地域における安定的な経済協力のフレーム作りは韓国にとって非常に重要な意味を持つ。しかし，盧武鉉政権の希望であった「東アジア経済共同体」の道はあまりにも遠かった。とくに日中韓の3カ国を結ぶFTAは，議論だけに留まり，その実現のための動力を見出せなかったことも事実である。

日本は，日中韓あるいはASEAN＋3（日中韓）に限定した地域構想から，徐々にオーストラリア・ニュージーランド・インドまで包括する，より広い範囲の協力構想に転じていった（ASEAN＋6）。日本の一部の学者たちがASEAN＋3からなる「東アジア共同体」構想が，中国の覇権戦略にすぎないという認識を持っていることは，まさにこの地域での力の軸が徐々に中国に移動しているという危機意識の反映でもあった。比較的に，日中韓あるいはASEAN＋3[5]の経済協力の制度化に積極的だったのは中国であった。2002年11月にカンボジアで開催された日中韓の首脳会談で，中国は日中韓3カ国のFTAに対する共

第Ⅱ部　経済・社会・環境からみたアジア

表7-3　韓米FTAの推進経過

準備段階	・2003年8月：韓国のFTAロードマップ変更（巨大経済圏とのFTA戦略） ・2004年11月：両国通商長官，事前実務協議合意 ・2006年2月：公聴会開催
交渉過程	・2006年2月：韓米FTA交渉開始発表 ・2007年6月：韓米FTA正式署名
国会批准および発効	・2011年10月：米大統領，国会のFTA移行法案署名 ・2011年11月：韓国国会批准 ・2012年3月：発効

出典：韓国外交部。

表7-4　韓国のFTA締結国家

発効中	チリ（2003），シンガポール（2005），EFTA（2005），ASEAN（2006, 2007），インド（2009），EU（2009），ペルー（2010），アメリカ（2007），トルコ（2012）
締結済み	コロンビア（2012），オーストラリア（2014），カナダ（2014）
交渉中	ニュージーランド，中国，ベトナム，インドネシア，日中韓，RCEP
交渉の基盤助成	メキシコ，GCC，日本
考慮中	MERCOSUR，イスラエル，中央アメリカ，マレーシア

出典：韓国外交部，年度は締結年度。

同研究を提案し，2005年4月にはASEAN＋3の共同研究も真っ先に提案した。

　ここで韓国が選択すべき方向は，東アジアにおいて個別国家とのFTAを締結し，それを基盤に東アジア全体の経済協力を制度化していくことであった。もし「東アジア経済共同体」が韓国の戦略目標であったなら，日韓FTAの交渉過程においてもそれを十分に念頭においた交渉をすべきであった。しかし実際にはそれができず，韓国は東アジア経済共同体構想から少しずつ離れていった。そのあらわれが2004年5月の韓国政府の発表であった。

　韓国政府は，今までのアジア重視FTA構想から，今後FTAを同時多発的かつ包括的に推進すると発表した。どこでも高い水準のFTAを結ぶ戦略に変えたのであった。そして，その「包括的」FTAの基準となったのが，韓米FTAであった（表7-3）。たしかに韓米FTAは単純な通商交渉の範囲をはるかに超えるものであった。計24個の分科（商品およびサービス，通関手続き，投資，衛生検疫，知的財産権，競争，労働，環境など）を含んだ，かなり強力な「自由化の企画」であり，世界中のFTAの中でもきわめて「例外的」な協定であった。

以後韓国は，韓米FTAのような包括的FTAをEU（2009年），オーストラリア（2014年），カナダ（2014年）など次々と結んでいくようになった（表7-4）。

韓米FTAと対米輸出の増加

韓米FTAは，韓国経済にどのような影響をもたらしたのか。一つ確実なのは，他の国に比べてアメリカ市場への接近可能性が非常に容易になったことである。たしかに，韓米FTAを推進すべき理由として最も強調されたのが，アメリカ市場への安定的な確保が可能だという主張であった。しかし，韓国の主力輸出品のアメリカ市場での関税率はほとんどゼロに近い。WTOの最恵国（MFN）関税率を基準でいうと，韓国の第1の輸出品である半導体などは既に無関税だ。それ以外の電子電気製品も，最低0％，最高3％程度の低い関税率が適用されている。

そこで韓国政府の強調する分野は，自動車と繊維であった。産業別に対米輸出増大効果を推定した政府の公式文書においても，自動車が全製造業の対米輸出増大の60％を，繊維が14％を占めている。それでは自動車と繊維部門の輸出増大に対する評価はどうだろうか。結論をいうと，両産業における輸出増大効果はたしかに存在し，その成果に対する評価まで切り下げる必要はない。ただ，その成果をみるにあたりいくつか留保すべきことがある。それは関税撤廃による輸出の増大とともに，自動車と繊維分野における「制度」の変化がもつ意味である。

自動車の交渉では，両国間の関税撤廃やアメリカ自動車の輸入増大のための韓国の自動車関連税制の改編，迅速紛争解決の手続きなど，主にスナップバック（snap-back）条項の導入に重点が置かれた。輸出増大の効果に対しては批判論者と賛成論者の対立が激しく，常識的には両者が主張する中間が妥当だと考えられる。批判論者の主張を認めるにしても単純計算で70万台の輸出（アメリカ2.5％の関税率）と4000台の輸入（韓国8％の関税率）となる。仮に2000万ウォンの乗用車で計算しても，韓国企業は毎年約3500億ウォン程度の追加収入が生ずる。これに比べて，アメリカ企業は64億ウォンにすぎない。自動車部品も対米輸出が約22億ドル，輸入が約4億ドル（2005年）であるのを考えると，関税率下落の利得は韓国の方がもっと大きい。[6]

ただ、ここでも交渉の問題がなかったとは言えない。第1に、韓国内の排気量基準の自動車税制を改編したことは典型的な「関税」と「制度」の交換であった。中大型乗用車の割合が圧倒的（全体の72.5％、2006年の基準）である韓国社会で、中大型乗用車の消費と環境汚染をさらに促すことになる税制の改編が、はたして正しかったのかについては疑問が残る。第2に、スナップバック (snap-back) 条項の危険性も十分にある。スナップバック条項とは、協定違反などで深刻な交易の障害が生じた場合、乗用車に限り、特恵関税以前（2.5％）に還元できるのである。一般的に非違反提訴 (non-violation complaints) の発動要件に当たるこの条項は、その概念自体が非常に曖昧だという点において紛争の余地があった。もちろんこの条項は、協定の発効後10年間活用されないと自動的に廃棄されるが、少なくとも10年間は、韓国の自動車関連の政策と制度は大々的な点検および改編作業が必要とされる。韓国政府も知識経済部（旧産業資源部）の次官を委員長にして、「自動車協定移行委員会」（2007年4月）を発足し、今後の対策に取り組むとしているが、具体的には現行の制度・法規の中で協定上違反の可能性があるものを正式に発表していない。

繊維の協商では、対米輸出品の61％に当たる物品の関税は即時に撤廃されたが、それ以外については3年、5年、10年にわたって段階的に撤廃するとした。もちろん、アメリカの特殊な繊維原産地規定 (yarn-forward) を考慮しても、輸入生糸の韓国生糸への代替、繊維輸出の増大などの効果は十分に認められる。韓国生糸の価格は輸入品より平均10％高く、韓国産繊維製品の最終価格の中で生糸価格の占める割合は織物産業の平均で33％、衣類産業では11％であると知られている。韓国産の生糸が輸入品より10％高く、生糸の繊維製品に占める原価の割合が30％だとしたら、韓国産の生糸を使った場合の生産単価の上昇分は3％にすぎない。アメリカの繊維類の加重平均関税率が13％であることを考えると、韓国産の生糸を使うインセンティブは十分にあるはずだ。したがって、アメリカの繊維原産地規定のため繊維輸出の効果がないということは論理的に妥当ではない。

ただ、ここでも制度運営の複雑性の増大によって、経営上の被害が生じる可能性は十分にある。アメリカは中国製品のアメリカへの迂回輸出を防止するため、経営陣の名簿、労働者数、機械台数および稼動時間、製品明細および生産

能力などの情報をアメリカの税関に「英文」で提供するように求めている。米税関はその資料に対して厳格な秘密維持の義務をもつ。もちろんアメリカのバイヤーと直取引しない中小企業（50人未満）は資料提出の義務を免除されているが，それ以外の企業においては，いわば「企業秘密」に当たる資料提供はかなりの負担となる。また，その資料の信頼性が疑われた場合は，事前予告なしに現場への実体調査も可能なので企業の負担は加重される。

韓米FTAと韓国の農業

韓米FTAによって，一部製造業の輸出増加は見込めるが，問題になるのは韓国社会の「公共性」に関わることへの影響であろう。まず考えられるのは農業である。単純な産業としての農業を考えると，韓国の農業は既に斜陽産業である。しかしそれが社会的・文化的・歴史的・環境的な実体だと考えると，農業の持つ意味は変わる。農業をGATTで「非交易的関心事項」(non-trade concerns) として規定し，また農業の「多面的機能」を主張する理由もそこにある。したがって，韓米FTAにおける農業交渉の問題点を整理すると，次の通りである。

第1に，アメリカ以外のすべての農畜産物の市場が「事実上」開放されたことだ。中長期的には関税がすべて撤廃され一部品目を除き，関税撤廃と同時にセーフガードの発動も不可能となる。結局，アメリカだけを守ったことになる。関税化の例外品目は1531個の全品目の中で，アメリカおよびアメリカ関連の製品16個と，全体の1％にすぎない。金額ではなく商品の数でみると，今まで締結された世界中のいかなるFTAよりも農畜産物市場の開放度は高い。

第2に，アメリカの農業補助金に対して，まったく問題を提起しなかったのも大きな問題である。韓国政府はその理由を韓国も農業補助金を支給しているからだと説明しているが，これは両国が支払う補助金の差が大きい現実を反映していない。アメリカの場合，農家所得の約35％は各種の名目で補助金になっている。莫大な補助金が支給されるアメリカの農畜産物と韓国の農畜産物が1対1で競争するのは，公正なゲームとは言えない。農業を単純な産業ではなく，社会的な公共財として認識すれば，国民が補助金という「税金」を支払うことは当然のことである。しかし，韓国の農業補助金の水準は非常に低いのが現状

である。農業 GDP に対する農業補助金の割合は2004年現在，EU が22％，アメリカが15％，スイスが48％であるのに比べて，韓国は5％にすぎない。このような状況で「経済開放の足かせになる農業・農民」という認識，そして一部成功した農民の事例のみを過大に宣伝する政府の態度には問題があると言わざるを得ない。

医療システムの変化の可能性

次は，国民の健康を担う医薬品・医療サービス分野に対する影響である。医薬品に関しては，今後の医薬品の値上げ幅に焦点が置かれた。医薬品分野の協商（協定文の第5章）では，革新的な新薬の価値に対する「適切な認定」，「許可と特許との連携」（新薬の特許権がある間は複製薬の市販を禁止する制度），「資料独占」の認定（最初の開発者以外に，臨床実験や毒性実験に関する資料を無断で使用できないようにすること，新薬は5年）など，特許権の強化に関する内容が主であった。しかしこの分野は，政府と批判論者との意見が完全に食い違った珍しいケースである。批判論者は年間約1兆ウォンの追加の薬代の負担を，政府は多くて1000億ウォンの追加負担を予想した。

まず，革新的新薬の価値を「適切に認定」するという規定が，韓国政府が「自律的」に「適切」に価格を算定するということなのか，それとも先進7カ国の平均価格（A7）に近く設定するということなのかがはっきりしない。新設された「許可と特許との連携」に関しても，政府は国内法廷の特許侵害仮処分訴訟の処理期間である4～10カ月の特許の延長効果のみを強調する。批判論者は，少なくとも20年以上の特許延長を主張する。「資料独占」がもたらす効果に対しても，認識の一致は全くない。

新設される「独立的な異議申立機構」の役割に対しても，お互いの認識の違いはあまりにも大きい。政府はこの「機構」における決定が，健康保険審査評価院の原審に対する「単純な勧告」（recommendation）にすぎないと主張する。一方，批判論者は「原審反覆」の権限を持つこととして理解している。現在，韓国の健康保険財政の約29％が薬代として支払われている。他の OECD 国の薬代の割合（13～14％）に比べ，韓国のそれは非常に高い。その負担を低くするために，政府は「薬価適正化の政策」を施行しようとした。「薬価適正化の

政策」と医薬品分野の協商結果が論理的に合致するのかどうか，また医療保険財政の中長期的な finance が可能なのかどうかは，韓米 FTA によって新しくセッティングされた特許権の強化が，患者全体の治療費をどのぐらい押し上げていくのかにかかっている。政府と批判論者との間で共通認識が形成されないまま，ものごとが進んでいる現実は非常に困った状況であると言わざるを得ない。

経済政策の自律性の問題――投資家・国家提訴権（ISD）

韓米 FTA の投資チャプター（協定文の第11章）で幅広く規定された「投資」については，内国民かつ最恵国待遇を認めている。また政府は，各種の投資に対するいかなる移行義務も強制できず，投資資産への「収容」に対しても補償を義務づけている。韓国政府が投資家の保護義務を違反した場合，アメリカの投資家が，韓国政府を相手に ICSID（International Center for Settlement of Investment Disputes）などの，国際仲裁機関に直訴できる投資家・国家提訴権（ISD）も保障している。

ここで論点となるのは，政府の政策，すなわち収容（expropriation）に関することである。協定文の第11章6条1項では，「公共の目的のために，非差別的な方法で，適切な法的手続き及び最恵国待遇の条項などを守る限り」においては，投資者の財産を収容することができると明示されている。そして収容する際には，公正な価格で速やかにそして現金で補償するように規定されている。ここで，特異なことは国有化のような「直接収容」だけではなく，政府の規制によって発生する利得の損失，すなわち「間接収容」も認めていることである。政府が高速道路を新たに作るために，私有地を収容（買入）する場合は「直接収容」に当たり，それを補償することは既に韓国の法律体系にも規定されている。問題は，韓国の法律体系には存在しない「間接収容」と，それに対する補償を認めた点である。韓国政府は今回の協定文で「間接収容」の例外条件が幅広く認められたことで，「公共目的」のための政府の規制および租税措置などは相変わらず実施し得ると主張している。

しかし，「公共目的」のための政府の措置が，「間接収容」として認められる「珍しい状況」とはどのようなケースを想定しているのか疑問である。政府は

「ほとんど存在しえない状況」として認識しているようだが，少なくとも現在，全世界で約200件にも達する投資家・国家訴訟の事例があることを考えると，それが「珍しくない状況」であることを意味する。一方，NAFTAの協定文にはない「不動産価格安定のための政策」という留保条項を入れたことも，政府の大きな宣伝材料となった。しかし，不動産価格安定のための政策が，政府の主張しているような韓国の不動産関連政策のすべてを意味するのかどうかは明らかではない。キム・ソンジン（2007）は，韓国の不動産関連法および政策の詳しい分析を通じて，開発負担金と再建築超過利益負担金，国際水準に比べ高い譲渡所得税，分譲価格の上限制，転売制限などの多様な項目において，「間接収容」による訴訟の対象になる可能性が大きいと結論づけている。[8]

　政府の対応論理のもう一つとして，投資家・国家提訴権（ISD）は韓国にとっても新しいものではないという。今まで韓国は，約80カ国との投資協定（BIT）を結んでおり，その中にはISDがすでに導入されていることも多く，ICSIDのような国際審判部に韓国政府が提訴されたことはなかったと強調する。実際，日本やドイツなどの国との投資協定にはISDが入っている。しかし過去に問題がなかったといって，規範そのものに欠点がないと結論づけるのは非常に乱暴な結論といえる。ISDに基づいた国際的な訴訟の動きがごく最近活発になったことを考えると，政府は当然，韓国の現在の政策・法律体系とISDが両立可能なのかどうかを詳しく説明する義務があったはずである。しかし，上述した論理以外に何も提示されなかった。最低限，NAFTAが成立して20年も経った現在，これまでのNAFTAにおける訴訟事例に基づき，ISDと韓国の現行の規制との合致性や今後の対策方向などは緻密に提示されるべきであろう。しかし，そのような努力はほとんど見られなかった。

4　東アジアの発展と協力モデルの模索

新しい発展モデルの必要性

　それでは，どうすべきなのか。韓米FTAの後，韓国は東アジアにおける「経済共同体」をいかに形成できるのであろうか。その前に，我々が議論して合意すべきなのは，我々が未来にどのような経済社会を望むのかである。[9]少な

くとも2008年から2009年に繋がるグローバル経済危機は，韓米FTAのような自由化企画について改めて考えさせられる契機となったと思う[10]。考えてみれば，経済運営の基本目的が経済成長と安定，そして社会的な公共性の確保にあると言うならば，ここ何十年を謳歌した新自由主義的な自由化は，次の3つの目的に失敗したようにみえる。

第1に，新自由主義的な経済運営の方式は，今まで「政治企画としての宣伝文句」とは別に，安定した経済成長をもたらさなかった。レーガン政権のときのアメリカの経済は，財政赤字と貿易赤字という双子赤字に苦しみ，経済成長率も1960年代の成長率を大きく下回る水準であった。これはサッチャー政権下のイギリスでも同じであった。通貨主義原則の貫徹，減税と規制緩和，民営化，福祉縮小などを主な内容にするサッチャーの政策は，経済成長率の向上にそれほどの成果を上げられず，むしろ貧富格差の拡大と金融部分の暴走による新しい経済危機をもたらした。

第2に，新自由主義の世界化によって，各国の社会的な公共性が大きく損傷したことも重要である。労働の質は大きく悪化し，環境問題も深刻である。医療，食品，水など，人間の再生産に必要不可欠なものも安定的に供給されていない。

第3に，発展途上国の場合，外債の累積による国家不渡りの危機に直面しており，このような外債体質の固定化の解決に，IMFのような国際機関はそれほど手助けにならなかったという批判も強い。

以上のように考えると，今後の国際社会が目指すべき経済モデルが新自由主義ではないことは明らかである。それならケインズ主義であろうか。ケインズは市場に対する政府の介入，すなわち財政拡大による景気の安定化のみを言っているだけで，具体的にどのような形態の介入が良いのかは言及していない。ケインズにとっては，「戦争」も「福祉」も「土建」もすべてケインズ主義の政策であった。それなら，我々が問いかけるべきは，いかなるものなのか。はたしてどのような形態の市場介入が望ましいのか。今回のグローバル金融危機，そして過去のケインズ主義の失敗の事例から考えると，新自由主義と単純なケインズ主義を乗り越えたどこかの地点に，我々が目指す目標があると思われる。

両極化成長から均衡成長へ

　一つ確認すべきことは，英米型の自由市場経済モデルは，多様な市場経済モデルの一つにすぎず，それが他のモデルに比べて優れているとの証拠はないという点である。むしろ，ここ10～20年間における経済の総合成績をみると，英米型の市場モデルとはかなりかけ離れている北欧のモデルが優秀な成績を見せている。しかし，北欧型の経済成長モデルが韓国と日本，そして今後の東アジアの国々に適合するかどうかはかなり綿密な分析が必要である。

　一般的に経済的な平等が効率を確保する経路は，多様な制度的なイノベーションを要することであり，それがうまく作動しなかった際には，そのまま経済的な非効率性に帰結されるからである。スウェーデンの成功は1000万人にすぎない人口的な特性，100年近く社会民主主義の政党が政権を握った歴史的な経験，国家・企業・市民社会が絶妙に相互補完する構造が影響を及ぼしたかもしれない。それならスウェーデンのモデルは，中短期的に韓国や日本が目指すべきモデルではないであろう。

　しかし少なくとも東アジアの国，その中でも資本主義的に最も発達している韓国と日本の場合においては，今までの「両極化成長」から「均衡成長」への転換がもっと必要だという点を強調しなければならない。1997年のアジア通貨危機以降における韓国経済の回復過程は，経済的かつ社会的な両極化の進行過程でもあった。それはここ20年間の日本でも同じである。ポール・クルーグマンが言うように，「成長が平等をもたらすのではなく，平等が安定的な成長をもたらすのである」[11]。

　平等によって安定した需要を生み出せないところで現れる経済的な帰結は，資産価値のバブルによる需要創出（アメリカ）か，過度な輸出依存型の経済構造の維持（東アジア）でしかなかった。それの崩壊が2008年のグローバル金融危機（いわゆる「太平洋収支均衡」の崩壊）をもたらしたことを念頭に置くべきである。したがって，東アジアにおける安定した経済成長のためには，既存の「不平等」と「両極化」によって維持された成長路線を，「平等」と「均衡」に即した発展路線に転換しなければならない。そして「平等」と「均衡」という名前の下に現れがちな，「共食い共倒れ」の非効率構造を効率的な成長に結びつけるよう，制度のデザインにさらに力を入れるべきであると思われる。

公共性の維持

　次に強調しなければならないことは，経済的かつ社会的な公共性の維持のために，個別国家の政策的な自律性が確保されるべきだということである。世界化・自由市場化という論理が，まるで天動説のように教祖化され議論されてはならない。重要なことは，各国民が安定的でより良く暮らす方法を探ることであり，世界化・自由市場化という言説もそういう目的と論理的な親和性を持った場合に限って議論する方が望ましい。

　とくに一社会の「公共性」を考えるにあたって，金融システムの安定，環境（農業）の保護，医療システムの維持などは重要である。安定した金融システムの維持は，資本主義経済がまともに機能するための公共財的な性格を持つ。それは1997年のアジア金融危機，そして現在のグローバル金融危機の下で，各国が莫大な税金を投入し金融システムの安定を図ったことをみれば，その大切さがすぐ分かる。国民の環境的かつ生命的な安全性を確保するには，農業をある程度保護することも必要である。農業はただの産業ではなく，文化であり歴史でもある。国民に安定した医療サービスを提供することも重要である。とくに医薬品に対する特許権をどこまで認めるべきなのかは，相当敏感な部分である。要するに各国が金融・環境・農業・医療システムにおいて，その公共性を維持できることが重要であり，国際協力ということもこの原則からかけ離れていてはいけない。

反面教師としての韓米FTA

　東アジアの国々が，今後目指すべき経済モデルが，均衡成長と社会的な公共性を維持できる政府政策の「自律性」の確保にあるとするならば，東アジアにおける経済協力のモデルも当然そのような性格を広げる方向で進めなければならない。その際，我々が参考にすべき「反面教師」の典型が，韓米FTAである。前にも説明したように，韓米FTAは韓国社会の「公共性」と政策の「自律性」の側面からみてかなり困難な選択であった。金融交渉では，CDS（信用不渡りスワップ）のような派生商品に対する規制をほとんど解き，通貨セーフガードもかなり制限的にしか運営されない。農業もほとんど市場開放され，薬品交渉でも許可・特許連携のような毒素条項も設けられている。それとともに，

投資家・国家提訴権（ISD）のような政府政策の自律性を著しく損なう制度も導入されている。

「日韓経済社会連帯協定」から東アジアへ

　韓米FTAが提起する問題は，以上のような韓国経済の不安定さの増大だけではない。韓米FTA以降，韓国が東アジアにおける経済協力を進めるうえで，ますます難しくなったことも重要な点である。産業政策的な政府介入が相変わらず重要な中国に対して，投資家・国家提訴権（ISD）を要求することは難しい。同じく農業の保護を相当重んじる日本に，韓国がアメリカ同様の農業市場開放を要求することは無理である。もし，韓国の交渉団が具体的に相手の「譲歩」を事前に調整せず，そのまま交渉を始めるとするならば，国内において大きな「抵抗」に直面するだろう。ある社会の進路は，一種の「経路依存性」をもつものであり，その意味で，日韓FTAそして東アジア共同体に向けた韓国の身動きは，さらに難しくなったとも言える。

　それでは，どうすべきなのか。筆者は，FTAという狭い範囲にとらわれず，多面的な協力を推し進めるべきだと思う。通貨・環境・教育・エネルギー・食料・青少年・スポーツ交流など，東アジアにおける機能別協力のためのアイデアは，既に十分発掘されている。1998年当時の「東アジア・ビジョングループ」（East Asian Vision Group），あるいは政府次元の実務的な検討のための「東アジア・研究グループ」（East Asian Study Group）の報告書に相当網羅されていると思ってもよい。要は「研究」と「宣言」ではなく，「実行」することだ。FTAのスキームに構わず，機能別に具体化された協力案件の導出，またそれを現実化させるための「意思」と「論理」を明確に提示しなければならない。その意味で，まずは日韓の間に多面的な協力を規定する，「日韓経済社会連帯協定」（Japan-Korea Socio-Economic Partnership Agreement）を締結し，それを東アジア版に拡大していくことが必要であると思う。

　一つ鼓舞的なのは，1997年のアジア金融危機，そして今回のグローバル金融危機をきっかけに，東アジアにおける通貨協力が具体化されたことである。2000年5月，タイのチェンマイで開催されたASEAN＋3（韓中日）の財務長官の会議では，東アジア国家の間の通貨スワップ体制が成立した。2005年には，

IMFの資金援助の条件と連動しないスワップ資金の割合を10％から20％に上方修正し，2007年には，2国間の通貨スワップを多国間に拡大した。2008年にはスワップを共同基金にし，その規模も395億ドルから800億ドルへ，また2009年の2月には1200億ドルに増額した。同年5月3日には，日本と中国がそれぞれ基金の32％，ASEANが20％，韓国が16％を負担することで分担割合も決まった。

今後のチェンマイ多者基金が，かつてのAMF構想のような，域内の独立的な通貨金融協力の仕組みとして発展するかどうかは，アメリカの反対，日本と中国との葛藤を念頭においた場合，容易ではないであろう。しかし少なくとも有意味な金額の，相対的にIMFから自立した域内通貨協力の仕組みを構築したこと，そして域内のどの国も独断的に支配できない「黄金率」のガバナンス構造を作り上げたことは相当鼓舞的な成果だと思う。

したがって，今後さらに推進しなければならないことは，チェンマイ多者基金のような成功モデルを，エネルギー・農業・教育・物流などの各分野において実現させていくことである。FTAにこだわらず，一つひとつ東アジア国々との機能別協力を進めていくこと，その実績の上で，将来は「東アジア経済社会連帯協定」（East Asian Socio-Economic Partnership Agreement）に繋げていくこと，それが当面要求される「東アジア構想」ではなかろうか。

註
(1) 日韓国交正常化以後の経済関係の整理は，金鍾杰「経済に見る韓日関係」『日韓の共通認識』東海大学出版会，2007年，同「韓国の工業化構図と韓日経済関係」『21世紀韓日関係と東北アジアの新しいビジョン』ハンウル出版，2007年を参照。
(2) 韓国対外経済政策研究院『韓日自由貿易協定（FTA）の構想――評価と展望』2000年。
(3) 日韓FTAの交渉過程や今後の解決方向に関しては，金鍾杰「韓日経済関係の再設計とその原則」『知識の地平』アカネット，2011年を参照。
(4) 韓米FTAに関しては，金鍾杰「韓国の市場開放と産業構造調整」『東アジアの農業と農村』藤原書店，2008年，同「韓国FTA政策の戦略不在」金鍾杰編『協商は文化だ――韓中日3国の協商文化分析』コリョウォン，2011年を参照。
(5) 日本は小泉総理が，ASEAN＋3を主軸とする「東アジアコミュニティ」構想を発表（2002年1月）した後，東アジア首脳会談（2005年12月），東アジアEPA構

想の発表（2006年4月）など，漸次的にASEAN＋6の軸に転換していった。ASEAN＋3の構想が中国の覇権戦略にすぎないという論理は，渡辺利夫「海洋勢力と大陸勢力：東アジア外交の基礎概念」『環太平洋ビジネス情報』Vol. 7, No. 24, 2007年，中西輝政「膨張する中国の脅威」『日本の論点　2006年版』文藝春秋を参照。

(6)　批判論者の論点は，アメリカにおける輸入乗用車の関税率が2.5％である状況で輸出増大の効果はあまり大きくないこと，自動車部品でもアメリカ現地生産の現地調達比率がすでに70％にも達しており，それほど輸出増大に繋がらないこと，そして関税率の高い貨物車（25％）はアメリカの競争力が強く，韓国からの輸出が難しいことなどを強調した。それに対して賛成論者の論点は，アメリカ自動車市場の価格弾力性は非常に高く，2.5％の関税率の引き下げでも相当の追加輸出が見込めること，自動車部品においてはアメリカ企業のoutsourcing市場への進出が可能になること，GMなどアメリカ企業の韓国への輸出は関税率と特別消費税の引き下げにもかかわらずそれほど増えないこと，そして今後韓国の貨物車の競争力強化が予想されることなどを強調した。

(7)　協定文の第2章12条。「大韓民国は特別消費税法第一条において設定された特別消費税を改正し（中略），地方税法の第196条において設定された自動車税を改正し（中略），（今後）車種別の税率の差の拡大を試みる排気量の基準に基づく新たな租税を採択したり，あるいは既存の租税を変更できない」と記述されている。

(8)　キム・ソンジン「韓米ＦＴＡ投資者，国家訴訟制が不動産政策に与える影響」市民団体合同討論会『韓米ＦＴＡと韓国の不動産政策（資料集）』2007年。

(9)　韓国の今後の発展モデルに関する筆者の考えをまとめたものは，以下の共著の2冊を参照されたい。『グローバル金融危機と代案モデル』ノンヒョン出版，2012年，『韓国型福祉国家』哲学と現実社，2014年。

(10)　グローバル金融危機の原因，また韓国経済への時事点に関しては，金鍾杰『MB型新自由主義改革の憂鬱な未来』コリア研究院現案診断シリーズ132号，2008年，同「グローバル金融危機と新しい経済パラダイム」『日本空間』国民大学日本学研究所，2009年，同『オバマのグリーン・ニューディル vs. MBのグレー・ニューディル』コリア研究院特別企画26-2号，2009年を参照。

(11)　Paul Krugman, *The Conscience of a Liberal*, Norton & Company, 2009.

第8章　中国からみたアジアの地域協力

畢　世　鴻

1　アジアにおける地域協力の機運と中国

　第2次世界大戦終結から70年の後，アジアでは再び地域協力が拡大されつつある。これは，とくに1997年のアジア金融危機が勃発して以後に顕著であったが，2008年の世界金融危機の後，さらにいっそう進んでいる。アジアでは，内面的な推進力と外部的な刺激に促進されつつ，地域協力への動きが活発化されている。経済のボーダレス化が著しく，その国際化が進んでも政治的には一国単位で行動する余地が大きいことは否めない。とはいえ，現在のところ，アジアの地域協力は，その潜在力に比べてはるかに立ち遅れているのが実情である。まさに「絶好のチャンス」と「厳しいチャレンジ」に直面しているといえよう。アジアでは，北米，欧州と並ぶ第3の地域経済圏を作り上げ，ひいては一つの地域共同体を構築することができるのだろうか。
　とりわけ東アジアは，モノ，カネ，ヒトの流れの交錯点となるだけではなく，ASEAN経済共同体（AEC），東アジアサミット（EAS），アジア太平洋経済協力会議（APEC），環太平洋戦略的経済連携協定（TPP），東アジア地域包括的経済連携（RCEP）などに表れたリージョナリズムの枠組みを創設する試みのハブとして立ち現れている。EUのようなハイレベルではないが，アジアにおける主要国を集め，地域の構成員として束ね，平和的行動規範を義務づける「アジア共同体」を構築する機運が高まっている。
　こうした趨勢の中で，急速な経済発展と増大する総合国力を背景に，中国はアジアの地域協力に積極的に関与し始めた。1978年に改革開放政策に転換して以来，中国は外資導入・輸出拡大を原動力に急速な経済成長を遂げている。2001年，中国は悲願のWTO加盟を果たした。2010年，中国は，GDP総額が

日本を抜き，アメリカに次いで世界第2位となった。貿易面では，改革開放を実施し始めた1978年の総額が世界第32位であったが，2010年には世界第2位に上昇した。1978年には世界全体の貿易総額の1％以下であったが，2010年には10％弱を占めるに至っている。いうまでもなく，中国が受け入れる海外からの直接投資は成長の原動力となり，今では中国自身が海外に対する直接投資を急速に増やしつつあり，2010年の対外直接投資額が590億ドルであったが，2014年には1029億ドルまで急増したのである。日本，韓国，東南アジア諸国連合（ASEAN）などアジア諸国と中国の経済的な連携が強まり，アジア域内の貿易と投資が急速に拡大した。

　ここに来ると，中国はすでに単純に発展途上国の一員として位置づけることが出来なくなる。貿易や投資をみれば，中国は巨大な市場であると同時に，中国自身が「世界を揺るがす」大国として台頭したのである。中国では，「大国関係の重視，周辺国との協力関係の深化，発展途上国との関係強化，多国間協力の促進」といった全方位外交を展開し，アジア地域協力への参画を模索しながら，地域協力への意識が徐々に形成されている。また，アジア金融危機と世界金融危機などを契機に，中国はアジア諸国との相互依存関係を強く認識し，地域協力に対する関心が次第に高まった。中国は安全保障と経済成長の両面から周辺外交を展開しながら，アジア大の自由貿易協定（FTA）ネットワークの構築に積極的に取り組むようになった。そして，周辺諸国を中心に関係改善と協力深化に向けて，アジア共同体構想の議論を含む地域協力に参加している。

　本章では，中国の視点からアジアの地域協力にどのように参加してきたかを分析し，中国の周辺外交・多角外交などによって作り出されているアジア共同体のビジョンを考察し，そして中国がこのビジョンをどのように具体化させていくかに焦点を当て解明していく。

2　アジア地域協力における中国の参画の歩み

地域協力メカニズムへの関心

　冷戦終結後，国際環境の改善，東アジア地域の地域協力の加速や急速な経済成長によって裏付けられた自信などを背景に，中国は，従来の「独立自主」と

「不結盟」(同盟関係を結ばない)外交戦略を修正し，多国間協調による多角外交，とりわけ，近隣諸国との地域協力に積極的に取り組むようになってきた。そうしたなか，1992年から開始された大メコン圏(GMS)経済協力の地域協力メカニズムが発足し，具体化された地域協力による政治・経済的効果が中国にとって魅力的であったには違いない。また，1995年のベトナムに続き，1997年のミャンマーとラオス，1999年のカンボジアが前後してASEANに加盟したことを受けて，ASEANは地理的に中国と隣接することになった。中国にとって自国の国境まで影響力を拡大したASEANの重要性がますます高まっている。そして，国境画定の交渉を推進すると同時に，中国とカザフスタン，キルギス，タジキスタンなど中央アジア諸国との信頼醸成も増進された。

とりわけ1997年以来，中国はアジア地域協力メカニズムの構築に強い関心を示すようになった。すなわちアジア金融危機において，IMFや世界銀行がほとんど効果的な対応ができなかったことから，アメリカ主導でないアジア自身の問題処理能力を高める必要性を痛感し，アジア大の共同体を構築することを真剣に考え始めたのである。中国の対外戦略に重大な変化が示されたのは，2002年11月の中国共産党第16期党大会であった。同大会では，世界平和の擁護，共同発展の促進が一段と強調されており，これは後の「平和的台頭」という戦略構想に繋がるものである。さらに，2004年9月の中国共産党中央16期第4回中央委員会総会では，「和諧社会」(調和が取れる社会)が強調され，「和」の強調が内政のみならず，「和諧周辺」「和諧世界」といった外交政策にも適用されるようになった。これにより，周辺諸国との「相互依存論」が浮上するに至っている。こうして中国は，国際社会における「責任ある大国」の意識が高まり，一極を争わず，メガパワーの共存を目指し，地域協力に積極的に参加する傾向を強めたのである。そして中国は，大国外交から徐々に周辺諸国へと戦略比重をシフトし，アジアにおける地域協力の領域を拡大し，地域共同体の創設を目指すようになったのである。

その理由としては，アジア大の地域協力の枠組みを構築することによって，中国にとって，周辺諸国との安定的な経済相互依存関係を生み出し，各自の経済発展に利し，ひいては外からの経済アタックにも共同で対処できることである。さらに将来的には，国際社会全体に影響を与えるアジア共同体の構築に向

かうことが目指されている。最終的には,アメリカを軸とする北米,EU,アジア共同体というビッグ・スリー・パワーの新しい国際秩序の形成が構想されているようにみえるのである。

積極的な周辺地域協力枠組みづくり

21世紀に入り,多角的なメカニズムでの活動に消極的であった中国は,積極的な「周辺地域協力枠組み」づくりを推進するようになった。東南アジアをめぐって,1997年に中国とASEANの間で,「21世紀に向けた善隣・相互信頼のパートナーシップ」が結ばれた。2001年11月には「ASEAN・中国包括的経済協力枠組みに関する取り決め」が締結され,中国とASEANは2010年のFTA発足に向けての交渉開始に合意した。2002年11月,中国とASEANの間で,農業,IT,投資など5つの重点領域を中心とした経済協力を定める「中国・ASEAN包括的経済協力枠組み協定」も締結された。2003年8月,中国は最初の域外国として「東南アジア友好協力条約」(TAC)への加盟を果たした。TACへの加盟は,お互いに武力を行使せず,主権も侵害しないことを確約することを意味する。同年10月,中国とASEANが政治的な安定と経済発展をともに目指す「平和と繁栄のための戦略的パートナーシップに関する共同宣言」が採択された。

また,ASEAN・中国自由貿易協定(ACFTA)の域内関税の引き下げは,2004年のアーリー・ハーベスト(早期の収穫)措置の実施から始まった。これにより,農産物などの分野をめぐり,ASEAN諸国が自由化の実利を早く得られるようにするとともに,信頼関係を醸成し,交渉を円滑に進める狙いもある。2014年の中国・ASEAN貿易総額は4803.9億ドルで,2001年(415.9億ドル)の11.5倍に膨らんでいる。こうして中国は,ASEANとの各分野の協力を強化するにあたり,多くの「初」を創造し,東アジアの制度づくりにおける中国・ASEAN関係の支柱的役割を確立し,双方に恩恵をもたらし,アジア諸国を先導してきたことが分かる。中国は再び率先して善隣友好協力条約の締結という大胆な提案を行った。これは,より緊密な中国・ASEAN運命共同体を構築し,21世紀の「海上シルクロード」を共同建設することを目指すものといえよう。

中央アジアでは,中国は2001年,ロシア,中央アジア4カ国(カザフスタン,

キルギス，タジキスタン，ウズベキスタン）との間で，テロリズム，民族分離運動，宗教過激主義への共同対処のほか，経済，文化など，幅広い分野における協力の強化を目指し，上海協力機構（SCO）を創設した。SCOは，2006年7月に採択された創設5周年宣言では，貿易や投資の円滑化，商品・資本・サービス・技術の自由な移動といった経済協力，エネルギー，交通輸送，情報通信，農業，環境，文化など，幅広い分野において，協調と協力により共通の立場を形成していく可能性が示された。こうしてSCOは短期間のうちに発展し，地域秩序や，域内の協力関係の推進に，一定の役割を果たすようになった。SCOは，内外に課題を抱え，加盟国それぞれに背景事情や思惑はあるものの，今後も，利害の共通する分野や局面において，結束が強調され，協力関係が進展していくであろうと見られている。

　上述のように，中国，東南アジアと中央アジアなどのアジア全域において，2国間協力関係と多角協力が同時に推進されており，重層的なアジア地域協力のネットワークが形作られている。協力分野をみると，外交，貿易，投資，税関，交通，司法，環境，IT，教育，文化を重点分野とする首脳と閣僚レベルの定期会合が開催されることによって，中国と周辺諸国は物理的に一体化していく。この一連の変化が，多角的で，アジア近隣諸国間の協力を重視したリージョナル外交戦略を，中国が主導する一つの理念的な基礎となった。中国の地域協力の単位は，東アジアをはるかに越え，アジア地域全体まで広がってきている。上記のような地域協力関係が実現できれば，2020年のアジアでは，中国を中心とした巨大な自由貿易圏が現れており，またアジア大の地域協力ビジョンがいっそう鮮明に浮かび上がってくるだろう。

　中国がアジアをいっそう重視した最大の理由としては，言うまでもなく中国をめぐる国際情勢が大きく変わったことである。1979年の改革開放以来，中国は投資を呼び込み，技術を取得するため米欧諸国をはじめとする「大国」を相手にしてきた。しかし，この政策はもはや通用しなくなった。2012年の時点で，中国は世界の124カ国にとって最大の貿易相手国になった。いまや米国を除くすべての国が中国を経済規模で下回る。自国より経済規模が小さな国と付き合うには一定の配慮が必要であり，周辺国に経済の恩恵を与えなければならない。こうした国々の助けをもって，中国は周辺諸国とともに，国際社会の新たなル

3 アジア共同体を建設するための中国のビジョン

運命共同体の提唱

　周辺外交の方針として，2002年11月の第16回中国共産党大会において，「与隣為善，与隣為伴」（善意をもって隣国と付き合い，隣国をパートナーシップとする）が決定された。さらに，この方針を基に，「睦隣，安隣，富隣」（隣国と睦まじくし，隣国を安定させ，隣国を豊かにする）の政策が定められ，中国は周辺諸国にメッセージを発信し続けてきた。中国の周辺外交の最も重要な柱の一つは，アジア地域における中国を媒介とした実質的な地域協力の促進である。中国の地域協力政策は，経済成長と安全保障を優先課題とする周辺外交戦略と密接に関連する。

　とりわけ14カ国と陸地で国境を接する中国にとって，周辺諸国との協調関係を深化し，もってアジア共同体を形成することが，地域協力の主な目的となる。中国におけるこの地域協力への意識の特徴として，安定的な国際関係を求めながら経済発展を重視すること，着実かつ効果的に地域協力の制度化を進め，経済分野での協調メカニズムの構築および地域協力機構の設立へ積極的に参与すること，平等・協調・共同発展という地域秩序の理念を提唱すること，そして開かれた地域協力などが挙げられる。そのうえで，アジアの地域協力においては，東アジア地域が革新的な部分であるというのは論を俟たない。こうして，1990年代後半から，中国はFTAなどの経済的連携をテコに政治・外交の影響力を強化するといった政策を推し進めている。

　2012年11月の中国共産党第18回全国大会での政治報告は，「平和発展の道を変わりなく歩み，独立自主の平和外交政策を断固として実行」し，自国本位で利益や発展を追求するのでなく人類は運命共同体であるという意識を持つよう呼びかけた。この党大会で最高ポストの総書記に選出された習近平は，2013年4月のボアオ・アジアフォーラムにおける演説で，運命共同体意識をしっかりと持ち，アジアと世界の共同発展を実現しようと訴えている。これにより，中国は周辺外交におけるトップダウン・デザインを重視するようになることが観

察される。また，中国の国力と国際的な影響力の拡大に伴い，中国の外交は「受動的」なやり方にこだわらず，積極的な努力に転向していることも顕著になっている。そうしたなか，とりわけ公共財の提供，国際的な責任などが強調されている。[14]

2013年10月，習近平はインドネシアで演説を行い，初めて中国・ASEAN運命共同体を建設することを提言した。中国はASEAN諸国とのコネクティビティの強化に尽力し，アジアインフラ投資銀行（AIIB）の設立を提唱する。中国はASEAN諸国と「21世紀の海上シルクロード」を共同建設することを望んでいる。双方は域外諸国がアジアの発展と安定に建設的役割を発揮することを歓迎する。[15]同月，中国の李克強首相はブルネイで開催された第16回ASEAN＋1（中国）首脳会議で，中国とASEANは既存の「黄金の10年」を土台に，さらに「ダイヤモンドの10年」を築くと呼びかけた。さらに李克強は，今後の協力強化を図る「2＋7協力枠組み」（2つの政治の共通認識と7つの分野の協力）[16]を提出した。[17]

周辺外交の新しい理念

2013年10月25日，習近平は北京で開いた「周辺外交工作座談会」で，「中国がさらに発展するには良い周辺環境が必要だ」と演説し，「周辺諸国において運命共同体意識の根を下ろす」と訴え，周辺国との外交を積極化するよう指示した。それによれば，中国の周辺外交の基本方針は，「与隣為善，与隣為伴」「睦隣，安隣，富隣」という既存の方針を堅持し，「親・誠・恵・容」（親しくすること，誠実に付き合うこと，互恵を目指すこと，寛容な姿勢を貫くこと）という新しい理念を際立たせることである。互恵原則に基づき周辺国と協力し，より緊密な共通利益ネットワークを築き，双方の利益の融合をより高いレベルに引き上げ，周辺国が中国の発展から利益を得るようにし，中国も周辺国との共同発展から利益と助力を得るようにする必要がある。周辺の平和・安定維持は周辺外交の重要目標であり，包摂の思想を提唱し，より大きな度量で地域協力を促進しなければならない。

また習近平は，互恵・ウィンウィン構造の深化に力を入れる必要があると要請した。中国は，比較優位性を活用し，周辺国との互恵協力深化の戦略的接点

を的確に見つけ，地域経済協力に積極的に参画する必要がある。アジア諸国と共に努力して，インフラの相互連結性を強化し，シルクロード経済ベルトと21世紀の海上シルクロードを建設し，FTA戦略の実施を加速し，地域協力の新しい枠組みを築くべきである。そして，地域金融協力をたえず深化させ，AIIB の設立を積極的に進め，地域的金融セーフティーネットをより完全にしなければならない。習近平はさらに，全方位で文化交流を推し進め，もって運命共同体意識を周辺諸国に共有してもらうことを強調した。[18]

中国の指導者が唱えるアジア運命共同体論は，大国となった中国が力に訴える身勝手な存在ではないことを内外にアピールし，中国脅威論や中国への警戒感の一掃を狙ったものといえよう。とりわけ習近平が提唱した「運命共同体」構想は，ASEAN が2015年内に実現すべく打ち出した，ASEAN 安全保障共同体（ASC），AEC，ASEAN 社会文化共同体（ASCC）から成る ASEAN 共同体（AC）の拡大版ともいえるのである。むろん，国際社会が注目しているのは，その言動が一致しているかどうかだろう。

アジア共同体への構想

2014年5月21日，「アジア相互協力信頼醸成会議」（CICA）第4回首脳会議が上海で開催された。習近平は演説で，共同・総合・協調（的）・持続可能なアジア安全観を提唱した。いわゆる共同とは各国の安全を尊重・保障すること，総合とは伝統分野と非伝統分野の安全を統一的に維持すること，協力とは対話と協力を通じて各国および本地域の安全を促進すること，持続可能とは恒久の安全を実現するため発展と安全をともに重視することである。すなわち対話を通じて共通認識を持ち，協力を形成して最終的に持続可能な発展を実現することが示唆されている。この演説で習近平は，アジア諸国は運命共同体の意識を樹立する必要があり，互いに受け入れ，相違を残し共通点を求め，平等に協力することがアジアの安全協力の基盤となることを強調したのである。[19]

上記の一連の発言および合意によれば，中国が構想したアジア共同体のビジョンは以下の通りである。第1は，ともに発展することである。経済と社会を発展させ，民生を向上させることは各国の最も重要な仕事である。グローバルな環境の中で，各国の利益が互いに錯綜しており，一国が後退または混乱する

と，周辺国も影響を受けるので，ともに発展することは唯一の道であろう。各国は自国の発展を促進すると同時に，自国の発展戦略と地域協力のプロセスへのドッキングを進めて，優位性の相互補完関係を深化し，ウィンウィンを拡大する。第2は，相互信頼と協力を通じて地域の安定を図ることである。アジア諸国は，ともに発展することを実現するためには，安定した地域の環境を必要としている。第3は，開放と包容的な姿勢で協力メカニズムの構築を推進することである。アジア諸国が自主的に選んだ社会制度と発展ルートが尊重されねばならない。各国の多様性は相互補完の協力関係を深化するための原動力になる可能性がある。アジア諸国は，その域外の国や国際組織との協力を拡大し，アジア地域の安定と発展に建設的な役割を果たしてもらうことも重要である[20]。

　アジア共同体の実現に対する中国の構想は，主として次のような考えが見られる。第1に，アジアの地域協力をめぐる合意作りの促進が急務となっていると認識されている。アジア大の地域協力へのプロセスは，域内のすべての国・地域の対等な参与によって構成されるべきであろう。そのためには，次のようなコンセンサスを作る必要がある。まずは，地域協力は，アジアにおける「新しい中世」[21]といわれた構造を緩和させることに役立つ形で進められるべきで，何らかの封じ込めのための措置のような，相互不信を招くようなものであってはならない。また経済協力は，域内のそれぞれの国・地域の経済レベルや体制の違いによって分裂されず，弱者を助ける理念に立つべきであろう。

　第2に，これらのものを実践に移すためには，まずは容易な分野や事項から協力を着々と進めていくべきだと考えられる。そのためには，次のようないくつかの分野で地域協力を進めていくべきであろう。まずは，FTAを代表とする地域協力を推進する。これに基づく経済協力の自然な流れとして，政治・安全保障面での地域協力へ発展していくだろう。そして，上記のような全体的な流れの中で，環境保全，資源問題，開発協力その他の諸分野における地域協力を推進していくことが求められている。近年，領海・島嶼問題をめぐって，中国と日本，ベトナム，フィリピンの間では，「ゼロサムゲーム」としか見られない現象が増えているが，これらをアジア大の地域協力のレベルに視野を広げてみれば，「ウィンウィン」関係に変えていく可能性も否定できない[22]。

4　中国とRCEP

アジア大FTA構想の登場

アジア地域協力に関しては，21世紀に入ってアジアとりわけ東アジアにおけるFTA締結の動きが活発化してきた。その一つが東アジア自由貿易協定（EAFTA）である。その想定された加盟国はASEAN10カ国と中国，日本，韓国の3カ国のASEAN＋3であった。EAFTAは，中国とマレーシアが以前から主張してきたものである。これと同時に，オーストラリア，ニュージーランド，インドの3カ国を加えた合計16カ国（ASEAN＋6）からなる東アジア包括的経済連携協定（CEPEA）もEAFTAと並ぶ東アジアの広域FTA構想であった。この2つのFTA構想の中心に位置しているのはASEANである。日本はCEPEAを強く主張してきた。アジア太平洋地域における参加国の選別は，日中の主導権争いの表れであったとみられる。日本は，EAFTAという枠組みならば，中国がイニシアティブを握る可能性が高いと判断し，インド，オーストラリア，ニュージーランドを加えることによって，中国の影響力を弱めることができると考えたようであった。しかし近年，中国はEAFTAを望んでいるが，CEPEAに必ずしも反対しない柔軟な姿勢を見せている。それは，ASEANがインド，オーストラリア，ニュージーランドを加えることによってアジア太平洋地域における共同体の創設に適当だと考えたからであろう。[23]

しかし，2008年にアメリカがTPPへの参加を表明したことによって，ASEANは運転席の座を外されることを極力防止するため，上記2つのFTA構想を，東アジア地域包括的経済連携（RCEP）に統合する道を選んだのである。中国も，アメリカ主導のTPPがアジアをカバーする中国包囲網という最悪の事態を避け，かつアジア太平洋でのメガFTAの動きに孤立感を抹消するため，アジア共同体と地域経済連携の行方を見るうえで，地域全体の融和を優先し，ASEANが主導的地位にあるとの姿勢を示して，ASEANを運転席に座らせるという選択をしたのである。[24]これは，経済の対中依存度の上昇に根強く存在するASEANの対中警戒感，アメリカがイニシアティブを握るTPP交渉に参加しないASEAN諸国の不満を意識しているといえる。最近，ASEAN

など近隣諸国との政治・経済交流をいっそう進めていることなどから，中国はRCEP交渉の促進を通じて，これをアジア共同体と経済協力深化の重要な切り札としていることが伺える。

EAFTA から RCEP へ

2013年10月10日，李克強は，ブルネイで開催された第8回東アジア首脳会議で，戦略的協力を強化し，共同で挑戦に応対すること，経済協力を深化し，地域融合を促進すること，安全の相互信頼を増進し，地域の平和・安定を守ることを提唱し，「東アジアは現在世界で潜在力と活力を最も備えた地域の中の一つで，東アジアの将来性が本地域各国の利益に関わり，世界の今後の発展にも影響を及ぼしている。我々は手を携えて，絶えまなく協力のコンセンサスを凝集し，地域の平和と安定の擁護に努め，各国の経済発展と民生の改善を促進して，地域や世界平和と繁栄のためにより大きな貢献を行っていく」と訴えた。さらに李克強は，「RCEPとTPPは交流してともに進展することが可能である」と強調し，TPPに対する一定の理解を示した。2013年11月，中国共産党の第18期第3回中央委員会総会（三中全会）は，周辺諸国を基礎にしてFTA戦略から地域協力を加速して，アジア諸国との共通利益を拡大していくことを提唱した。中国は，ASEANによるアジアの地域協力におけるイニシアティブを支持し，域外諸国がアジアで建設的な役割を果たすことを歓迎すると強調した。

中国は当初EAFTAを目指しながらも，RCEPを推し進めるようになった。その理由は，私利追求よりもアジア地域全体の融和を優先しながら，かついずれのFTAにおいても失うところがなかろうという計算もあった。この進路に沿って，中国はアジア地域におけるFTAの先導者に変わりつつあるだろう。むろん，中国はRCEPに対し，表向きには「ASEANが核」との姿勢をとっているが，RCEP内で最大の経済規模を有し，ASEANとも密接な経済関係（中国はASEAN最大の貿易相手，ASEANは中国第3位の貿易相手）を構築している中国は，TPP対応でRCEPを盾にTPPを牽制しているといえる。

5　APECからFTAAPへ

FTAAPに対するアメリカの思惑

　アジア太平洋地域における地域協力の最終的な姿として，21カ国・地域が加盟するAPECは，「アジア太平洋自由貿易圏」(FTAAP) 構想の実現を掲げている。1989年に創設されたAPECの大きな特徴は，非拘束性と自主性を原則とした「緩やかな協議体」である点であった。このため，APECは協議の場であって交渉はしない。また，合意内容は協定でなく，声明や宣言の形式を取り，あくまで自主的な努力目標であって法的な拘束力はなく，各メンバーは声明や宣言に縛られるわけでもない。

　しかし，アジア太平洋地域における政治・経済情勢が変わりつつあるなかで，APECメンバーもこれまでの経済発展モデルの調整が求められており，APECの枠組みでの協力を強化し，解決策を探ることは，各メンバーにとっての必然的な選択となっている。アジア太平洋地域のサプライチェーンが調整期にあることを背景に，ハードウェア・ソフトウェア・人の相互連結の実現が求められている。アジア太平洋の自由貿易プロセスが始動されれば，アジア太平洋地域の経済協力の推進を通じて，同地域の様々なFTAを統合し，地域協力における分散や重複という局面を転換するものとなる。[28]

　上記の目標を実現するためのFTAAP構想は，アジア太平洋地域にAPEC加盟国をメンバーとする広域のFTAを構築し，貿易・投資の自由化と幅広い分野の経済連携を目指すものである。2004年にABAC（APECビジネス諮問委員会）がサンチャゴAPEC首脳会議に，この構想を提案した。当初，実現可能性の点から冷遇されていたが，2006年にベトナムのハノイAPEC首脳会議でアメリカがFTAAP構想を打ち出すと，一気に関心が高まった。FTAAPは「長期的かつ野心的な目標」として位置づけられ，これを促進する方法と手段について作業部会で検討することになった。

　アメリカがFTAAPを提案した背景には，東アジアにおけるリージョナリズムの台頭がある。東アジア共同体を視野に入れた広域FTA（EAFTAやCEPEA）の構想はいずれもアメリカを排除したもので，そうした動きを牽制す

る狙いがあった。FTAAP の実現が APEC のポスト・ボゴール目標と位置づけられたのは，2009年のシンガポール APEC 首脳会議においてである。FTAAP の実現に向けた道筋を検討することで一致し，これを受けて，2010年の横浜 APEC 首脳会議で，FTAAP への道筋を示した「横浜ビジョン」が採択された。さらに，2012年のロシアのウラジオストック APEC 首脳会議では，地域協力を前進させることが，FTAAP に向けた「経路」であるとして，FTAAP 構想の模索を続けることで一致した。FTAAP は，TPP，EAFTA，CEPEA6 の3つの地域的な取り組みを基礎としてさらに発展させることにより，包括的な FTA として追求されることになった。なお，その後，EAFTA と CEPEA が RCEP に収斂されたため，現在は，TPP と RCEP の2つのルートによる FTAAP の実現可能性に注目が集まっている。

　アメリカは，中国も含めて TPP 参加国を APEC 全体に広げ，FTAAP を実現しようとしている。一方，中国を TPP に参加させたいが，TPP の枠組みが固まっていない段階でかき回してもらいたくない，というのがアメリカの本音であろう。中国が TPP 交渉に参加すれば，アメリカの主張との対立点を浮き彫りにすることにより，性急な自由化に慎重な新興国・途上国を取り込むといった戦略を取るだろう。こうした展開はアメリカが最も避けたいところである。2013年9月に設立された中国（上海）自由貿易試験区は，中国が選択肢の一つとして将来の TPP 参加の可能性を強く意識し始めていることの表れであろう。もちろん，中国が今すぐ TPP に参加する可能性はきわめて低い。アジア太平洋地域における経済連携の動きは，米中による陣取り合戦の様相を呈し始めた。アメリカは，中国包囲網の完成のため TPP への ASEAN 諸国の取り込みに腐心している。

FTAAP に対する中国の思惑

　APEC は，将来的に FTAAP の実現を目指すことで一致しているが，TPP ルートかそれとも RCEP ルートか，さらに両ルートが融合する可能性があるのか否か，FTAAP への具体的な道筋についてはいまだ明らかでない。こうしたなか，北京 APEC の準備に向けて2014年5月に中国・青島で開かれた APEC 貿易相会合で，FTAAP 実現に向けたロードマップを作成することを

明記した閣僚声明が採択された。また，2014年11月の北京 APEC 首脳会議は，焦点の FTAAP 構想について，「可能な限り早期」の実現を目指すとした首脳宣言を採択した。中国は提案の中で，FTAAP の建設は APEC すべてのメンバーの参与を前提とすべきと強調した。FTAAP への具体的な道筋について，中国としてはアメリカが参加していない RCEP ルートを FTAAP のベースにしたいのが本音であろう。だが，それでは端から APEC 内の意見がまとまらない。そのため中国は，TPP でも RCEP でもない「第3の道」として，正論を逆手に取って APEC ルートを新たに提示し，APEC において FTAAP 実現の主導権を握ろうとしている。シンガポールのリー・シェンロン首相は，「中国が FTAAP 構想を支援することは歓迎する」と評価した。ただし，APEC ルートに対する中国の本気度については疑わしく，漂流しかけている TPP ルートに揺さぶりをかけるのが真の狙いとも見られる。

　2014年の中国提案（北京ロードマップ）をきっかけに，もし APEC において FTAAP 交渉が行われるようになれば，APEC の性質が大きく変わることになる。APEC ルートが実現するためには，APEC 内で拘束原則が容認されなければならない。アジア諸国の拘束アレルギーは，2国間 FTA や TPP，RCEP などを通じて次第に薄れつつある。アジア太平洋の経済協力の現在の苦境から脱却するためには，FTAAP が理想的な活路になる。だが，今のところ APEC ルートの実現可能性は低い。TPP ルート（RCEP ルートとの融合も含む）を軸とした FTAAP の実現を目指している日米などが強硬に反対し，潰しにかかると見られるからである。言い換えれば，FTAAP は遠大な構想であり，その実現は決して容易ではない。FTAAP の理念と道のりについては APEC の主要メンバー間に意見の相違があり，自由貿易圏建設の具体的な道のりについて一致を達成するのは中短期的には難しいだろう。APEC から FTAAP への移行を目指す「APEC の FTA 化」は，今後，紆余曲折が予想される。

6　「一帯一路」戦略構想の提起

「一帯一路」構想の登場

　中国は，RCEP と FTAAP の構築に参画するだけではなく，アジア大の地

域協力を視野に入れて，ユーラシアにおける新たな地域経済協力ネットワークの構築を提唱している。2013年9月，習近平は，カザフスタンでの演説で，「シルクロード経済ベルト」[31]戦略構想を提起し，さらに同年10月には，インドネシア訪問中の同国国会演説で，「21世紀の海上シルクロード」[32]の共同建設を提唱した。「陸」を意味する「シルクロード経済ベルト」（絲綢之路経済帯）をカザフスタンで，「海」を意味する「海上シルクロード」（海上絲綢之路）をインドネシアで提起したのは戦略的に映る。この一連の呼びかけは，後に「一帯一路」（One Belt and One Road）戦略構想と呼称され，いずれも周辺地域の関連諸国との協力強化，共同発展を柱としている。いわば現代版のシルクロード建設はまだ構想中の段階であるが，その中身が次第に具体化されつつある。

2013年10月，習近平は，「周辺外交工作座談会」における談話で，「地域協力に積極的に参加し，シルクロード経済ベルトと21世紀の海上シルクロードを構築する。まず「周辺諸国を基礎とした自由貿易圏戦略」を実施し，貿易と投資協力の地理的範囲を拡大し，地域経済一体化の新たな局面を構築する」と訴えた。この現代版の陸海シルクロード構想は，いわば中国とアジア・ヨーロッパを結ぶアジア大の経済共同体の設立を夢想させてくれる。

ここでいわゆる「周辺諸国を基礎とした自由貿易圏戦略」については，2013年11月開催された中国共産党第18期第3回中央委員会総会（第18期三中全会）での審議を受けて承認された。同会議で決定されたコミュニケは，「経済のグローバル化という新たな情勢に適応するためには，国内外の開放の相互促進を推進し，海外からの導入と海外への進出をさらによく結合し，FTAを加速し，内陸部や国境地帯の開放を拡大しなければならない」と指摘した。[33]

その後，2014年11月，中国の指導者は北京APEC首脳会議，さらにブリスベンG20サミットなどを通じて，「一帯一路」の構想をアピールし続けた。中国は「一帯一路」戦略を通して，広い範囲の共同発展を促す膨大な経済外交を展開させ，海陸のパートナー体制を構築し，中国が世界の構造や秩序を率先して推し進める深い変革を生み出す自信を表した。その地理的な範囲は，ユーラシアとアフリカ，太平洋とインド洋沿岸国といった広範囲をカバーする。とりわけ21世紀の海上シルクロードは，15世紀初期における鄭和の大航海の現代版のようである。[34]

中国からみれば、「一帯一路」戦略構想の実現は、関税同盟といった高い理想を掲げるのではなく、貿易、投資、金融、エネルギー、科学技術、交通インフラなどの分野で協力し合う実務・柔軟な協力の枠組みを構築することにあるとする。言い換えれば、TPPなどハードルの高いFTAを目指すのではなく、発展段階の異なる地域が受け入れ可能な新たなFTAの「枠組み」、すなわちユーラシアにおけるメガFTAを構築することにあるということになろう。換言すれば、「一帯一路」戦略は、中国自身の安定と発展の保証を促すほか、より多くの「公共財」を提供し、アジアに新しい地域経済協力の選択肢をもたらし、アジア共同体の構築に力強い原動力をもたらすだろう。

「一帯一路」構想の中身

2015年現在、既に約60の国が「一帯一路」構想に対する支持を表明しており、ASEAN、南アジア地域協力連合（SAARC）、アラブ連盟などの多くの地域協力機構から支持されている。また中国はカザフスタン、カタールなどの各国と提携覚書に調印しており、関係諸国各自の発展戦略と互いにドッキングして、早期成果獲得の実現を目指している。これにより、「一帯一路」の一連のプロジェクトが早くも成果を手にしている。東南アジアには、中国とミャンマーを結ぶ道路、チャウピュ港、シアヌーク港、中国とラオスとタイを結ぶ道路、インドネシアの港湾、タイのラヨーン工業団地が含まれる。中央アジアには、中国とキルギスとウズベキスタンを結ぶ鉄道、中国とタジキスタンを結ぶ道路、中央アジア天然ガスパイプラインがある。北東アジアには中露天然ガスパイプライン東線・西線プロジェクトがある。南アジアには中国とパキスタンを結ぶ道路、工業団地などがある。[35]

中国が提唱した「一帯一路」戦略構想は、まず相互の連結性、つまりインフラの整備を実現しなければならない。莫大な建設資金を確保するため、2014年、中国はBRICS開発銀行やAIIBを自らが主導する形で提唱した。これは、日本とアメリカが主導してインフラ開発などの資金を供給しているアジア開発銀行の資金不足を補う形で、新たな開発金融機構を通じて、アジアでの影響力をさらに強化する狙いがあるのに違いない。AIIBでは、中国政府は1000億ドルの資本金の約半分を拠出する予定である。2015年3月時点で、AIIBに対して

既に27カ国が参加を表明している。イギリス，ニュージーランドやサウジアラビアなど先進国や富裕国の一部も名を連ねるが，大部分が支援を受ける側のアジア諸国である。

　さらに2014年11月に中国は，バングラデシュ，タジキスタン，ラオス，モンゴル，ミャンマー，カンボジア，パキスタンというシルクロード構想の要に位置する国々の首脳を集め，北京で「相互接続パートナーシップ強化対話会議」を開いた。同会議で，習近平は中国が独自に400億ドルの「シルクロード基金」を創設し，対象地域の鉄道やパイプライン，通信網などのインフラ整備を援助すると表明した。共同声明では「私たちは相互連結パートナーシップを強化し，実務協力を深化させ，共同発展を求めることを決意した」と強調された。中国は，AIIBによる融資に加え，シルクロード基金を通じて中国がより直接関与する形で資金を援助し，豊富な資金力をテコに，アジア大の広域経済圏を築く考えであろう。

　「一帯一路」戦略構想には，様々な分野における経済協力を深化する計算があるだけではなく，また強い地政学的な思惑も含まれている。「一帯一路」構想は，ユーラシアにおけるメガFTAになると想像できる。これにより中国は，「一帯一路」構想の実現へ取り組みを加速し，アジアにおいて自らお金の流れを支配し，ルールを作っていこうという「野心」が露呈するといえる。「一帯一路」構想の実現は，ニュー・ノーマル（新常態）に歩み入る中国がいっそうの対外開放を契機とし，急速に発展する中国経済と沿線諸国の緊張状態を緩和させるもので，沿線のすべての国にウィンウィンと共同繁栄の福祉をもたらすだろう。

　しかし，アジアの国と地域には，信仰の違い，民族の違い，経済発展レベルの違いがあり，協力発展を進めようとしても事はそれほど簡単ではない。また少なくとも現段階においては，「一帯一路」戦略構想は，具体的なルールや地域的，産業的にカバーする範囲が曖昧なビジョン，あるいはイニシアティブに過ぎない。FTAAPと同様，「一帯一路」のロードマップが示される前に，多くの紆余曲折を経ることになる。TPPまたはRCEPのように明確なルールや規定を持った経済連携メカニズムとは異なる。関係諸国からの支持を得るためには，「"一帯一路"とは一体何であって，どういうルールの下で何をやろうと

している，どこへ向かおうとしているのか」という基本的な問いに対して，透明性をもって説明しなければならない。さらに，「一帯一路」というメガFTAの枠組みは，すべての関連国の標準・条例に合致し，発展の不均衡による不利な要素を克服する必要がある。

いずれにせよ，この「一帯一路」戦略構想が，今後アジア大の経済協力構想としてどこまで機能するか未知数であるが，将来的には世界の貿易・投資自由化を促す新たな手段になる可能性もあり，60％を超える世界人口をかつてない凝集の方向へ導く望みがある。

7　アジアの地域協力からアジア共同体へ

アジアの地域協力の特徴

経済的な相互依存が進む中で，国家間の力関係が急速に変化するアジアにおいて，中国も繁栄の確保を至上命題として，関与，牽制と均衡，リスク・ヘッジの戦略を単独で履行すると同時に，地域経済協力を通じても実施してきた。アジア共同体構想を実現するためのアジア国際関係の構造を安定化させるにあたり，しばらくは時間が必要であろう。中国では，「中国の発展は世界から切り離せず，世界の繁栄と安定も中国から切り離せない」との考えが人々の心に深く浸透するようになったのである。中国はこれまでに同様に多様な外交戦略で対応しており，とりわけ周辺外交戦略のもとで，「アジア運命共同体」，RCEP，FTAAP，「一帯一路」といった新しい地域制度の構築を試みようとしている。すなわち力関係の変動が地域の緊張と対立をもたらさないための新たな制度のあり方が模索されている。

中国は一連の重要な対外協力構想を提起し，その最も重要な相手がアジア諸国である。これにより，アジア諸国に経済的な恩恵を与え，友好関係を築いて，中国に有利な周辺環境をつくり上げることが中国の狙いである。また，これらの構想は開放的であり，ACFTA，RCEP，FTAAPを含めてこれらの協力枠組みが相互補完であり，アジアの地域協力ネットワークをいっそう充実化させ，アジア共同体構築のために新しいエネルギーを注ぎ込むだろう。

目下進行しているアジア大の地域協力の促進は，中国からみれば4つの特徴

を持っている。第1に，中国が参加している地域協力の進行は，経験的観測からいわれている市場メカニズムに導かれているものと異なり，政府主導型であり，政府ビジョンに沿って民間資本を巻き込む形で進んでいる官民一体型の地域協力である。第2に，アジアにおける地域協力は経済，IT，越境犯罪など非伝統的安全保障分野が先導する多元的・重層的な地域協力である。このような重層的な地域協力関係はアジア共同体を構築する重要な特徴をなしている。第3に，アジア共同体を構築するための地域協力戦略は，同時に中国の西部大開発，長江経済ベルトなどの国内開発戦略と表裏一体の関係をなしており，中国にとっては開放政策の最終仕上げとする重要な政策でもある。[43] 第4に，中国は近年，人民元の国際化を政策の重点にしている。アジアにおいて人民元を貿易決済や直接投資などで幅広く使えるよう促す人民元の国際化政策は，中国の国際金融戦略の一環であり，周辺外交の一環でもある。[44]

　しかし，「アジア共同体」への道は平坦ではない。歴史認識，政治体制，経済成長，文化，宗教，価値観などの相違を考えれば当然である。これらの相違は国民国家形成に関連している。共同体を構築するには国境の撤廃が最終目標となる。ヒト，モノ，カネが国境を意識せずに行き交うことが可能とならなければ，共同体は形成できないからである。しかし，アジアの多くは依然として国民国家の確立と強化に意を砕いており，国境線を取り払うことはまず不可能である。共同体論を進めれば，かえって国家は自己防衛のためにナショナリズムを喚起する方向に動く可能性が高い。したがって，アジアでまず必要なのは，確固とした地域経済協力である。アジア共同体は，その地道な積み重ねのうえで，域内での徹底的な議論と合意を経て進められるべきものであろう。すなわち，「アジア共同体」の議論は，今後も何度となく紆余曲折を経ざるを得ない。長期的に見れば，アジア諸国の関係を適切な法的枠組みの下に置くことができれば，アジア共同体の実質的な格上げとなるだろう。中国とアジア諸国にはたえず協力を拡大し，妨害を排除し，溝を適切に処理し，アジア共同体の構築に向けて積極的に環境を整える責任がある。

アジア地域協力の課題

　中国にとってのアジア地域協力および今後の課題について，次の4点を指摘

できる。

　第1に、地域協力への参画には、中国の「政治的な意思」が今後も重要なファクターである。ACFTAの交渉・締結プロセスで見られるように、通商政策の交渉が進められると同時に安全保障政策の意思疎通も推進された。すなわち、事実上の経済協力の先行といった要因もあるが、政治的な合意が重要な役割を果たしたといえる。中国にとって、アジア地域協力をめぐるイニシアティブ争いよりも、周辺外交を通じて安定的な国際環境を求めることが今後も重要な政策課題である。そのため、アジア地域における信頼醸成を図りつつ、途上国の利益に沿うよう力を発揮することが求められ、ASEANを中心として経済協力を含めた地域協力が推進されることが望まれている。

　第2に、相互信頼関係を構築するために、2国間、多国間の枠組みによって、中国は多分野での重層的な地域協力を推進していくだろう。中国は、アジア共同体および地域協力に対して、経済分野から政治・安全保障分野、社会・文化分野への様々なアプローチを取っている。たとえば、中国にとってのアジア地域協力の枠組みとして、ACFTAの他、RCEP、日中韓FTA、FTAAPなどの多層的な交渉と協調が今後も続くと考えられる。

　第3に、アジア地域協力のさらなる強化を図るためには、長期的視野に立った漸進的なアプローチが望ましい。中国にとってアジア共同体の構築が長期的な目標であるものの、まだ構想段階に留まっている。歴史、民族、言語、文化、宗教、国家体制などの多様性に富むアジアでは、最初から理想的な状態を目指すよりも、経済分野、非伝統的安全保障分野での共同利益を拡大することによって、アジアの地域協力が推進されていくことが現実的であろう。[45]

　第4に、地域協力に伴う内外の矛盾を乗り越えることが求められている。アジア諸国は中国にとって重要な市場であり、また重要な投資先でもあるが、周辺諸国に進出するチャイナ・マネーと中国人への反発をいかに解消し、新しい中国脅威論を未然に防ぐかの方策が必要とされている。[46]また中国は、平和的発展にプラスとなる外交および国際的な枠組みを確立し、強固にしなければならない。中国は自国のハードパワーを強化すると同時に、さらに自国のソフトパワーを強固にする必要がある。さらには、中国国内における地域間の格差、貧富の格差が速やかに取り消されなければ、周辺諸国との経済協力にも支障をき

たすことになる。中国にとっては，このような諸問題を解決するためには，絶え間ない努力が必要とされている。

総じていえば，アジア共同体を構築するための地域協力は，中国がアジアの現段階と想定しうる未来状況をどのように考え，アジアの平和的安定と繁栄を実現するためのいかなる地域枠組みを構築するのかという問いへの創造的な思考のプロセスと位置づけるべきであろう。もしそうした意味での地域協力が進むとするなら，それは中国自体の根本的な変革を進めていくことにもなるのであろう。

註

(1) 川島哲『アジアの地域連携戦略』晃洋書房，2011年，144頁。
(2) 松浦正孝編著『アジア主義は何を語るのか──記憶・権力・価値』ミネルヴァ書房，2013年，375頁。
(3) 中華人民共和国国家統計局『中華人民共和国2010年国民経済和社会発展統計公報』2011年2月28日，http://www.stats.gov.cn/tjsj/tjgb/ndtjgb/qgndtjgb/201102/t20110228_30025.html。中華人民共和国国家統計局『中華人民共和国2014年国民経済和社会発展統計公報』2015年2月26日，http://www.stats.gov.cn/tjsj/zxfb/201502/t20150226_685799.html。
(4) 王緝思，シェラルド・カーティス，国分良成編著『日米中トライアングル──3カ国協調への道』岩波書店，2010年，29頁。
(5) FTAとは自由貿易地域を形成するための協定である。自由貿易地域というのは，それに参加する国々が相互の貿易障壁を撤廃する経済統合の一種である。現実のFTAには，域内貿易関税撤廃だけではなく，環境基準，動植物検疫，工業製品規格などの基準や認証の調和や統一，経済制度や規制の統一や自由化などの幅広い内容が盛り込まれている。したがって，現在大多数の国々が推進しているFTAと日本自らが締結する経済連携協定（EPA）をあえて区別する必要はなかろう。
(6) 佐藤東洋士・李恩民編『東アジア共同体の可能性──日中関係の再検討』御茶の水書房，2006年，337頁。
(7) アーリー・ハーベスト（EH）とは，貿易自由化を進める際，一部の関税撤廃などの自由化を，全体のスケジュールより先に実施する措置を指す。たとえば，先進国と途上国との貿易自由化交渉で，先進国側が途上国に配慮して先に特定品目の関税引き下げを提示し，自由化の恩恵を一足先に波及させるというイメージである。
(8) 『中国・ASEAN関係の仕上げの筆』人民網，2013年10月7日，http://j.people.com.cn/94474/8417803.html。

(9) 『上海合作組織五周年宣言（全文）』新華網，2006年6月15日，http://news.xinhuanet.com/newscenter/2006-06/15/content_4703028.htm。
(10) 島村智子「上海協力機構（SCO）創設の経緯と課題」『レファレンス』2006年12月号，58頁。
(11) 山本武彦・天児慧編『東アジア共同体の構築1――新たな地域形成』岩波書店，2007年，107頁。
(12) 「近隣の友情を『買う』中国」『日本経済新聞』2015年2月23日。
(13) 張蘊嶺「対東亜合作発展的再認識」『当代亜太』2008年第1号，7-8頁。
(14) 『中国の外交，受動的な姿勢から積極的な取り組みへ』中国網，2015年3月10日，http://japanese.china.org.cn/politics/txt/2015-03/10/content_35009275.htm。
(15) 『習近平主席がインドネシア国会で重要演説』人民網，2013年10月4日，http://j.people.com.cn/94474/8416969.html。
(16) 2つの政治の共通認識とは，協力推進の根本は戦略的相互信頼を深めて善隣友好を切り開くこと，協力を深めるカギとして経済の発展に力を入れてウィンウィンを拡大することである。7つの分野の協力とは，中国・ASEAN諸国善隣友好協力条約の調印を積極的に検討すること，ACFTAのグレードアップを手掛けること，相互連結のインフラ建設を加速させること，地域の金融協力とリスク防止を強化すること，海上協力をさらに推進すること，安全分野における交流と協力を強化すること，文化や科学技術における交流と協力を強化することである。
(17) 『中国・ASEAN首脳会議開催，李克強総理が「2＋7協力枠組み」を提唱』新華網，2013年10月10日，http://www.xinhuaxia.jp/social/policy/609。
(18) 『習近平総書記：より緊密な共通利益網を構築』人民網，2013年10月28日，http://j.people.com.cn/94474/8438737.html。
(19) 『アジア安全観を深く解読』中国網，2014年5月22日，http://japanese.china.org.cn/politics/txt/2014-05/22/content_32461388.htm。
(20) 劉振民「堅持合作共贏，携手打造亜洲運命共同体」『国際問題研究』2014年第2号，1-2頁。
(21) 田中明彦『新しい中世――21世紀の世界システム』日本経済新聞社，1996年。
(22) 西口清勝・夏剛編著『東アジア共同体の構築』ミネルヴァ書房，2006年，55-56頁。
(23) 林華生編『アジア共同体――その構想と課題』蒼蒼社，2013年，20頁。
(24) 黒柳米司編著『「米中対峙」時代のASEAN――共同体への深化と対外関与の拡大』明石書店，2014年，240頁。
(25) 石川幸一・馬田啓一・渡邊頼純『TPP交渉の論点と日本――国益をめぐる攻防』文真堂，2014年，53頁。
(26) 『李克強在第八届東亜峰会上的講話』新華網，2013年10月11日，http://news.

xinhuanet.com/politics/2013-10/11/c_125510930.htm。

(27) 江原規由「中国のFTA戦略の行方」『国際貿易と投資』2014年秋号（No.97），41頁。

(28) 『北京APEC，アジア太平洋地域の長期発展模索 3つのポイント』人民網，2014年11月6日，http://j.people.com.cn/n/2014/1106/c204149-8805325.html。

(29) 「焦る中国，FTAAP支援で墓穴？――「米国抜き」は遠のき」『産経新聞』2014年11月25日。

(30) 馬田啓一「APECの新たな争点――FTAAP構想をめぐる米中の対立」『フラッシュ215』2014年12月9日，国際貿易投資研究所，http://www.iti.or.jp/flash215.htm。

(31) シルクロード経済ベルトは，ユーラシア・アフリカを跨ぐ帯型経済ベルトで，既存・新設予定のユーラシア・ランドブリッジ交通網（鉄道・道路が主）を横軸とし，東は中国沿海地域，中西部地域から中央アジア，ロシア，中東地域を経て最西端はヨーロッパ西海岸に達する。全長は約1万kmで，南北は約300～4000kmである。

(32) 海上シルクロードは，とくにASEANとの経済連携強化が強調されている。中国では，地理的に東南アジアに近い広西チワン族自治区，広東省，福建省，浙江省や海南省，雲南省などを含め，海上シルクロードを建設していくとしている。

(33) 『中共第18期三中全会コミュニケ（全文）』人民網，2013年11月13日，http://j.people.com.cn/94474/8455189.html。

(34) 江原規由「中国の対外開放新戦略としての21世紀シルクロードFTA建設」『国際貿易と投資』2014年夏号（No.96），149頁。

(35) 『「一帯一路」戦略，60カ国が参与』中国網，2015年1月23日，http://japanese.china.org.cn/politics/txt/2015-01/23/content_34637470.htm。

(36) 『亜信峰会助推亜洲経済一体化』『経済参考報』2014年11月8日。

(37) 「中国，4.5兆円超の基金創設へ，"シルクロード経済圏"」『日本経済新聞』2014年11月8日。

(38) 2014年5月，習近平は，「我が国は依然として重要な戦略的チャンス期にあり，自信を持ち，現在の経済発展段階の特徴を生かし，ニュー・ノーマル（新常態）に適応し，戦略的平常心を保つ必要がある」と語った。ニュー・ノーマルに入った中国経済には，過去30年余りの高度成長期とは異なる次の4つの特徴が見られる。すなわち，減速する経済成長，改善する経済構造，重要性増すイノベーションと顕在化する金融リスクである。ニュー・ノーマルに対応するため，中国は，「安定成長の維持」「構造調整」「改革の推進」「対外開放レベルの向上」という4本の柱からなる経済政策を進めている。この中で，アジア大の地域協力に積極的に参加することが協調されている。

(39) 『海上新シルクロードの「新」はどこにあるのか』新華網，2015年2月13日，

http://jp.xinhuanet.com/2015-02/13/c_133993220.htm。
⑷₀　『2015年,「一帯一路」は新しく華やかな楽章を奏で出す』新華網, 2015年2月3日, http://jp.xinhuanet.com/2015-02/03/c_133966753.htm。
⑷₁　黒柳米司編著『ASEAN再活性化への課題——東アジア共同体・民主化・平和構築』明石書店, 2011年, 93頁。
⑷₂　王毅「北京APEC会議——通向亜太伙伴関係的里程碑」『求是』2014年第22号, 58頁。
⑷₃　山本武彦・天児慧編, 前掲書, 115頁。
⑷₄　青山瑠妙『中国のアジア外交』東京大学出版会, 2013年, 205頁。
⑷₅　平川均・小林尚朗・森本晶文編著『東アジア地域協力の共同設計』西田書店, 2009年, 139-140頁。
⑷₆　山本武彦・天児慧編, 前掲書, 116頁。

第9章　東アジアの少子高齢化とケア労働のグローバル化
―― ケアの担い手としての外国人労働者 ――

金　香　男

1　共通課題としての少子高齢化と東アジア共同体

　アジアにおける急速な経済発展とグローバル化やそれに伴う社会変動は急激に深化しつつある。少子高齢化は，アジアの持続可能な社会の実現という観点からも取り組むべき共通の課題といえる。これまで少子化・高齢化は，先進諸国で顕著な現象であったが，東アジアにおいても出生率の低下と平均寿命の伸長などにより，急速に人口高齢化が進んでいる。少子高齢化は，労働力の不足や社会保障負担の増大，経済成長の鈍化などをもたらすといわれているが，日本をはじめとして東アジアの多くの地域で速いスピードで進行している。

　既に東アジア諸国では，少子高齢化の進行が家族の変容とあいまって，社会保障の必要性が高まっている。ところが，アジアの国々の多くは権威主義体制のもとで経済発展を優先し，福祉を抑制してきた歴史を持っている。社会保障の導入は経済発展への負担，という観点から，社会保障制度が未確立の国も少なくない。こうした東アジアの特徴としては，国家の役割が相対的に弱いこと，福祉供給における家族の重要性，福祉政策に対する経済政策の優先などが挙げられる。

　従来，家族と共同体が担ってきた人間の再生産は，近代に入るや家族とともに国民国家が担い，営利企業や非営利組織などがそれを補う形で維持されてきた。だが，近年の急速なグローバル化と越境化の進展はその基本構図を崩しつつある。グローバル化は，単に国境を越える資本，情報，モノ，人の移動を活発化させただけでなく，これまでナショナルな領域によって担われてきた制度や慣習，生活スタイルの解体・再編成をもたらしている。

　もともと社会保障は国民国家を単位として開始されたが，アジアの経済統合

が進んで国境を越えた人の移動が増えてくると，社会保障も変容せざるをえない。福祉ないし社会保障をこれまでのように国家単位ではなく，グローバルな次元でとらえる視点が今後必要とされる。そして，一国レベルを超えた社会保障あるいは福祉社会というテーマが，東アジアを中心に議論されることで「東アジア福祉共同体」を構想することも可能であろう。[5]

ところで，1997年に発生したアジア経済危機によって，東アジアにおける地域統合は可視化されるようになった。ASEAN（東南アジア諸国連合）＋日中韓3カ国を中心とした「東アジア共同体」構想は，2000年代の半ば頃から現実味を帯びるようになった。ヨーロッパにおける経済統合からEU（欧州連合）までの歩みに照らし合わせたとき，市場統合は比較的容易に進められるが，人間に関わる労働資格や社会保障に関わる分野の統合は難しいといえる。とりわけ，ケア労働の分野は共同体構想の最後の課題として残されている。欧州全体においても，まだケア労働職は成熟しておらず，今後も拡大が期待される数少ない成長部門である。

東アジア共同体を議論する際，「ケアのグローバル化」[6]は最も重要な問題である。高齢化に伴い，需要が急速に拡大しているケアの担い手確保は大きな課題である。少子高齢化の進行に伴う本格的な労働力人口減少社会の到来，経済のグローバル化等を背景に，対応すべき課題が生じている。今後，労働力人口減少が加速化すると労働圧力の増大と高齢化による介護圧力の増大という二重の圧力が予測でき，外国人ケア労働者の参入は避けて通れない道でもある。[7]

ケアの担い手問題をどう克服するか。ケアは日常生活を維持するために必要な有償・無償の労働で，他者との関わりの中で生み出される。高齢者ケアにどう対応するかは財政問題に直結する。ケアのあり方への対処によって，財政問題，少子化問題，女性の就労問題は変わってくる。またケアの受け手からすると，担い手の問題は生活の質を規定する。製造業と異なり機械化が困難なぶん，人口減少社会においてはいかに担い手を確保するかが重要な問題となる。[8]

本章では，少子高齢化が急速に進展する中で，ケアの担い手確保は日本のみならず東アジア全体の共通課題であることを明らかにする。また，ケア労働のグローバル化が進む中で，介護人材の確保が国際的な競争となりつつある現状について触れるとともに，介護分野における外国人労働者の受け入れについて，

東アジアの地域統合という視点も含めて検討する。その際，EUやASEANにおける外国人ケア労働の事例を参考にしつつ，東アジアおよび日本における外国人ケア労働者の現状と課題について考察する。

2　少子高齢化の進展とケアのグローバル化

急速に進む少子高齢化

　少子高齢化は，もはや先進国特有の問題ではない。実際，少子高齢化は東アジアで急速に進行しており，持続可能な社会の実現という観点からアジア共通の課題となっている。これまで少子高齢化は，先進諸国で顕著な現象であったが，急速な経済成長とともに東アジアにおいても顕著である。東アジアの出生率の特徴は，欧米諸国や日本の経験を圧縮するような形で現れ，この地域の急激な人口高齢化をもたらす要因になっている。現在，世界的に人口高齢化が進んでおり，世界全体の高齢化率（65歳以上の人口割合）は2005年の7.3%から2060年には17.6%へと上昇すると予測される。[9]

　地域別に高齢化率の推移をみると（図9-1），これまで高齢化が進行してきた欧米はもとより，アジアにおいても高齢化が急速に進展すると見込まれている。1990年代頃までは，日本やアジア地域に比べて欧米地域の高齢化率が高かった。しかし，2005年になると，日本の高齢化率は20.1%と世界で最も高い水準となり，世界のどの国もこれまで経験したことのない高齢社会を迎えている。

　ところで，東アジアの高齢化事情と欧米先進地域との大きな違いは，人口規模の大きい国の存在と高齢社会へのスピードが日本よりも速い国が多く存在するということである。人口は中国が13.5億人，インドが12.4億人，インドネシアが2.4億人であるし，高齢化社会（高齢化率が7%）から高齢社会（同14%）への速さは，シンガポールが16年，韓国が17年，そして中国が23年，日本が24年と驚異の速さで高齢化が進んでいる。つまりアジアは，今後世界的にみて高齢化が最も速く進む地域となる。アジアは世界で最も高齢者の多く住む地域となり，2030年には高齢人口は欧州の2.5倍となる。[10]

　このような急激な人口変動は，社会経済の持続可能性（サスティナビリティ）を揺るがすことも懸念されている。急速に進む少子高齢化は，それぞれの国や

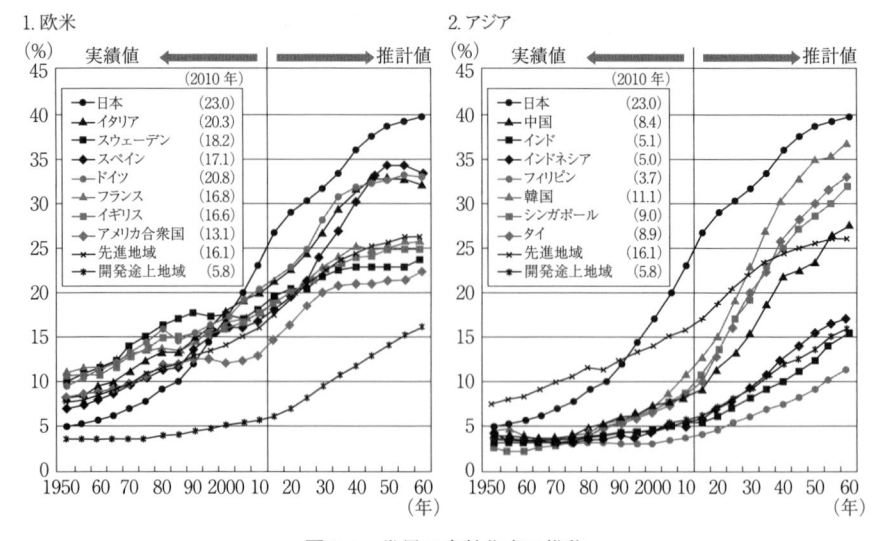

第Ⅱ部　経済・社会・環境からみたアジア

図 9-1　世界の高齢化率の推移

注：先進地域とは，北部アメリカ，日本，ヨーロッパ，オーストラリアおよびニュージーランドからなる地域をいう。開発途上地域とは，アフリカ，アジア（日本を除く），中南米，メラネシア，ミクロネシアおよびポリネシアからなる地域をいう。
資料：UN. World Population Prospects: The 2012 Revision.
　　　ただし日本は，2010年までは総務省「国勢調査」，2015年以降は国立社会保障・人口問題研究所「日本の将来推計人口（平成24年1月推計）」の出生中位・死亡中位仮定による推計結果による。
出典：内閣府『高齢社会白書（平成26年版）』2014年，12頁。

社会に多くの課題を突きつけることになる。世代間のバランスが崩れ，逆ピラミッド型の人口構成をした高齢社会では，年金制度は持つのか，出生率をどうするのか，労働力をいかに確保するのか。とりわけ，高齢者の介護を誰がどのようにするのかといった問題は，生産年齢人口（15〜64歳の人口，労働力人口）の減少とあいまって，これからますます深刻なものとなろう。[11]

ケア問題の顕在化──「家族ケア」と「ケアの社会化」の狭間で

　日本をはじめとして東アジアの国々や地域では，「老後の面倒を誰が見るのか」というケア問題に直面している。現在，どちらかというと「安定的」と考えられてきた家族のあり方が大きく変化しつつある。それは，急速な少子高齢化と家族の変化を経験している東アジアにおいてとくに顕著で，家父長制に基づく伝統と現実との狭間で揺れている。ただし，国ごとにその影響と対応は一

様ではなく，多様なケアのあり方が実現しているのが現状である。

　東アジアは儒教の精神が強く，従来は家族によるケアを当然とする文化があったが，そうした文化も社会環境の変化で維持できず，介護を社会が担っていく「介護の社会化」が進行しつつある。高齢者を対象とする介護サービス保障制度では，日本がオランダ，ドイツに続いて世界で3番目に，アジアでは初めて2000年に介護保険制度を導入した。韓国においても，2008年から長期療養保険制度が施行されたが，その際，日本とドイツの介護保険制度を参考にして，多くを日本の制度から取り入れている。その意味では，日本はモデルを提示することができたといえる。中国については，青島市といった都市を単位にして，介護保険の実験が行われており，中国政府内でもすでに介護保険制度の導入を検討中とのことである。台湾については，2016年から介護保険制度を始める準備をしている(12)。

　一方で，福祉より経済政策を優先し，福祉供給における家族の重要性を強調するという東アジアの基本的な姿勢は，多くのジレンマを抱えている。少子高齢化という人口構成の変化は労働圧力とケア圧力の二重の圧力を増大させ，政府，家族，市場あるいはコミュニティの役割を見直す契機となっている。東アジア諸国では，二重の圧力の緩和のため労働者として，あるいはケアの担い手として国外の人材を導入してきた。とくに施設介護が抑制されている東アジア諸国ではケアの担い手をケア労働者として導入し，家族の領域に接合させてきたのである(13)。

　東アジア諸国では，福祉政策の充実よりも外国人労働者の雇用を合法化することで，ケア問題に対応しようとしている。そして，2000年代以降，東アジアと一部の東南アジアにおけるケア労働市場の拡大は，就労と高齢者のケアの両立を主眼とする福祉供給の「家族主義」と結びついている。たとえば，シンガポールや香港，台湾，韓国といった経済成長が著しかったアジアNIES諸国では，ケアの社会化を通じて脱家族化を図ったとは必ずしもいえず，家族ケアを補完・促進する外国人ケア労働市場を活用した。すなわち，福祉国家の未成熟に対処するために，外国人ケア労働者の導入が積極的に進められている。国家による福祉供給に限界があるため，人々は市場から福祉を購入するという手段を選ばざるを得ない。公的施設による介護の不足を外国人ケア労働者の雇用に

より補うという解決法である。

このような現状を広井は，「ケアの外部化・市場化」と呼んでいるが，現代という社会は「高齢社会」であると同時に巨大な「ケアの消費社会」であるという。それまで家族が担ってきた，あるいは家族内で行われていた様々な機能が次々に「外部化」されてきた。そして，それを補うために整備されてきたのが他ならぬ「社会保障」のシステムであった。家族内部の関係（経済的扶養や相互のケアの関係）は「市場」の外に置かれていたが，経済のグローバル化の展開の中で，ケア労働が家族内の領域から経済の領域にシフトしている。それゆえ，ケア産業が消費社会の最後の領域として，成長産業として，注目されるという。

家族の福祉機能を維持・強化してきた東アジアであるが，家族ケアは外国人労働者を導入することで可能であった。東アジア諸国において「ケアの社会化」などの社会保障政策は，儒教や伝統規範と入れ替わるのではなく，家族というケアを生み出す供給源として外国人ケア労働者を活用している。それは，政府が家族を戦略的に活用しているという点で「家族化政策」と呼べる。つまり，東アジア諸国において，核家族化や女性の労働力率の高まりなどの動向が見られる一方で，こうした家族化政策を可能にしていくうえで大きな役割を果たしたのが，外国人ケア労働者であった。だが，現状では外国人労働者の劣悪な待遇，家族にかかる経済的負担，経済的弱者の社会的排除など，多くの問題を抱えている。

ケアのグローバル化と外国人労働者

近年の人の移動として注目されているのが，「ケアのグローバル化」である。その背景にあるのが，先進国や経済発展が著しい国におけるケア労働の需要の高まりである。様々な課題を抱えながらも着実に国境を越えるこれらの国際人口移動は，少子高齢化した社会の中でありふれた模様となりつつある。

ケア労働のグローバル化は世界的な傾向であり，欧米のみならずアジアにおいてもケア人材の確保は大きな課題となっている。東アジアにおいても少子高齢化の進行とともに，介護の現場で様々な問題が顕在化しつつある。家族の小規模化の中で，家族介護は，構造的な変化にさらされている。そうした中で，

たとえば「増大する高齢者の介護を誰が担うのか」などといった問題をめぐって，外国人ケア労働者の導入やサービス供給体制の変化など，グローバル化や市場化による影響が浮上しつつある。[18]

家庭という最も身近な親密圏にも，ケア労働を介して，グローバル化は浸透してきている。アジアでは介護・家事・子育てなど，広い意味でのケアが，国境を越えてグローバルに提供されつつある。そこには，少子高齢化に伴う社会変化に対応するために，国内の女性を労働力化すればするほど，育児や老親の世話を託するメイドや施設や機関の需要が増え，そのコストを軽減するために外国からの労働力を導入せざるを得なくなっているのである。また，そのような少子高齢化した諸地域の周辺には，まだ「人口転換」が図れずに多くの若い[19]労働力の失業状態が慢性化している状況があり，この構造的な差を埋めるべく，多くのケア労働者が国際的な移動を行っており，移住労働の女性化が進められている。

こうした傾向が最も顕著なのが，少子高齢化が急速に進んでいる東アジアである。ケア従事者の不足が拡大しており，そのために国際移動が加速されている。日本国内のみならず，ケアの不足がグローバル化しており，いろいろな国で介護現場は外国人女性の人材なしには語れなくなっている。日本においては，高齢化による進展とケアの需要増大が人の移動に直結しているとは捉えられていない。しかし実際には，国境を越えて人が移動するケアのグローバル化は進展している。

アジア的な福祉政策と言われる家族によるケアは，残余的な福祉サービスの供給体制，性別役割分業の維持，女性の労働力の上昇や家族の変化によって困難を抱えているが，アジアNIESでは，外国人労働者が家族ケアの重要な担い手となっている。アジアNIESでの外国人ケア労働者の導入は，香港の1974年が初めてだが，その後1978年にシンガポール，1992年に台湾，2004年に韓国で導入され，その数は増大した。

これらのアジアNIESは，当時経済開発中心の政策を採っていたため，福祉の充実によってケア労働の脱家族化を図るのではなく，政府が外国人労働者の導入を開放することで，ケア労働を外部化するという一つの選択肢が制度として確立したのである。つまり，自国の女性の労働力化の過程において外国人ケ

ア労働者が導入され，ケア労働全般の国際商品化が進展した。このことはケア労働全般が性別役割分業に変更を加えられることなく，ケア労働に価格が付き，異なるエスニシティに外部化され，階層化がもたらされることになる[20]。

日本以外の国に目を転じるならば，シンガポール，香港，台湾，韓国といった東アジアの国や地域では，高齢化に伴いケア労働者の国際移動が活発化しているという現実が既に存在している。これらの国や地域では，外国人ケア労働者を積極的に受け入れており，介護現場のグローバル化・女性化の流れのなかで，外国人からケアを受けることは，もはや特別なことではなくなっている。安里によると[21]，2010年時点で，シンガポール，台湾，香港だけで70万人を超える外国人家事・ケア労働者が存在し，韓国には20万人に上る家事労働者や病院付添人が就労している。またタイ，マレーシアなどの東南アジア諸国を含めるとその数は全体で200万人を超えている。

急速な高齢化と生産年齢人口の減少を前に，医療・介護分野における外国人労働者増大はどのような意味を持つのか。また，外国人ケア労働者の受け入れの経験をどのようにして将来の社会保障政策，労働政策，移民政策へと展開していくことができるのかが，今後の課題であろう。

3　ケア労働者をめぐる地域的取り組みと課題

EUにおけるケア労働者ニーズ拡大と取り組み

東アジアにおけるケア労働者の問題を考える際，EUの事例は参考になると思われる。欧州でも少子高齢化とケア問題は，各国に共通する課題であり，ケアを必要とする高齢者の比率は高まっているが，逆にケアの担い手は不足している。したがって，欧州においてもケア労働者のニーズは拡大の一途にある。

一方，看護・介護とも慢性的な人材不足を抱えている部門であり，各国で様々な対応が取り組まれてきたが，欧州各国では1970年代から，人口変動に対応する社会のあり方について議論を重ね，移民の受け入れや女性の労働力率の向上，福祉の充実を同時にかつ複合的に進めてきた。EUでは「高齢者」と「移民」という急速に増加する2つの集団の潜在的な力をどのように生かすのかが，将来への鍵となるとされており，アクティブ・エイジング，移民の統合，

有償労働と家族に対するケアのバランスが政策課題として浮上している[22]。

岡によると[23]、欧州においても福祉サービスや社会保障制度、労働市場、経済情勢に関しては違いがあるため、その対応策も異なるという。高齢者のケアについては、北欧や西欧に典型的なように施設入所型の介護施設が充実した国もあれば、南欧や東欧では家族介護やボランティアが在宅を中心に介護することが一般的な地域もある。たとえば、オランダやドイツのように介護保険制度を導入した国、フランスや北欧諸国のように基本的に税方式の介護サービスを展開する国々と、その方法は多様であるが、ケア労働者を通じて介護サービスがますます大量に供給されようとしていることに変わりはない。また、国や地域によって、施設入所型中心かそれとも在宅介護中心なのかについて、その違いはあるものの、アジアとは異なる重要な側面を持つ。

それは欧州においては、ケア労働者に限らないことであるが、労働者の自由移動が保障されている。EU域内における労働移動は、基本的自由の行使であるのみならず、EU市民およびその家族の基本的権利である。1993年に市場統合が実現すると、EU諸国の国民はすべて、原則として自由にEU域内を往来し域内に居住できるようになった。域内の自由移動に関するこれまでの規定や判例は「指令」に一本化された。EU市民という概念と制度を背骨とする域内のEU市民の自由移動の枠組みは、その経緯の発端からして、労働市場においても障壁をなくすということである[24]。

EUでは創設以来、域内における労働者の自由移動が奨励されてきた。必要とされれば国境を渡って労働者が自由に移動することが、欧州全体の経済活性化に繋がると理解された。現在では、EU28カ国の間で人の自由移動が認められ、いずれかの加盟国市民であれば、他の加盟国において当該国市民と同じように扱われる。介護や看護に限らず、あらゆる職種、自営業者も自由に移動して就労、営業活動もできる。たとえば、介護労働の人材が不足する場合、時間をかけて国内で養成するだけでなく、欧州全体から人材を広く確保することが可能である。国によっては、EU加盟国域内に限らず、アジアやアフリカの国々から広く人材の受け入れを進めている場合もある[25]。

アジア同様に介護労働の分野は、欧州でも激動の時期を迎えている。将来的に雇用増が見込まれる数少ない成長部門である。欧州全体においても、まだ介

護労働職は成熟しておらず,今後も拡大が期待される。介護労働は外国人が比較的入りやすい職種と思われるため,外国人ケア労働者が増えていくことは想像に難くない。欧州レベルの活動が展開されるごとに介護労働者の国際移動も活発化する構図は変わらないであろう。欧州域内に限らず,世界中からより多くの人材が介護労働者として欧州に受け入れられていくことは確かであろう。

このように,地域統合による人の移動の自由化は,EU のみならず,すでにカリブ諸国(CARICOM),アフリカにおいては,東,西,南部の地域共同体で実現されており,ASEAN では,2015年より人の移動を自由化する方向で動いている。さらに,自由貿易協定(FTA),経済連携協定(EPA)といった2国間の協定を通じても,人の移動の自由化が進んでいる。

アジアにおけるケア労働者への取り組みと問題点

東アジアにおいては,EU や ASEAN のような地域共同体が存在しないために,人の移動をめぐる問題を多国間で議論する共通の「場」が存在しない。今後,ASEAN+3(日中韓)を中心とした「東アジア共同体」を構想する際,ASEAN の経験は参考になるだろう。

アジア域内で,すでに活発なケア労働移動がみられる ASEAN は,2015年に「ASEAN 共同体」の実現を目指し「ASEAN 経済共同体」のなかで,域内自由移動を認めることにしている。鈴木によると,2000年代に入り,ASEAN 域内における低熟練労働者および非熟練労働者の人の移動をめぐり,送出国と受入国の対立が顕在化している。その利害対立の妥協として,拘束力のない宣言が合意され,各国に取り組みを促すという形がとられている。第12回 ASEAN サミットにおいて採択された「2007年移民労働者の権利の保護と促進に関する ASEAN 宣言」は,送出国と受入国が存在する ASEAN 地域内において,送出国と受入国双方が参加する共通の基盤となる画期的な宣言である。しかしながら,これはあくまで協調レベルの宣言であり,各国間の法的義務はない点において,送出国と受入国の溝は埋まっていない。加盟国にとっては,国内措置や2国間協力で当座の問題に対処するのが現実的であるとしながらも,実効的な国際措置や2国間協力の基盤を示すという意味で,ASEAN における協議とルールづくりが必須であると指摘されている。

ところで，東アジアにおける人の移動の特徴としては，今世紀になって，「2国間の覚書（MOU）」と国内法制をリンクさせる方法で，国際労働移動を制御する政策を積極的に展開するようになった。送出国と受入国の間で，労働者の送り出しおよび受け入れに関わる合意は多くの場合，MOUという文書に規定されている。受入国にとっては受け入れる労働者を特定の国からに限定することによって労働者の管理がしやすく，送出国にとっては特定の受入国との関係を固定化することができる。2国間の覚書は，公式のチャンネルで移民労働者を斡旋・雇用する制度であり，労働者の流出および流入に対する各国政府の制限および管理を特徴とする。しかし，2国間覚書の実効性は，多くの場合は適切に運用されず，労働者の円滑な斡旋や管理という点で有効に機能していないのみならず，保護されるべき労働者の法的地位は不安定である。[30]

外国人ケア労働者を積極的に受け入れている香港，シンガポール，台湾，韓国などのアジアNIESでは，外国人労働者が家族ケアの重要な担い手となっている。前述した通り，2010年時点で，シンガポール，台湾，香港だけで70万人を超える外国人家事・ケア労働者が存在し，韓国には20万人に上る家事労働者や病院付添人が就労しているが，外国人労働者の劣悪な待遇，非正規労働者の存在，失踪問題，経済的弱者の社会的排除など，多くの問題を抱えている。

このように，東アジアにおける2国間の覚書が有効に機能しない理由として，一つは労働者の斡旋にかかる業者の介在問題がある。東アジア諸国では，政府が外国人労働者のリクルート・斡旋のプロセスに部分的に介在するものの，基本的には民間業者が主要な役割を果たしているのが現状である。そうしたなか，韓国が15カ国の送出国との合意に基づいて運用している「雇用許可制」は，アジアにおける2国間合意の好例として挙げられる。[31]韓国が，人権問題などへの配慮から2004年に導入した雇用許可制では民間業者を排し，政府による直接的な斡旋へと踏み出したことは革新的といえよう。韓国は相手国の送り出し窓口も政府機関とするほか，当該国とのMOUを通じて，労働者の受け入れのための手続きを整備した。[32]

もう一つの理由に，第三者の必要性が指摘されている。覚書をめぐる両国間の紛争の解決は，両国間の交渉によると規定されているが，ここに2国間の覚書の限界がある。二者間の紛争解決に関する合意は，国家であれ法人であれ，

第三者の介在があってこそ，その法的効果が担保される。そこで，2国間覚書の履行を監視する第三者，紛争を処理する第三者が必要とされる。各国が2国間で締結している覚書を共通の機関に付託し，その執行を監視する法的枠組みが有効と考えられる。また各国の裁量にある2国間覚書の規定を包括的に網羅する多国間枠組みの構築が考えられる。現在，東アジアの国々の人の移動に関する法制度そしてその地域的枠組みは，包括的な制度ではなく，その対象を別々に，移動が促進される高度人材，厳しい制限を課せられ非正規労働者問題と関連づけられる低熟練・非熟練労働者など，その政策が林立している[33]。

東アジアにおける経済統合が加速されるなか，今後ますます活発化することが予想されるケア労働のグローバル化であるが，東アジア共同体の議論は，ビジョンも計画も具体化しているとは言い難い。EUやASEANのように「東アジア共同体」というものはまだ本格的に俎上に載っていないし，日中韓の間の意識の壁は高い。この壁を崩さない限り，近隣諸国との真の友好関係が築かれない限り，そもそも国際的枠組みとしての人の移動の時代は訪れないであろう。

日本におけるケア労働の受け入れ政策と課題

欧米および東アジアで少子高齢化が進み，ケア人材の確保は国際的な競争となりつつある。ケア労働者が国内で見込めないという状況で，アジアNIESは外国人ケア労働者を積極的に受け入れているのに対して，日本はむしろ対策が遅いといえる。日本は世界で最も高齢化が進んでおり，今後75歳以上の後期高齢者が急増していくこともあり，介護問題がいっそう深刻化していくことになる。ケア労働者をどう補うのかということを早急に考えなければならない。

介護分野は慢性的な人手不足にあり，日本は，介護分野の外国人労働者を2008年から経済連携協定（EPA）に基づきインドネシアなどから受け入れてきた。それは，世界的に始まっている国際的なケア労働力の市場競争に日本も加わったことを意味する。また，近い将来日本人の高齢者が外国人にケアされる日が来ることを日本社会に知らしめた象徴的な出来事であった。と同時に，長年議論されてきたこの分野の外国人労働者受け入れが現実になったという意味で大きな転換点といえる[34]。

厚生労働省によると，2008年にはインドネシア，2009年にはフィリピン，さ

らに2014年にはベトナムから看護師・介護福祉士候補者が派遣され，2014年時点で3カ国合計で2377人となっている。これらの外国人ケア労働者が日本で働き続けるには，協定上定められた在留期間中に日本の国家試験に合格しなければならないなど，資格取得のハードルは高い。開始から7年が経ったいま，就労している人材は約1000人にとどまっている。このような限定された受け入れ人数では，今後の介護職の確保にはさほど大きな貢献はできないという見方が強く，日本の外国人受け入れ方針についての再検討が迫られている。

そこで日本政府は，2014年6月に閣議決定した「成長戦略（日本再興戦略・改訂版）」で，介護人材を技能実習制度に追加するかどうかを検討するとしたが，2015年になると「外国人技能実習制度」でも技能を学ぶ実習生として，受け入れる方針を決めた。介護人材は，団塊世代が75歳以上となる2025年までに，約30万人不足する見通しで，人材不足を外国人人材で補うねらいがある。しかしながら，厚生労働省は「相手国への技能移転が目的」と強調し，また日本政府も，あくまで現制度の運用改善で「移民政策と誤解されないように配慮を」とクギを刺す。だが，実習生という曖昧さを残したまま，労働力として受け入れることに対して，同制度をめぐっては，国内の労働力不足を緩和する手段に利用されているとの指摘もある。[35]

日本は，2025年にはおよそ5人に1人が75歳以上と，まさに「超高齢社会」を迎えることになる。介護分野は，製造業や農業など従来の技能実習と異なり，初めての対人サービスとなるため，日本語の能力は不可欠として固有の要件を設けた。一方，香港，シンガポール，台湾，韓国など，すでにケア分野の外国人労働者を受け入れているアジアNIESでは，一定時間の研修を義務づける例はあるにしても，日本のような候補者の要件や資格などの条件はなく，いわゆる単純労働者として受け入れている。日本は，介護の「質」の保障を重視しており，アジアのほかの国に比べて候補者の資格要件や資格習得など非常に厳しいと言わざるを得ない。

このように，日本とアジア諸国では，外国人ケア労働者の受け入れ政策に大きな違いが見られる。日本では，外国人労働者の受け入れに対して，治安の悪化や社会保障費用の増大といった社会的コストなどが挙げられるが，人口構成の変化に対する新たな社会システムの構築は喫緊の課題である。[36]

EPAは，人手不足が叫ばれている都市部を中心に，ケア労働力に関しての期待が高まっている。しかし，これは高齢化によるケア需要の増大に対応するためという積極的な意味を持つものではない。むしろ貿易の自由化による通商戦略の一環であり，日本政府は，今日に至っても外国人の「いわゆる単純労働」を認めず，外国人労働者の受け入れは建前としては認めていない。しかし，運用上，現行の仕組みは，必要に応じて外国人労働者を招き入れることを妨げていない，といったつぎはぎ的な政策を十分な国民的議論もないまま進めてきた。政府関連文書によれば，少子高齢社会への対応として女性や高齢者の活用は明記されているが，外国人労働者に積極的に活躍してもらおうということは明記されていない。人口減少社会において，多様な人材を社会の中に取り込むことは最も重要な課題の一つである。

4　共通基盤を構築するために

　少子高齢化が急速に進展する中で，ケアの担い手確保は日本のみならず東アジア全体の共通課題である。ケア労働が抱える問題は多岐にわたる。介護の「質」の保障と人材の「量」的確保は重要な政策課題であるが，何より人間の尊厳の保持と自立した生活は重要である。くわえて，経済のグローバル化の中では，外国人ケア労働者の参入は避けて通れない道でもある。

　グローバル化が進む中で，介護人材の確保が国際的な競争となりつつある。しかし，東アジアにおいては，EUやASEANのような地域共同体が存在しないため，人の移動をめぐる問題を多国間で議論する共通の「場」がなく，EUのように共同体に権限を委譲し，拘束力の強い共通政策をもつことができない。また現在，人の移動に関する法制度そしてその地域的枠組みは，2国間関係が中心となっているため，2国間の覚書が有効に機能しないなど多くの問題を抱えている。今後，各国の裁量にある2国間覚書の規定を包括的に網羅する多国間枠組みの構築が必要とされる。

　東アジアにおける経済統合が加速されるなか，今後ますます活発化することが予想されるケア労働のグローバル化であるが，「東アジア共同体」の議論は，ビジョンも計画も具体化しているとは言い難い。東アジアにおいて共通基盤の

構築を提言するのは，各国が同様の問題に直面している現状において，その問題解決のために協働する「場」があることで，それぞれ個別に対応を求めるよりも運用の改善や制度の改革が促進され，そのコストが低くなると考えられるからである。[38]

今日，ケア労働者の移動が国際社会における重要なテーマであることを否定する者はいないだろう。東アジアの各国内において，ケア労働者の量的確保がきわめて困難な状況で，外国人ケア労働者の受け入れがいっそう必要な状況が生じている。ここで大切なことは，介護の「質」の保障と人材の「量」の確保をどう図れるのか，そして東アジアの今後に対して一定の方向づけができるかである。

実証研究を積み上げてきた安里が指摘しているように，東アジアにおける[39]「外国人ケア労働者問題」は，福祉研究からも移民研究からも対象として扱いにくい側面がある。それは，アジア諸国が福祉供給における家族主義を戦略的に活用し，また家族の福祉機能を維持・強化してきたため，既存の福祉研究から見落とされてきた領域である。福祉政策はその及ぶ領域が国民国家を前提としているため，外国人ケア労働者問題が見落とされがちであった。また移民研究では，移民政策，人権，移住労働の女性化やそれを支える構造に関する研究が多く，福祉政策との関連で論じた研究は少ない。さらに，アジアにおけるケア労働への外国人労働力の流入は歴史が浅く，先行研究の蓄積も少なく，何よりも政策的な位置づけを欠いているといえる。

少子高齢化が進む中でグローバル化するケア労働と外国人労働者問題が抱える論点や課題は，多岐にわたるが，本章で扱ったのはその一部にすぎず，この点は筆者の力量不足によるものであり，今後の課題としたい。なお，グローバル化に対応し得るケア労働者のこれからの方向性としては，ケア労働が夢のある労働でなければ，ケアされる人の尊厳を守ることはできない。と同時に，人の移動は労働者としてのみならず，人として生きる者の移動である。外国人ケア労働者は労働者であるだけでなく，人として幸福を求める社会の一員でもあることを忘れてはならないだろう。

註

(1) 「東アジア」の地理的範囲については，最近では2通りの用法があるという。一つは，日本，中国，韓国といった国々を指す伝統的な言い方であり，より限定的な範囲を指す狭義の意味がある。もう一つは，「狭い意味の東アジア」と東南アジアの両方を一括して使うことで，「東アジア共同体」を形成しよう，と呼びかける場合には，後者の広い意味で使われることが多い（落合恵美子「東アジアの低出生率と家族主義」落合恵美子編『親密圏と公共圏の再編成』京都大学学術出版会，2013年，68頁）。

(2) ここでいう「福祉」は，社会保障・福祉サービスや税制ばかりではなく，雇用政策および労働政策を含む広義の社会政策にあたる。

(3) 「再生産」労働とは，商品とは異なる人間および人間生活を創造し維持するための労働。これらの労働は，生物学的生産（生殖のための性労働），ライフサイクルを通じた個人の維持（他人の世話や面倒をみること），体系的な再生産（教育，社会的紐帯，社会的価値）を通じて社会システムの維持を行うことである（小川玲子・王増勇・劉暁春「東南アジアから東アジアへの国際移動と再生産労働の変容」『アジア女性研究』第19号，2010年，19頁）。

(4) 佐藤誠「ケア労働と国際移民の理論的考察」佐藤誠編『越境するケア労働』日本経済評論社，2010年，7頁。

(5) 詳しくは，広井良典『アジアの社会保障』東京大学出版会，2003年。同『持続可能な福祉社会』ちくま新書，2006年。金香男「東アジアの少子高齢化と社会保障──「東アジア福祉共同体」は可能か」金香男編『アジアの相互理解のために』創土社，2014年，を参照されたい。

(6) 「ケア」は多義的な用語であり，介護・家事・子育てなど，広い意味でのケアもあるが，本章では主に高齢者介護の同義語として使う。また，ケア労働には家族によるインフォーマルなケア，施設でのフォーマルなケアおよび非正規滞在の移民などによる規制されていないケアがある（小川玲子「日韓のケアワークと移民」『文化的多様性の社会と韓日比較』韓日多文化国際SYMPOSIUM資料集，2012年，264頁）。本章では有償のケアを中心に論じるが，広井良典（『ケアを問い直す』ちくま書房，1997年，141頁）は，ケア労働の特徴として，とくにサービスの供給という点からみると，(1)労働集約的であること，(2)労働力として女性の比重が大きいこと，(3)非営利組織の比重が大きいこと，を指摘している。

(7) 日本は国として移民政策をとっていないため「移民」ではなく「外国人」と呼ばれるが，英語ではいずれもmigrantsとなる。

(8) 安里和晃編『労働鎖国ニッポンの崩壊』ダイヤモンド社，2011年，24頁。

(9) 内閣府『高齢社会白書』2014年，11頁。

(10) 大泉啓一郎『老いてゆくアジア──繁栄の構図が変わるとき』中公新書，2007年，

38頁。
(11) 遠藤乾「越境する親密圏？――グローバル・ハウスホールディングの時代」遠藤乾編『グローバル・ガバナンスの最前線』東信堂，2008年，123頁。
(12) 白澤政和「北東アジアでの介護の社会化の現状と課題」萩野浩基編『高齢社会の課題とアジア共同体』芦書房，2014年，91頁。
(13) 安里和晃「不足するケアと外国人受け入れ政策」関西社会学会編『フォーラム現代社会学』2014年，625-626頁。
(14) 安里和晃，前掲書，626頁。
(15) 広井良典，前掲書，1997年，148-149頁。
(16) 秋元美世「特集課題　介護労働のグローバル化と介護の社会化」『福祉社会学研究』Vol.6，東信堂，2009年，8頁。
(17) 足立眞理子（「再生産領域のグローバル化と世帯保持（householding）」伊藤るり・足立眞理子編著『国際移動と連鎖するジェンダー』作品社，2008年）と遠藤乾（前掲書，2008年）は，この現象を「グローバル・ハウスホールディング（global householding）」と呼んでおり，グローバル化は金融や技術だけではなく，少子高齢化の下，介護やケア労働を通じて，ハウスホールド＝家庭のような親密圏にも浸透しつつあるとした。また，小川玲子（「外国人介護職と異文化間ケア」『九州大学アジア総合政策センター紀要』Vol.3，2009年）によると，「ケアのグローバル化」は2つの側面，つまり，ケアする側の国際移動とケアされる側の国際移動がある。前者は移民の流入として，後者は物価水準の安い国への退職者の移住となって現れる。現在，シンガポールや台湾などを含めてアジア諸国においては前者が主流であるが，年金水準の引き下げや医療ツーリズムの発達等により，今後は国境を越えた退職者の国際移動が増えることが予想される。
(18) 秋元美世，前掲書，7頁。
(19) 人口転換とは，「多産多死」から「少産少死」へと移行する過程であり，出生率低下などを説明する上での人口学における有力な仮説モデルである。かつて多くの国々は，たくさんの子供が生まれる一方で，劣悪な衛生状態や医療水準の低さなどから同時に多くの人々が死亡するという社会だった。しかし，衛生状態の改善などで死亡率が急激する。それにより多産多死から多産少死に移行する。次いで様々な要因によって出生率が低下し，少産少死の社会が到来する（小峰隆夫『超長期予測――老いるアジア』日本経済新聞出版社，2007年，233頁）。
(20) 安里和晃「介護労働市場の形成における外国人家事・介護労働の位置づけ」『龍谷大学経済学論集』第44巻第5号，2005年，4-5頁。
(21) 安里和晃，前掲書，2014年，93頁。
(22) 小川玲子，前掲論文，2012年，263頁。
(23) 岡伸一「EUにおける介護労働者の養成」『DIO』No.294，連合総研レポート，

(24) 山田美和「東アジアにおける移民労働者の法制度」山田美和編『東アジアにおける移民労働者の法制度』アジア経済研究所，2014年，15頁。
(25) 岡伸一「外国人労働者受け入れ拡大の政策論点と課題——国際貢献・条件整備・範囲拡大」2014b 年，http://synodos.jp/welfare/9705（アクセスは2015年2月10日）。
(26) 岡伸一，前掲論文，2014a 年，7頁。
(27) 東アフリカ共同体（EAC），西アフリカ諸国経済共同体（ECOWAS），南部アフリカ開発共同体（SADC）などがある。
(28) 林玲子「国際人口移動の現代的展望」『人口問題研究』70巻3号，2014年，200頁。
(29) 鈴木早苗「移民労働者問題をめぐるASEANのジレンマ」『アジ研ワールド・トレンド』205号，2012年。
(30) 山田美和，前掲書，9頁。
(31) 韓国の「雇用許可制（EPS）」は，2011年に国連公共行政賞の「行政における腐敗防止・撲滅」部門で大賞を受賞したことにも示されるように，国際的な評価も高い。その施行の効果をみると，評価は分かれるものの産業研修生制度時代と比較すれば，全般的にその問題点を改善することに成功している様子である（石塚二葉「ベトナムにおける国際労働移動」山田美和編『東アジアにおける移民労働者の法制度』アジア経済研究所，2014年，198頁）。
(32) 今泉慎也「東アジアにおける外国人雇用法制の考察」山田美和編『東アジアにおける移民労働者の法制度』アジア経済研究所，2014年，271頁。
(33) 山田美和，前掲書，23-24頁。
(34) 宣元錫「看護・介護分野の外国人受け入れ政策とその課題」川村千鶴子・宣元錫編『異文化間介護と多文化共生』明石書店，2007年，72-74頁。
(35) 『毎日新聞』2015年1月26日，『読売新聞』2015年2月2日。
(36) 安里和晃，前掲書，2014年，93頁。
(37) 安里和晃編，前掲書，2011年。
(38) 山田美和，前掲書，23頁。
(39) 安里和晃「東アジアにおけるケアの『家族化政策』と外国人家事労働者」『福祉社会学研究』Vol.6，東信堂，2009年，13頁。

第10章　国際都市横浜とアジア
――戦後自治体外交の展開――

大西比呂志

　横浜市は国際港都として150年以上の歴史を持ち，現在もアジア・太平洋を中心としたグローバルな国際化政策・国際活動の先進都市である[1]。こうした自治体の国際的な活動は，一般的に「自治体外交」「市民外交」「民際外交」といった用語で示される。これらは歴史的には冷戦終結後主権国家の「能力減退」が進み，1980年代後半以降，国際社会のプレーヤーとして「地方自治体や自立した市民とその組織」が登場して活発に展開したものである[2]。自治体の国際化政策も同時代の国際情勢に作用され，横浜市の取り組みもそうした趨勢の上にあるが，と同時に，自治体固有の歴史的背景や政治状況にも作用されたはずである。横浜市の国際化政策を可能にした内在的な要因や歴史的背景はどのようなものであろうか。

　本章では，自治体が置かれた国際環境や歴史的状況に留意しながら，占領下の渉外活動，講和期のアメリカ西海岸都市との国際会議（日米太平洋沿岸市長会議，1951～57年），サンディエゴやリヨンとの姉妹都市提携（1957年，1959年），海外への経済政策，上海との友好都市提携（1973年）など，敗戦から1970年代までの横浜市政の対外交流活動を取り上げ，戦後自治体がいかに国際化政策を形成してきたかを考察する[3]。

1　占領復興期の対外政策

渉外行政の時代――占領と横浜

　横浜は，敗戦後アメリカを主体とする連合国軍の主力部隊第8軍の司令部が置かれ全国の占領軍政の拠点となり，市内中枢部には様々な部隊・施設が駐屯した[4]。GHQの管理占領で自主対等な外交を失った日本政府同様，横浜市も駐留する占領軍当局との交渉，「渉外」業務は市政運営上の重要な対外政策とな

った。

　自治体を代表する市長の動静を伝えるこの時期の『横浜市事務報告書』(横浜市総務局編)の「儀式交際」には，1947年4月に就任した石河京市市長が占領軍首脳部と足繁く往来している様子が記録されている。石河は戦前は無産政党の運動家で，半井清市長が公職追放で辞職したあと，戦後初の市長選挙で社会党から当選した革新系市長であった。

　4月9日，就任間もない石河市長はアメリカ第8軍関係者を訪問したのを皮切りに，東京神奈川軍政部メルバーク大佐 (11日，16日)，第8軍司令官アイケルバーガー中将 (17日) を訪問，7月3日にもアメリカ独立記念日祝詞のため司令部を訪問した。一方，米軍からは公職適否審査の監査のためGHQスノー中佐 (5月26日)，翌48年第598部隊ビヤス大佐 (1月16日)，ケヤ物資日本駐在責任者ゴルドンギ (1月17日)，軍政部CIC大西大尉 (1月29日)，軍政部衛生局カーレンおよび憲兵隊スミス (3月20日) などが来庁して市長を訪問した。ケヤ物資とはアメリカで1945年に設立された人道援助団体海外援助救援協会で，8年間にわたって当時の金額で290万ドル，1000万人の日本人が支援を受けた。[5]また軍政部 CIC とは Counter Intelligence Corps (対敵諜報部隊) である。

　さらに「第8軍憲兵隊ペリー大尉に対し交通関係に関する感謝状を贈呈」(6月14日)，「神奈川地区軍政部教育課長マックマナス氏を訪問」(7月23日)，「ヘレン・ケラー女史来訪記念講演会に出席し記念品贈呈」(9月6日) などの行事があり，9月13日，22日神奈川軍政部司令官ポーター大佐を訪問，10月26日新任の第8軍司令官ウォーカー中将，翌49年1月17日GHQヒギンス軍政官，3月8日神奈川軍政部セパード准将を訪問した。この時期横浜市は日本貿易博覧会の準備 (3～6月) を進めており，市長はその成功のためアメリカ軍政部の支持と後援を獲得するため占領軍当局との間を奔走したのである。[6]

　横浜には外務省出先機関の終戦連絡横浜事務局が置かれ (1945年9月)，土地建物の接収や設営工事，労働者の調達など，日本政府から占領軍への様々な便宜供与がなされた。こうした日本全体の渉外業務とは別に，横浜市は終戦連絡横浜事務局を通じて，「米国産鶏輸入許可申請」や「日本銀行支店設置と敷地接収解除」といったアメリカと関わる事業の交渉も行った。[7]

　このように対外関係が制限されていた占領期の市政において，アメリカ占領

軍当局との「儀式交際」「渉外」は市にとって「外交」とも呼べるものであった。そしてこの後の横浜の国際社会への復帰も、アメリカを通じて果たしていくことになる。

日米太平洋沿岸市長会議と People to People Diplomacy
（1）日米太平洋沿岸市長会議

1950年1月ウィリアム・デビン・シアトル市長ら19名が来日し、横浜生糸検査所で石河市長と会見した。横浜とシアトルとは日本郵船などの北米航路を通して古くから様々な結びつきがあった。[8] 今回の来日はシアトル市商業会議所が極東地域との将来の取引条件について調査を行うもので、木材製造業や工作機械製造業、製菓会社社長らを帯同していた。[9]

翌1951年4月平沼亮三が市長に当選（保守系無所属。～1959年）し、サンフランシスコ講和条約により対日占領が終結し日本が国際社会に復帰した時代の市政を担った。平沼は戦前からの横浜を代表する政治家・実業家でスポーツ愛好者としても知られ、1936年のベルリンオリンピックの日本選手団団長を務めるなど国際交流にも熱心であった。

この時期の横浜市の対外交流活動として注目されるのは、1951年から開始された日米太平洋沿岸市長会議への参加である。

1951年10月30日に東京會舘で始まった第1回会議では、アメリカ側12都市（シアトル、ロングビーチ、ホノルル、サンディエゴ、ロサンゼルス、バークレー、タコマ、サクラメント、リッチモンド、オークランド、フレスノ、ポートランド）、日本側14都市（東京、横浜、名古屋、京都、大阪、神戸の6大都市をはじめとする市長と県知事、商工会議所会頭）が出席し、来賓としてマッカーサー後任のリッジウェイ大将、吉田茂首相も出席した。横浜からは平沼市長が出席し、11月9日にはアメリカ側市長、商業会議所会頭の一行が横浜を訪問した。

会議を主催した安井誠一郎東京都知事は、日米太平洋沿岸市長会議は「政府の庇護も援助もなく、われわれで思いついて、下から、つまり民間で盛り上がって、実現をみたもの」と自発的な試みによるものと述べた。しかし、実際には、前年アメリカ政府から都市制度などの調査に招聘された安井は前シアトル市長から「太平洋沿岸市長連盟に参加している市長が日本行きに参加する」こ

とを伝えられ，安井の帰国後はマッカーサー司令部の応援があったというから，この会議はアメリカ政府や西海岸都市から安井に開催の働きかけがあったものとみるべきだろう。

　第1回会議のあと横浜市はアメリカとの交流活動をいっそう進めた。1952年8月4日，病気療養中の平沼の代理田中助役が，市長公舎で来日中のサンフランシスコYMCA一行の歓迎会に出席し，10月10日にはマーフィ駐日大使を迎えてホテル・ニューグランドで横浜日米協会が発会した。公務に復帰した平沼は1953年8月，東京，京都，大阪，横浜，神戸，札幌，仙台，広島，松山，名古屋の各都市の市長，商工会議所会頭が参加したシアトルでの第2回日米太平洋沿岸市長会議に出席し，「市の計画と政策の組織について（都市事務事業の形態について）」スピーチを行い，その後全米各地を視察して9月末に帰国した。

　この会議の冒頭，日本側を代表して安井都知事は「この太平洋沿岸各都市の結び付きこそ，ともすれば最近わが国に蟠る反米的な機運を醸す因となる誤解を払拭するのに絶好な機会」と強調した。「反米的な機運」というのは，同年，全国から学生団体，労働組合などが現地に介入した石川県の内灘闘争といった，駐留米軍基地への反対運動の高まりを指していると思われる。駐留米軍の恒久化を目指す日米両政府にとって（1953年9月日米行政協定改定調印），「反米機運」への対処は喫緊の問題であった。

　安井の演説はアメリカ側に相当の反響があり，午後のクロス議長（バークレィ市長）は日米間の友好のために「国民対国民の外交（People to People Diplomacy）こそ，国家間の善意と理解を生む」と述べた。平沼と同行した横浜商工会議所会頭・元横浜市長の半井清はこのクロス議長のスピーチを聞いて「Politik Politician」と，政治的印象を記している。

　会議は以後，第3回（1955年11月，東京），第4回（1957年11月，サンディエゴ）が開かれ，会議とは別に関係都市間で「日米都市吏員交換計画」や「市政，産業，文化，観光に関する日米交換放送」が行われ，人と情報の交流事業も実施された。これら会議によって日米都市間の親善が深められていったが，その目的の中にはアメリカのPeople to People Diplomacyによって日本の反米感情を払拭する政治的意図が伏在していたといえるだろう。

（2）People to People Diplomacy

　バークレィ市長が述べた People to People Diplomacy は，自治体と市民に基礎に置いた「市民外交」という意味で用いられている。しかしこれはこの後，アメリカ国家による外交政策の一つとなっていく。翌1954年，国務省国際教育交流課は「共産主義者は世界の人々を民主主義ではなく共産主義こそが諸問題への解答であると確信させようとしている」と共産主義の脅威へ警鐘を鳴らし，その対抗のための新たな外交政策として People to People Diplomacy を提唱した。[14]

　この計画はしばらく停滞したが，1956年５月アイゼンハワー大統領は各界代表者に「世界中の人々とのより良き関係（better people-to-people contacts）」の可能性を探るよう要請し，各界指導者にホワイトハウスへの招聘状を発した。それによれば「アメリカのイデオロギーが現に行われている２つの対立する生活様式の間の闘争に最終的に勝利する」ために「諸国の人々とのコミュニケーションと多くの独立した民間団体の支持がなければならない」とし，そこに新たに加えられた計画が「姉妹都市」であった。[15] ９月 People to People Partnership 計画会議がホワイトハウスで開かれ，この政権のもとで都市提携運動は全米に拡大した。1956年中に全米で350以上の都市，団体が海外57カ国と提携し，翌1957年アメリカ都市協会（本部ワシントンDC，のちアメリカ都市連盟）に属する約１万4000の地方政府に計画への協力が要請された。アメリカ都市協会は国際都市提携委員会を結成し，これを通じて提携政策やガイドラインを作成し都市提携を仲介した。[16]

　1950年代に始まった日米太平洋沿岸市長会議はこうしたアメリカの外交政策の中で一層拡大し，1955年セントポール市（ミネソタ州）と長崎市による日米最初の姉妹都市提携の後，仙台・リバサイド（1957年３月），岡山・サンノゼ（同５月），三島・パサディナ（同７月），大阪・サンフランシスコ（同10月），神戸・シアトル（同10月）と相次いでアメリカ西海岸都市との姉妹都市提携が結ばれた。[17]

姉妹都市提携から経済交流へ

（1）横浜サンディエゴ姉妹都市提携

　1957年10月横浜市はサンディエゴ市と姉妹都市提携を結んだ。提携の経緯はこれまで以下のように説明されている。

　サンディエゴ在住で横浜市出身の村岡三郎から，日本の伝統文化をアメリカ人に紹介して親善を図るため灯籠を寄贈してほしいと依頼されたのに応え，平沼市長は1955年10月に同市に雪見灯籠を寄贈した（バルボア公園の一隅に設置）。同年11月横浜で開催された日米市長会議に出席したディール市長が姉妹都市提携を申し入れ，57年11月に第4回日米太平洋沿岸市長会議がサンディエゴ市で開催されるのを前に，10月28日ホテル・ニューグランドにおいて，横浜・サンディエゴ友好委員会が発足し姉妹都市提携が行われた。その後は両市の間で「友好の鐘」（横浜市から1958年5月，サンディエゴ市から1959年3月），茶室（横浜市，1960年4月），「水の守護神像」（サンディエゴ市，同7月）などの「友好の印」が交換され，サンディエゴ市から副市長（1958年5月），市長（1959年11月），横浜市から市民代表団（1960年2月）が訪問し活発な交流が続いた。[18]

　しかしサンディエゴ市側の記録によれば横浜市との提携は，それ以前より南米などに姉妹都市を持つ同市が，1956年アメリカ都市協会が運営する People to People 計画を承認して「スタートした最初の計画」であり，以後増加するアメリカ西海岸と日本の諸都市の姉妹都市提携の「モデル」ケースであったという。[19] このように表面的には「市民交流」を主体としながら，実際の縁組みはアメリカ都市協会が主導した日米間の姉妹都市提携に，1962年10月，テキサス州コーパスクリスティ市と横須賀市のケースがある。[20] 姉妹都市提携を市民・自治体に端を発する親善交流の結果とみなすことには留保が必要である。

（2）経済交流の進展

　サンディエゴと姉妹都市提携をした1950年代後半，横浜市は貿易拡大のため世界各国に販路開拓に向かうなど様々な貿易振興策を取り始めた。『市政概要』（横浜市総務局総合企画室統計課）1956年版の「経済」の項目にそれまでなかった「貿易振興対策」が登場することは，この頃の市の対外対策の変化を示している。この年，横浜市はシカゴやサンフランシスコなどで6大都市アメリカ展を

共同開催し,「対米輸出の宣伝に努めた」ほか，セイロン，メキシコ，ブリュッセル，シアトルなどでの国際見本市に参加し,「アジア貿易の促進」のため市場経済の調査団派遣なども行った。[21]

さらに1960年2月には，小堀巳之助，伊丹次郎吉，成田孝治，山崎昇，横尾吉太郎ら市会議員がサンディエゴ親善友好使節に，4～5月に斉藤赫横浜市交通局次長，角谷新一経済局次長らが交通事情調査でアメリカほか各国に，9～10月に加瀬忠次，関音三，本郷金作ら市会議員がサンディエゴなどアメリカの各都市に視察出張を行った。[22] 姉妹都市親善交流と経済交流が都市間交流の両輪として進められたのである。

平沼の後継者として再び市長となった半井清（1959～63年）は，前述のように横浜商工会議所会頭時代にシアトル開催の第2回会議に平沼とともに参加している。半井は「臨海工業地帯の造成」と「横浜港の大型港湾化」を進めて貿易輸出態勢を整備し，1960年サンディエゴやハンブルクに常設の展示場を設置しアメリカ西海岸やヨーロッパへの輸出の拠点とするなど，海外販路の拡大を目指した。[23]

1960年10月にフランス・リヨン市で結ばれた横浜市2番目の姉妹都市提携も，前年3月横浜シルクセンターで国際貿易会議に来日中のリヨン代表との間で話が持ち上がったもので（1959年4月7日正式提携），こうした経済交流の産物であった。[24] 平沼の親善交流の時代を経て，半井市政期にはヨーロッパ・アジアへの経済交流が拡大したのである。

2　飛鳥田市政と中国・アジア

アジア姉妹都市構想
（1）飛鳥田革新市政の登場

アメリカを中心とした親善交流と経済交流という横浜市の対外交流活動が変化したのは，1963年から78年まで市政を担当した飛鳥田一雄の時代である。

飛鳥田一雄は，1963年社会党衆議院議員から横浜市長に当選し，4期15年にわたり，教育・福祉・環境・都市計画・反戦平和などにおいて民主主義と市民生活を重視した政策を展開し，続く美濃部東京都政（1967～79年）や長洲神奈

川県政（1975～95年）などに先んじて全国の革新自治体をリードした[25]。そうした多方面の「革新的政策」の中で，ここでは飛鳥田が自治体外交として推進した中国，アジア外交に注目したい。

1963年4月の市長就任直後から1978年3月の退任まで，飛鳥田市長の行動を秘書課が記録した「日録」がある[26]。就任直後の4月23日「新市長挨拶，記者会見」，翌日は「港湾局，新市長をかこみ横浜港を語る，老人憩の家及び青少年憩の場所落成披露」というように，市長の公的行動の詳細が記されている。

「日録」には就任当初から多数の中国関係の記述がある。5月13日，「市内官公庁挨拶」のあと「社会党県連地評との打合せ，日中友好」，6月16日「日中友好協会神奈川県連合会第4回定期大会」，12月2日「中国領事招待，時局懇談会」，同6日「中国学術代表団横浜地区招請」，14日「中国領事より御招待（市長夫妻，両助役，局長）」。1964年も4月24日「中国経済貿易代表団歓迎レセプション」，同27日「中国総領事常氏挨拶」，12月21日「中国経済貿易視察団報告会」と続く。前年から貿易拡大による積み上げ方式で日中関係正常化を進めることが合意され，民間レベルの貿易（LT貿易）が始まり，日中の経済団体の往来や日中友好協会（1950年創立）の地方組織も急速に拡大している中，横浜でこれらに関連する行事が行われたのである[27]。

しかしこうした行事への出席のほかに，飛鳥田自身がこの時期中国との交渉に積極的に動いた形跡はない。飛鳥田は社会党衆議院議員時代，国会で日米安保問題の追及で鳴らしたが，所属した内閣委員会，外務委員会ほかで日中関係の質疑を行ったことはなく，市長「日録」からもこの後中国関係の記述はしばらく途絶える。

（2）アジア姉妹都市構想

飛鳥田が能動的に「中国」に関心をみせるようになるのは，ベトナム戦争が泥沼化しアメリカ国内の反戦運動が高まりつつあった1968年である。同年6月総評事務局長岩井章，飛鳥田，連合事務局長水口宏三，社会党前委員長成田知巳らは「日中関係改善懇談会」（仮称）の結成を呼びかけ，この中で飛鳥田は日中関係改善の一つの方法として，「日中両国の地方自治体同士の交流，たとえば横浜―上海，東京―北京の姉妹都市化」という考えを提案した。これは

「ベトナム情勢の変化」により戦後アジアで予想される中国の影響力増大に備えて，社会党内で活発化した「日中関係改善への動き」の一つであった。[28]

　飛鳥田市政を支えたブレーンの一人鳴海正泰によれば，「飛鳥田は，姉妹都市提携によって開港都市・横浜の国際性を主張すると同時に，外交を国の専任事項とする考えに対抗し，外交問題に発信するのは自治体の権利だと主張」した[29]。アメリカの圧倒的優位が崩れ始めるアジア情勢の変動の中で，飛鳥田は横浜の「国際性」を革新自治体の政策に生かす「自治体外交」を模索し，姉妹都市提携をその有効な方策と考えたのである。

　「日録」によれば飛鳥田は1970年12月18日，毎日放送のスタジオで文芸評論家尾崎秀樹，専修大学教授で中国研究で知られる野原四郎と「日中関係の行方」について討論し，翌71年3月14日には朝日新聞内政部記者竹内謙（のち鎌倉市長）に「中国問題について（上海との姉妹都市提携地方自治体としてはどう取り組まれるか）」の取材を受けている。横浜と上海との都市提携は，1970年までに飛鳥田の持論となっているようだ。

　上海を提携先とすることについて飛鳥田は，「上海とヨコハマとの間を，月に6隻ぐらいの船が往復しているという状態があるんです。それをつうじて人と人との交流もあるんです。そういうものを契機にして，われわれは，上海と姉妹都市になりたいと考えたんです。姉妹都市になって，おたがいの理解を深めて，そして将来の国交回復の基礎をつくろうと思ったんです」と述べている[30]。こうした横浜と上海の歴史的な結びつきのほかに，飛鳥田はそれまでの「姉妹都市」はアイゼンハワーが「兵隊の代わりに友情を置き換えようとした（中略）アメリカ帝国主義のアジア支配の一環」と位置づけ，「軍港サンディエゴ」との姉妹都市提携は保守市政が行ったアメリカに従属的なもので「内容を換骨奪胎するのが私の仕事であった」と述べている[32]。飛鳥田市政期にはこの後，ムンバイ（インド，1965年6月），バンクーバー（カナダ，同年7月），マニラ（フィリピン，同），オデッサ（ソ連，同）と姉妹都市提携を行っていくが，上海との都市提携はアメリカ帝国主義批判に基づき，アメリカのアジア支配に対抗する都市ネットワーク「アジア姉妹都市」の構築を展望するものであった。

対中国自治体外交の展開

（1）飛鳥田訪中

1971年1月，飛鳥田は年頭会見で「市民交流で日中復交を」を声明し，上海との都市提携に意欲を示した。さらに3月，名古屋で開催された第31回世界卓球選手権（中国選手団が6年ぶりに大会参加，直後に米国選手団を訪中招待）を機とした「米中接近」（7月キッシンジャー，翌年2月ニクソン大統領訪中）は世界に衝撃を与え，日中国交回復の動きを加速させた。

4月に市長に三選された飛鳥田は，名古屋での世界選手権の後，4月24日から横浜で開かれた日中交歓卓球大会の開会式や歓迎レセプションに臨んだ。これは1974年4月の第2回アジア卓球選手権大会に至る横浜版「ピンポン外交」というべき活動の開始であった。

飛鳥田を会長とする全国革新市長会は5月19日，103の革新自治体から63市町の首長が出席して総会を開き，中国の都市との関係強化，文化スポーツ交流など「革新自治体として日中親善に取り組む方針」と訪中団派遣を決めた。社会党・総評を中心にした日中国交回復国民会議（2月日中関係改善懇談会を改組，議長中島健蔵，事務局長岩井章）はこれを受けて7月，飛鳥田を団長に訪中団派遣を決定した。「日録」によれば，訪中に先立ち飛鳥田は，周恩来の意を受けて松村謙三（8月21日死去）弔問で来日した中日友好協会副会長王国権と面会した（「日録」8月29日）。王は米中ピンポン外交や日中国交回復の日本側要人と有力な関係を持つ人物であった。

こうして11月3日，飛鳥田ら20人は羽田より香港経由で北京に到着し，10日，北朝鮮訪問を終えた美濃部都知事一行と合流して人民大会堂で周恩来首相と会談した。この会見について飛鳥田は，「日中友好と日中国交回復を願う国民の広範な人々を代表したわれわれの訪中団を中国が高く評価したあらわれだと思う」と感想を述べている。飛鳥田訪中団は14日から延安を訪問し，行く先々で熱烈な歓迎を受け，22日帰国に際し，飛鳥田と王国権の名前で「アメリカ帝国主義と日本軍国主義復活に反対」し，「両人民の友好往来をいっそう拡大し団結を強め」る旨の共同声明を出した。

（2）革新自治体ブレーン

　周首相との会談の際，美濃部は自民党から日中国交打開を模索する書簡（保利書簡）を預かり中国側に手交していたことが問題となったが，自民党（福田赳夫外相—保利茂官房長官—福家俊一代議士）と美濃部を斡旋したのは，小森武であった。小森は戦前から左翼運動に関わり戦時下の上海で新聞記者として中国と太い人脈を持ち，戦後は旧労農派の系譜を引く大内兵衛グループが集まった美濃部都政のシンクタンク東京都政調査会の事務局長（常務理事）を務めていた。飛鳥田のブレーン鳴海正泰は大学卒業後同会に入り，横浜市入庁まで「自治体改革の基本と市民運動の実際とを身につけた」というように，小森と深い繋がりがあった。

　北京では日中国交回復の協議と並行して横浜と上海との提携も打診された。鳴海によれば「北京飯店の部屋に，当時の中日友好協会会長代理の王国権が表敬訪問」に来て，飛鳥田と鳴海は王に「市民，人民レベルの友好交流の大切さを説き，横浜市との姉妹都市を提案」した。この時，中国側に姉妹都市提携という概念はなかったようで，飛鳥田と鳴海が趣旨を説明すると王は「姉妹都市」は「上下」が出るので「友好都市に」と述べたという。

　この横浜と上海との友好都市提携は鳴海が「長い間あたためてきたアイデア」であった。当初，「中国」に必ずしも深い関心がなかったようにみえる飛鳥田が，この時期積極的な活動に転じる背景には，小森・鳴海という東京・横浜の革新自治体を支えるブレーンたちの連携と意志が作用していたと思われる。

横浜上海友好都市協定の締結
（1）スポーツ交流

　しかしその後上海から横浜に正式な連絡はなく，しばらく「そのままほっぽっとかれ」た状態で，1972年前半の飛鳥田「日録」にも中国関係の記事はほとんどない。

　ようやく5月になって，上海市から少年サッカーチームが横浜を訪問したいという連絡が入った。これは1966年3月，横浜で日中バレーボール大会が開かれた際に飛鳥田が高校サッカーチームの中国派遣を申し入れ，夏休みに北京，上海などで交流試合が実施されたことへの「返礼」であった。6年も経過した

スポーツ交流が再開したのは、文化大革命で日中間の往来が途絶していたなか前年来の友好都市交渉に上海市が正式に動き出したシグナルであり、6月横浜市は青少年バスケットボール友好団を派遣し日中友好市会議員連盟の議員らも同行するなど、相互交流が再び活発となった。

8月8日、上海サッカーチームが海路で横浜港に到着し、22日帰国まで交流試合や歓迎市民集会などが盛大に催された。途中、同チームの選手が負傷し横浜市民病院に入院したが、病院での手厚い看護と選手を見舞う市民との間で「市民外交」の一幕もあり、上海との交流機運が盛り上がり、現地上海ではこうした事実が美談として新聞やラジオ、教科書にも取り上げられ横浜との友好が一気に進んだ。[47]

翌1973年2月、飛鳥田は前年末にアジア卓球連合と日本卓球協会から申し入れがあった第2回アジア卓球選手権大会の開催を発表した。これは東京オリンピック以来、横浜市での10年ぶりの国際スポーツ大会開催で、飛鳥田は「アジアの平和に貢献」するとの談話を発表した。[48]

飛鳥田はその談話で「スポーツと政治を区別」と述べている。しかしこの大会の開催はアジアの国際情勢と深く結びついていた。すなわち開催決定は、韓国や南ベトナムなど5カ国が加盟するアジア卓球連盟ATTFに反対して日中両国を中心とする16カ国が結成したアジア卓球連合ATTU（1972年5月）が、国際卓球連盟にATTFの公認を取り消しATTUを公認させること、同時に中国を国際スポーツ社会に復帰させるという、きわめて「政治的」な性格を持っていたのである。日中国交回復と友好都市提携を進める飛鳥田が、この大会の開催を進めたのはそうした政治的文脈の上にあった。[49]

（2）横浜上海友好都市協定

9月、横浜市のアジア卓球大会組織委員会は北京を訪問し、その際市代表団は友好都市提携についても協議した。[50] 次いで10月3日、横浜を訪問した中国経済貿易友好訪日代表団劉希文団長に対し、飛鳥田は11月下旬に自らを団長とした代表団を送り上海との友好都市提携を結ぶことを明らかにした。[51] この直前の10月1日、市の首脳部会議で次年度予算編成方針問題と「上海友好都市問題」が議論され、予算措置を伴う友好都市提携が最終的に決定された。

1974年1月9日横浜上海友好訪中代表団が発会し、30日上海で飛鳥田ら横浜市友好代表団は馬天水上海革命副主任と友好都市協定に調印した。この提携は実は神戸市が天津市と結んだ提携（1973年6月24日）に約半年の遅れをとり、中国との対外都市提携で2番目となった。しかし横浜が中国との友好都市提携と並行して進めたスポーツ交流は、4月横浜市文化体育館でアジア30カ国の卓球協会から406人の選手・関係者が参加した第2回アジア卓球選手権大会横浜開催となって結実した。

　この期間中、飛鳥田は「南ベトナム全員表敬、ラオス選手団市長表敬5名、北ベトナム全員市長表敬、パキスタン市長表敬」（「日録」4月1日）、「インド選手団表敬」（同10日）、「朝鮮民主主義人民共和国卓球代表団主催レセプション」（同11日）、「ベトナム民主共和国、ベトナム南方共和卓球代表団との懇談」（同12日）、「朝鮮選手団帰国挨拶、日本卓球協会木戸氏、ベトナム民主共和国、ラオス、ベトナム南方共和卓球代表団歓迎の集い（県評、社会党、公明党、共産党）、中国さよならパーティー」（同16日）といった自治体外交を精力的に展開した。

　大会期間中、日本が未承認の北朝鮮や戦争状態にあった南ベトナム臨時革命政府、カンボジアなどの入国や代表団の名称使用などをめぐって様々な問題が発生したが、飛鳥田は「未承認国を参加させようって目的」や「ベトナム問題に対する意思表示」などで「全体的には成功」と評した。アジア卓球選手権大会の横浜開催は、中国にとどまらない飛鳥田の「アジア姉妹都市」構想による自治体外交として展開されたのである。

3　国際化政策への展望

　戦後占領期当初、革新系市長（石河京市）であった横浜市政はアメリカ占領軍当局と強い関わりを持って運営された。その絶大な権力を前にアメリカ占領軍当局の意向を汲む「儀式交際」や「渉外」業務は欠かせなかったのである。しかし復興講和期の保守系市政期（平沼亮三、半井清）では独立の回復とともに、アメリカ主導ではあったが自治体としての対外交流活動が活発化し、都市との交流（日米太平洋沿岸市長会議、サンディエゴ、リヨン姉妹都市提携）や経済交流が

進められた。

　次いで高度経済成長とアジア情勢の変動の中、飛鳥田革新市政の時代には、日中間の民間レベルの経済文化交流の活発化を前提に、1971年の「米中接近」が日中国交回復の期待を加速させた。飛鳥田は革新自治体ブレーンとともに、サッカーや卓球などのスポーツ交流と上海との友好都市提携を並行して進め、さらに北朝鮮や南ベトナムなどアジア諸国との関係拡大にも努めた。これは「アメリカのアジア支配」に対抗する「アジア姉妹都市」形成を目指すもので、横浜版「ピンポン外交」というべき自立的自治体外交であった。

　特筆すべきは、こうした中国・アジアとの市民外交を展開する中で、飛鳥田市政は現在に繋がる国際化政策を展望していたことである。

　上海との友好協定とアジア卓球選手権大会の間の1973年、飛鳥田市政は『横浜市総合計画1985　市民による新しいまちづくり』を策定し、初めて「総合的機能を持つ国際平和都市」像を提示した。さらに飛鳥田市政末期の1977年6月に発表された『横浜市新5か年指標 '77～'81』では「国際交流」の節が設けられ、「横浜の特色である国際性を生かし、文化・経済・技術その他の面で、開発途上国やその他の国々の市民との交流を積極的に推進し、相互理解と協調を深め友好関係を促進する」、あるいは「国際的視野をもつ市民の育成をはかる」、さらに「友好関係を基礎に経済交流の促進をはかり、横浜経済の発展と市民生活の向上に努める」と、これまで蓄積された様々な対外交流政策を市の総合計画に体系的に盛り込んだ。

　この時期以降の横浜市の国際化政策については改めて論じなければならないが、現在に至る横浜市のアジア太平洋地域での国際化政策は、戦後占領期から飛鳥田市政期を通し、歴史的に積み上げられ形成されているのである。

　補記　本章のアメリカに関わる部分は、文部科学省科学研究費補助金研究「近代日本のグローバル化と都市間交流の基礎的研究――国際港都横浜とアメリカ」研究課題番号：23530200　基盤研究（Ｃ）による成果の一部である。

　註
(1)　横浜市は2014年10月の「創造都市ネットワーク日本自治体サミット」の開催や、同年11月には中国泉州市および韓国光州広域市と「東アジア文化都市友好協力都市

協定」などを行っている。『神奈川新聞』2014年11月19日。
(2) 臼井久和「民際外交の展開と地球政治——国際主体としての NGO と自治体を中心に」『獨協法学』41号，1995年9月，429-430頁。ほかに臼井久和・高瀬幹雄編『民際外交の研究』三嶺書房，1997年，上村英明「『市民外交』の挑戦　『民際外交』を越える視点」日本平和学会編『平和研究』16号，1991年，を参照。
(3) 自治体の姉妹・友好都市提携については，吉田均『地方自治体の国際協力　地域住民参加型の ODA を目指して』日本評論社，2001年，佐藤智子『自治体の姉妹都市交流』明石書店，2011年。横浜市については外山公美「横浜市の国際交流」『政経研究』日本大学政経研究所，34巻4号，1998年1月，などが制度や現状を包括的に示しているが，現実政治との関連と歴史的考察という点でいずれも不十分である。さしあたり横須賀市を事例とした大西比呂志「戦後自治体の海外都市提携とアメリカ」『市史研究横須賀』第11号，2012年3月，を参照のこと。
(4) 高村直助『都市横浜の半世紀』有隣堂，2006年，83頁。
(5) CARE International Japan：http://www.careintjp.org/whoiscare/02.html
(6) 占領軍を抱える神奈川県の「渉外知事」内山岩太郎知事については，天川晃『占領下の神奈川県政』現代史料出版，2012年，が食料問題解決をめぐる占領軍当局との交渉を明らかにしている。また同執筆の『神奈川県史　通史編5　近代・現代』神奈川県，1982年，521-524頁，を参照。
(7) 「YLO 執務報告第7号」（昭和22年12月），「YLO 執務報告第41号」（昭和24年6月16日）『横浜市史Ⅱ　資料編1　連合軍の横浜占領』横浜市，1989年。
(8) 横浜とシアトルの交流については，大西比呂志『横浜をめぐる七つの物語　地域からみる歴史と世界』フェリス女学院大学，2007年，を参照。
(9) 『朝日新聞』1950年1月3日。
(10) 安井誠一郎『太平洋市長会議』私家版，1953年，3-6頁。
(11) 平沼亮三『滞米48日』有隣堂，1954年，18頁。
(12) 「半井清日記資料　Notebook（日米太平洋市長頭会議 S28）」横浜市史資料室所蔵。
(13) 「日米太平洋市長会議資料」1955年，横浜市中央図書館所蔵。
(14) International Educational Exchange Service, *People to people diplomacy: an approach to a peaceful world on a person-to-person basis*, 1954, p 5.
(15) Sister Cities International, *Peace through People: 50 Years of Global Citizenship*, Butler Books, 2006, p 12.
(16) Sister Cities International, *op.cit.*, pp 13-16.
(17) 『日本の国際姉妹都市一覧』国際親善都市連盟，1990年，10頁。この初期の姉妹都市提携でアメリカ西海岸以外は倉敷・ザンクトペルテン（オーストリア，1957年9月提携）のみである。

(18)　天川晃「飛鳥田市政」『横浜市史Ⅱ　第3巻（下）』横浜市，1992年，121頁。
(19)　*History of the sister city organization*, San Diego/Yokohama Sister Citiy Society Records, San Diego History Center Public Record Collection, Barboa Park.
(20)　前掲「戦後自治体の海外都市提携とアメリカ」『市史研究横須賀』第11号，2012年3月。横須賀市の姉妹都市提携にはアメリカ都市協会のほか，横浜アメリカ文化センターやアメリカ海軍横須賀基地も関与している。
(21)　『市政概要 1956年版』190-191頁，『市政概要 1958年版』227頁。
(22)　『横浜市事務報告書』1960年，93頁。
(23)　『神奈川新聞』1960年10月22日。
(24)　高村直助「姉妹都市の広がり」『横浜市史Ⅱ　第3巻（上）』48頁。
(25)　前掲天川晃「飛鳥田市政」『横浜市史Ⅱ　第3巻（下）』3-133頁，は，飛鳥田市政について現在まで最も詳細な研究である。ほかに以下に引用した鳴海正泰による一連の証言や記録がある。
(26)　「飛鳥田一雄資料」横浜市史資料室所蔵。
(27)　LT貿易は63年8300万ドルから66年2億500万ドルに増加し，日中友好協会の全国組織は1962年1月時点で支部総数268，個人1万6561人（前年より増加数2764人），団体57となっている（『国民政治年鑑』日本社会党機関紙局，1963年版および1971年版）。
(28)　『朝日新聞』1963年6月3日。
(29)　鳴海正泰『飛鳥田横浜市政と革新自治の時代　そのときヨコハマは燃えていた』横浜地方自治研究センター，2012年，83頁。また同「横浜市政のなかで飛鳥田市政とはなんだったのか」『横浜市史資料室紀要』第2号，2012年，94頁，によれば，飛鳥田は市政については「職員皆に任せる，オレは外で日本の政治を変える仕事をする」と言っていたという。
(30)　飛鳥田一雄「日中国交と『市民外交』　中国訪問の旅から帰って」『市民』6号，1972年1月，88頁。
(31)　横浜開港資料館『横浜と上海　二つの開港都市の近代』1993年，同『横浜と上海近代都市形成史比較研究』1995年，を参照。
(32)　飛鳥田一雄「アジア姉妹都市論」『朝日アジアレビュー』1975年秋，120頁。
(33)　『日中友好運動五十年』日本中国友好協会，2000年，225-226頁。
(34)　『朝日新聞』1971年5月20日。
(35)　王泰平『あのころの日本と中国　外交官特派員の回想』日本僑報社，2004年，35-41頁，73-79頁。
(36)　『朝日新聞』1971年7月30日，11月2日夕刊。
(37)　『朝日新聞』1971年11月11日。
(38)　外務省アジア局中国課監修『日中関係基本資料集　1970年-1992年』霞山会，

1993年，68-69頁．飛鳥田一雄『飛鳥田一雄回想録　生々流転』朝日新聞社，1987年，96頁．
(39)　美濃部亮吉『都知事12年』朝日新聞社，1979年，65-69頁．
(40)　前掲『飛鳥田横浜市政と革新自治の時代』92-113頁．
(41)　鳴海正泰『自治体改革のあゆみ』公人社，2003年，54頁．
(42)　同上，212頁．
(43)　前掲『飛鳥田一雄回想録』96頁．
(44)　前掲『自治体改革のあゆみ』212頁．
(45)　前掲『飛鳥田一雄回想録』96頁．この間の５月に飛鳥田は北朝鮮を訪問し，姉妹提携を模索している（『朝日新聞』1972年５月７日，７月28日）．
(46)　『朝日新聞』1966年６月14日．
(47)　『神奈川新聞』1972年９月９日，前掲『飛鳥田一雄回想録』97頁．
(48)　『毎日新聞』1973年２月８日．
(49)　『朝日新聞』1973年４月５日．
(50)　「横浜・上海交流実績一覧（1964～1983）」『横浜・上海友好都市交流10年のあゆみ』横浜上海10周年記念慶祝代表団派遣実行委員会，1984年，81頁．
(51)　『朝日新聞』1973年10月３日夕刊．
(52)　前掲佐藤智子『自治体の姉妹都市交流』で，日中間で「1979年に東京都が北京市と姉妹都市提携を結んだのを最初」（30頁）としているのは誤りである．なお日本の都市とアジアの都市との初の提携は1964年11月11日，トルコのヤカケントと結んだ和歌山県串本町である（前掲『日本の国際姉妹都市一覧』参照）．
(53)　『第２回アジア卓球選手権大会資料』同組織委員会，〔出版年不明〕横浜市中央図書館所蔵．
(54)　前掲『飛鳥田一雄回想録』103頁．
(55)　『横浜市総合計画1985　市民による新しいまちづくり』横浜市，1973年，２頁．
(56)　『横浜市新５か年指標'77—'81』横浜市企画調整局，1977年，110-111頁．

第11章　ブータンの GNH から展望するアジアの「豊かさ」

ラム・ドルジ
田儀　耕司

1　経済発展と貧困の拡大

　初代ブータン首相のジグミ・ティンレイは，20世紀は驚異的な「市場の力」に支配された世紀であったと述べている。これは，規制緩和，民営化，そして自由貿易を推し進めたのは国内総生産（GDP）崇拝主義であり，あらゆる犠牲を払っても成長や物質的な繁栄と豊かさを追求するといった考え方であるとした。[1] GDP とは，元来はある特定の時間，ある特定の場所において，モノやサービスがどれだけ生産，取引，消費されたかを示す尺度に過ぎなかった。しかし，次第に人間の幸せの度合いの尺度として取り扱われることが増えていき，モノ・サービスの量についての成長志向が高まっていった。しかし近年，GDP の成長を追い求めてきた国々の間に行きづまり感が漂っている。[2]

　これは，GDP の成長を追求した結果，必ずしも国民の幸福に繋がっていないことが明らかになったためである。フランス国立統計経済研究所とフランス景気観測所が経済協力開発機構（OECD）などと連携し，サルコジ大統領（当時）の音頭でスタートさせたスティグリッツ委員会がまとめた報告書では，「GDP は，生活の質にマイナスでも，経済効果として加算してしまうことが少なくない。たとえば交通渋滞は，ガソリン使用量を増やすなど GDP 増加要因になるが，生活の質を下げる。生活の質にとって重要な家庭内で消費される家事サービスは，市場を経由しないため GDP に計上されない。環境や持続可能性を計測する指数としては，GDP は不適切だ」とまで言及している。[3]

　GDP 成長を推し進める社会では，有限の天然資源であるにもかかわらず無限であることが求められ，天然資源の再生を超える消費が進み，過剰な生産や無駄な消費，その弊害としての公害や環境破壊を生み出した。[4] GDP 優先に舵

を切った結果，経済成長の一方で，国内で貧富の差の拡大が進む国も少なくない。実際，アジア各国では，経済発展に伴い，都市と地方の間の貧富の格差が拡大している。2011年9月20日，中国社会科学院都市発展および環境研究所が発表した報告書「中国都市発展報告No.4 市民生活」によると，中国の都市部と農村部の貧富差が3.23対1という数値となり，世界最大となった。また，2013年に行われた北京大学の調査によると，都市部の最富裕層（上位5％）と最貧困層（下位5％）の世帯年収の比較の結果，格差は242倍にもなり，現在も拡大しているという。[5]

一方，現在，地球の抱える緊急の問題は，森林，水産，土壌，水など，ローマクラブが1972年に発表した『成長の限界』では問題視されていなかった「再生可能資源」の急速な悪化である。これらの資源は賢明に利用しようとすれば枯渇することなく，持続的に利用が可能なものだが，過去30年間のGDP偏重主義による行き過ぎた消費により，再生不可能なほど悪化している。石弘之は，富の偏りの結果，資源の偏りが起き，途上国のコミュニティにおいて保全制度が失われてしまったこと，人口と消費の増大により，持続可能性が失われたことが地球環境の急速な悪化の原因であるとし，大資本による利潤の追求＝木材の乱伐，換金作物の植え付けの強要がこれに拍車をかけているとしている。[6]

これらの問題は，急速に経済発展の進むアジアの国々も例外なく直面している。マレーシア，インドネシアなどではアブラヤシ，ゴムなどのプランテーションによる農業の集約化が進む一方で森林資源が失われ，タイやインドネシアなどではマングローブ林を切り開いてのエビ養殖池開発が盛んに行われた結果，漁民の間での貧富の格差の拡大が進んだうえ，2004年のスマトラ沖地震・津波災害により，マングローブ林という防波堤を失った地域では，生活基盤に壊滅的な被害を受けた。

本章では，経済発展に伴って東南アジアで起きている環境・社会問題についてインドネシア，タイの事例を通じて言及した後，GDP至上主義に代わる独自の国策であるブータンのGNHについて分析し，アジア各国の将来の展望について論じる。

2　経済発展と失われていく伝統文化,自然環境——東南アジア各国の事例

東南アジアのインドネシア,タイでは,経済成長に伴い,どのような環境,社会問題が起きているのだろうか。本節では,農地の拡大とそれに伴う森林の減少によって発生した環境,社会問題の事例を取り上げる。

インドネシア

インドネシアは面積約189万 km^2,人口は約2.5億人と東南アジア最大,世界第4位である。近年の経済発展は目覚ましく,1人当たり GDP は2007年からの5年間で約2倍に伸びた。また,中央統計局の発表によると,2012年9月時点の貧困率は11.66%,貧困層人口は約2800万人だった。インドネシアは,これまでに貧困人口比率を減少させることに尽力してきた。1976年時点での貧困人口は5420万人であったが,スハルト時代の1996年には3410万人まで減少した。このことから,インドネシアの貧困対策は一般的には成功していると見られている。

一方,所得格差は1970年代(0.31)から改善するきざしは見えず,2000年代に入って,むしろ拡大する傾向が見られる。また,国内の地域間格差も日本が2000年代前半に2.04,後半に2.72であったのと比較すると,インドネシアは2000年代前半に13.81,2000年代後半に18.59と高い上に拡大傾向にあることが分かる。

インドネシアでは,経済発展に伴って,急速にその森林面積を減らしている。1990年には国土の約62%,約1億1854万 ha であったものが2010年には国土の約49.5%,約9443万 ha に減少した。インドネシアの森林減少の最大の要因として考えられているのが,アブラヤシプランテーションの拡大である。インドネシアで最初のアブラヤシプランテーションができたのは1911年で,現在の面積は720万 ha にのぼる。また,1999年から2004年の5年間で,1年当たりの植え付け量が約40万 ha に達した。アブラヤシの実を精油して生産されるパーム油はインドネシアにとって最も重要な農産物であり,2003年に12億ドルだったものが,2010年には134億ドルに増加しており,同国の農産物輸出の約45%

表11-1 アブラヤシプランテーションの拡大による環境・社会問題

環境問題	① 天然林伐採，生物多様性の減少 ② 土壌浸食・土壌流出・水質汚濁 ③ 森林火災 ④ 農薬・化学肥料による汚染 ⑤ 地球温暖化
社会問題	⑥ 先住民などの人権侵害 ⑦ 労働問題 ⑧ 労働者の健康被害 ⑨ 不法移民・社会不安増大 ⑩ 違法伐採の助長

に迫る勢いである。[11]

　アブラヤシプランテーションの拡大による問題としては，表11-1のようなものが挙げられる。

　環境問題のうち，最も深刻なものの一つが天然林の伐採とそれに伴う生物多様性の減少だ。スマトラ島やボルネオ島では，アブラヤシプランテーションの拡大が絶滅危惧種のオランウータンやアジアゾウの生息地減少に関係している。WWF（世界自然保護基金）は，とくに森林減少の激しいスマトラ島リアウ州では，過去25年間に約400万 ha の森林が失われ，1978年に78％だった森林被覆率は2007年には27％に減少したと述べ，その原因の一つはアブラヤシプランテーションの拡大としている。[12]

　一方，社会問題にも深刻なものが多く，先住民の土地利用権が曖昧なことを利用し，開発者が先住民に対して十分な説明を行わないままにプランテーション開発を行い，結果として豊かな森林の恵みに依存してきた地域住民たちの生活を破壊してしまう。インドネシアでは，従来慣習法による森林の利用が認められてきた。1999年の森林業法では，慣習法に基づいた共同体の存在が認められた場合には，共同体の日常生活に必要な森林産物の採取や慣習法に則った森林管理の遂行の権利が認められている。[13]しかし，1990年代後半のアジア経済危機以降，インドネシア政府はアブラヤシプランテーションの開発を積極的に認める政策を取り，森林に火を入れる大規模なプランテーション開発が進められた。[14]先に森林業法では，地域住民の森林資源の使用が認められていると述べたが，同法では「国家の利益がまず優先される」と定められており，実際には森

235

林の90％以上が国有地と定められている状況の中，住民が気がついた時には保護林から生産林に変わっていたという状況が発生し，土地の明け渡しをめぐって，地域住民と政府およびプランテーション開発業者の間で摩擦が起き，住民たちは強制的に排除された[15]。プランテーションの拡大で森林を出ざるを得なくなった地域住民たちは他の地域に移住することになるが，類似の環境に移住しても先住の地域住民との間で自然資源の奪い合いになり，他地域での自然環境の破壊にも影響を及ぼすか，生活環境を失って路頭に迷うということになる。

さらに，アブラヤシプランテーション労働者の賃金は実質的に経営者側の言い値で支払われていたり，収穫量をごまかされ，実際よりも低い給料しか支払われないこともある。また，プランテーションでの労働は低賃金で過酷なものになりやすい。アブラヤシの実は30〜40 kgになるが，特殊な道具を使ってヤシから収穫した後，車で運べる道路まで手で運ぶ。また，採取量のノルマを家族で達成するために，小さな子供まで働かせる状況も作りやすいと言われている他[16]，女性労働者は性的虐待を受けることもあるとされている[17]。

このように，インドネシアにおけるアブラヤシプランテーションの拡大は，経済優先主義を推進するあまり，森林資源に依存した地域住民たちから土地を収奪し，生活の基盤を奪い，アブラヤシプレンテーションによる恩恵を得られなかった社会的な弱者を貧困へと追いやっている。

タイ

タイは20世紀初頭まで，広大な原生林を有する国であったが，商業的な価値の高いチークやローズウッドなどの輸出が目的で森林伐採が進む一方，南部ではゴム農園やスズの採掘を目的に森林伐採が進み，年率3％もの急激なスピードで森林が失われていった[18]。タイ政府は1975年に原木の輸出禁止を発令し，77年には純木材輸入国となり，89年には森林伐採禁止令を出さざるを得なくなった。1990年代になってからようやく森林減少の速度が少し緩んだが，現在では国土の25％程度しか残っておらず，フィリピンとともに東南アジアで最も森林消失が進んでしまった[19]。

タイで急激に森林減少が進んだ原因の一つは，タイ政府が換金作物栽培を積極的に支援したからと言われている。タイでは，林地における国民の土地利用

に関してほとんど配慮しなかった結果，土地に対して使用権・所有権を有さない農民たちが侵入して林地を農地に変え，土地が疲弊するまで使用する。消耗しつくした後は，また別の森林に入って火を放ち，農地を広げるということが繰り返し行われた。[20] 切り開かれた土地にはキャッサバなどの換金作物が植え付けられた。タイのキャッサバ生産量は1997年には1800万トンに達し，世界第3位になった。[21] キャッサバは乾燥に強いうえ，やせた土壌で育つため，むしろ貧困支援対策で植え付けを奨励されてきた。タイ東北部では，1970年代から1993年までの間で日本の四国の1.5倍もの面積に相当する2万9200 km^{2}の森林が消失したが，森林保護区だった地域までが，キャッサバのプランテーションに変えられてしまった例もある。[22]

キャッサバプランテーションの拡大の問題は大きく2つ挙げられる。1つ目は土壌の疲弊が進むことである。タイのような熱帯のやせた土壌に単一作物を植え続ければ，もともと痩せた土地がさらに痩せるばかりでなく，雨などで表土の流出が進み，ますます植物が育ちにくい環境になる。タイ東北部では，90年代に入ってキャッサバですら収穫量が落ち，土壌流出による塩害の影響を受けた農地が17％にものぼっている。[23] 2つ目はプランテーションによる集約化で農家の間での貧富の差が拡大することである。タイでは，キャッサバだけでなく，サトウキビなどで大規模な集約農業が行われていることが多く，小さな農家が大きな，経済的に体力のある農家に土地を売り，吸収されることが増え，小作農になり下がらざるを得ない状況を作り出し，農家間の貧富の差の拡大や伝統的な農村社会の崩壊に繋がった。

また，キャッサバだけでなく，サトウキビ，アブラヤシ，ゴムなどのプランテーションでの仕事は重労働なため，タイ人で嫌がる人も多く，ミャンマーやカンボジアからの不法就労者の受け皿になっている。

タイ，インドネシアの事例に見られるように，熱帯アジア圏の国々では，経済発展の過程で森林を切り開き，木材を輸出して収入を上げ，それを国の発展に回すという方法をとってきた。しかし，その結果，とくに地方で森林資源に頼って生活していた地域住民たちの生活が困窮し，その地域住民たちがさらに森を切り開いて残された森林資源が奪われていく，あるいはプランテーションのような換金作物へと植えかえられていく中で貧富の差が拡大するという環

境・社会問題を引き起こしている。

　樫尾は，熱帯林が劣化し，消失すると，4つの問題が引き起こされると述べた。1つ目は，安定した森林生態系の破壊により，土壌と水の保持機能が劣化することで，その結果，腐植に富んだ表土が流出し，土地の生産性が劣化するうえに，水分の浸透と保持能力が低下する。また，山地から流出した土砂は河川を浅くし，わずかな降雨にもすぐ増水して洪水を起こすようになること。2つ目は，地方の人々が毎日の炊事等で必要な木材資源が失われること。3つ目に熱帯林の中に生存する多種多様な生物種の減少，消滅の問題である。熱帯林の消失に伴い，林業用や農業用，園芸用，薬用などに有用な多くの未知種や未利用種が，科学的な調査検討を待つ間もなく次々と絶滅していること。そして，最後に気候の変化を挙げている。

　インドネシア，タイの例で見られるように，途上国の多くの国々では，経済成長の過程で大規模に森林を伐採し，木材として外貨収入源にした一方で，農地，とくにアブラヤシ，ゴム，キャッサバ，サトウキビなど単一作物のプランテーションに転換したが，インドネシアやタイの事例で見る限り，このような経済を優先した開発が必ずしも地域住民たちにとって幸福をもたらすものではなく，その持続性に疑問符がつくものと言える。石は，環境的な欠乏により，(1)農業生産の低下，(2)地域経済の崩壊，(3)人口移動，(4)政治・権力機構と社会構造の崩壊が懸念されると述べたが，インドネシア，タイ両国では，これらの懸念された問題に直面している。

　今枝は，最も遅れて近代化に着手した国の一つであるブータンは，多くの先輩発展途上国の例を他山の石として観察することができたがゆえに，同じ過ちを犯すことなく，弊害を最小限にとどめるための措置を講ずることができたと述べる。次節では，国民総幸福量（Gross National Happiness：GNH）という特徴ある政策を掲げ，独自の発展を模索するブータンの政策とその課題について考察する。

3　ブータンとその政策 GNH

ブータンの国の概況

　ブータン王国は3万8394 km^{2}で九州とほぼ同じ面積を持ち，約73万人（外務省 web）が住む。王制を取っていたが，1990年代に第4代国王主導により，議会制民主主義への移行準備が進められ，2008年7月に憲法が採択された。北は中国，南はインドに国境を接している。

　ブータンは1971年に国連に加盟し，2013年9月時点で52カ国およびEU（ただし，国連安保理常任理事国とは外交関係を有さない）との間に外交関係を有している。ブータンの2012年の名目GDPは17.9億ドル，1人当たりGDPは2399ドルを記録した。産業別のGDPの割合としては，建設，農林業（それぞれ約16％），電力（約14％），製造業（約8％）などとなっている。ブータンの財力に最も大きく貢献しているのは電力であり，歳入の約40％を占めている。また，近年割合が増えているものとして，観光業がある。

　ブータンでは依然人口の約7割が農村地域に居住し，小規模な地域自給自足型の農業が維持されている。失業率は2011年時点で約3％だが，そのうち約65％が若年層（15～29歳）である。

　ブータンの政策の特徴の一つは自然環境保全を重要視していることであり，自然を破壊してまで産業化を急ぐ政策は採らない[27]。現在の森林被覆率は約70％であり，60％以上を森林として維持することを法律で規定している。また，保護区の割合も大きく，現在は国土の約35％が国立公園などの保護区の指定を受けている。これは，次項で述べることと関係するが，ブータンでは，経済発展を進めるうえで，環境保全や文化的独自性維持との調和を重視してきていることを示している[28]。

GNHとはなにか

　GNHは，経済指標としてよく使われるGDPやGNPを幸福にあてはめた言葉の頭文字となっており，「ものの豊かさ」よりも，「心の豊かさ」を示す[29]。2008年に公布されたブータンの憲法第9章「国の政策の基本」では，「国は

GNH の推進を可能にする状況を進めるよう尽力せねばならない」とし，GNH を国是として謳っている。

　GNH を初めて用いたのは，第4代国王のジグミ・シンゲ・ワンチュクであり，ブータンの基本政策となっている。GNH は，経済成長を重視する姿勢を見直し，伝統的な社会・文化や民意，環境にも配慮した「国民の幸福」の実現を目指す考え方で，4本の柱（持続可能で公平な社会経済開発，環境保全，文化の推進，良き統治）から構成される。

　ブータンは一般的に「世界で一番幸せな国」と呼ばれるが，これは2005年の国勢調査で約97％の国民が「幸せ」と回答したことに基づく。ただし，この時点での調査では，具体的な指標はなく，「あなたは今幸せですか」という問いに対する回答として，「とても幸せ」「幸せ」「あまり幸せではない」の中から選択されたものの統計データに過ぎない。一方，現在は国民に対して9分野33項目72指標を活用し，測定されている。各分野の数は表11-2である。

　それぞれの分野の具体的な調査内容は，表11-3の通りである。

　GNH 指標は，文字通り GNH を指標化する試みである。これらの指標は Centre of Bhutan Studies が作成しており，2年ごとにそれら指標を基に調査が実施されている。

　GNH 指標には以下のような目的がある。

1．人々の幸福度を測ることで5カ年計画や政策立案に反映させる。
2．各政策分野の指針となる指標を提供。
3．時系列で進捗を測る。
4．国全体，各県での幸福度を比較する。
5．人々の幸福により影響が大きい要素を把握する。

　2010年には上述の指標を用いて，約7000名を対象に，インタビュー調査が行われた。これは，人口約70万人のブータンでは，約1％に当たる数であり，男女比50：50，都市部：農村部は27：73で，回答者の約55％は農民であった。上記指標について，ブータン研究所では，9分野のうち6分野以上が満たされている状態を「幸せ」と定義しており，インタビュー調査の結果，「幸せ」と定義された人の割合は約41％と，2005年時と比較し大幅に減少した。本調査の結果から，ブータンで「幸せ」な人の割合が大きく低下したと報道するメディア

第11章　ブータンのGNHから展望するアジアの「豊かさ」

表11-2　9分野の項目数と指標

	分野	項目数	指標数
1	Psychological wellbeing（心の健康）	4	11
2	Health（健康）	4	7
3	Time use（時間の使い方）	2	2
4	Education（教育）	4	4
5	Cultural diversity（文化の多様性）	4	12
6	Good governance（良い統治）	4	7
7	Community vitality（コミュニティの活力）	4	16
8	Ecology（環境保全・生物多様性）	4	5
9	Living standards（生活水準）	3	8

表11-3　9分野の調査内容

	分野	内容
1	心の健康	人々はどのくらい満足しているか，暮らしの様々な側面にどの程度満足しているか。
2	健康	死亡率や罹患率に加え，被調査者が自分を健康と考えているかどうか。
3	時間の使い方	人々が24時間をどのように使っているのか，また長い時間をどのような活動に充てているのかを調べ，そこから労働時間，移動時間，調理の時間，家事の時間などを計算していく。
4	教育	家庭や地域社会でのインフォーマルな教育，仏教僧院における教育も含まれる。
5	文化の多様性	文化施設の数，言語の使用パターンなど，文化的な伝統の多様性，強靭さを評価する。
6	良い統治	国民が政治的な意思決定のプロセスにいかに参加しているか。法の公平性，平等性，透明性，説明責任，誠実性，腐敗の有無など。
7	コミュニティの活力	地域社会の中における人間の関わり，関係の強さ，弱さを測る。何パーセントの人たちがお互いに人々を信頼できる，強い信頼があると考えているか，自分の家，地元，地域社会に安心感がある，安全だと思っているか。
8	環境保全・生物多様性	国土における様々な資源の状況を確認し，生態系に与える影響や負荷，さらには環境管理や対応策の現状を調べる。
9	生活水準	市民の基本的な経済状況を示すもの。可処分所得や物質的な富のレベルに加え，貧富の差を測定し，経済的な社会福祉保障の状況を確認する。

もあったが，9分野のうち半分以上が満たされている「部分的に幸せ」も「幸せ」と定義すれば，依然国民の約90%は幸せというカテゴリーに分類される。
　ブータンは従来，インド政府が望む指標に沿って国家計画を策定し，開発を

進めていたが，第6次5カ年計画以降，「国家アイデンティティーの強化と促進」を国家目標とし，国連よりの姿勢を明確に示すようになった。ブータンがその政策をGNHへと大きく舵を切ったのは1980年代後半からである。環境と開発に関する世界委員会が1987年に発表した「われら共有の未来（OUR COMMON FUTURE）」の理念に影響を受けたからとされ，その恵まれた自然環境，および伝統的文化との調和のとれた国土の開発・経済的発展を，国の方針とすることが第8次国家計画にて明記された。

前述でブータンの政策の特徴の一つとして，自然環境保全を重要視していることを挙げた。ブータンでは，憲法第5条第3項にて，国土の60％以上を森林として保護することが定められているうえに，国土に占める保護区の割合が約35％である。これは，国土に占める森林率がほぼ同じ日本の場合，国土に占める保護区の割合が約14％（国立公園保護区と都道府県立自然保護公園を合わせたもの）であることと比較すると，非常に大きな数字であることが理解できる。なぜブータンでは広い森林面積が残されたのか。平山は，隣国ネパールの森林管理政策の失敗を一因として挙げている。ネパールでは，世界各国からの援助により，伝統的な焼き畑農業や森林利用，またそれらによる伝統的な生活や文化が変容した。結果として，森林伐採によって階段耕地が膨張し，雨季に広範囲で地滑りを誘発するようになった。現在ではネパールの森林面積は国土の約25％しかない。ネパールにおける開発の影響を教訓とし，ブータンでは，自然破壊をしてまで産業化を急ぐ政策は採らないという方針が徹底されている。

また，ブータンの森林は実質的にはすべて国有林であり，森林伐採の許認可，伐採する木の指定および確認などは農林省森林局が担当しているほか，不法伐採に対する逮捕権を有している。ブータンでも森林の民営化が進められたことが一時期あったが，伐採した業者が森林回復を適正に行えなかったことから，現在では再び国有化されている。途上国であるブータンでは，地方に行けば行くほど薪炭材に頼った生活を送っているが，薪炭材の切り出しについても，国民一人ひとりに割当量が決められている。住宅などを建てる場合には，したがって，何年も前から森林局に申し込むということになる。地域住民たちにとっては不便さもあろうが，この点は，前節で述べたように，インドネシアやタイで経済発展が優先された結果，森林の農地への転換が進むとともに森林自然資

源が失われ，政府が十分に森林回復をコントロールできていないことと比較すると，自然資源としての森林保全を適正に管理しているととらえることもできる。

　地域住民も，途上国が経済発展の過程上陥りがちな「自然環境保全対開発」の構図にはなっておらず，自然との共生の意識が高い。たとえば，ウォンディ・ポダン県ポブジカは，冬季に絶滅危惧種のオグロヅルが渡来することでよく知られている。ツルは地域住民たちにとって，何らかの利益をもたらしたわけでもないが，親しみを持たれている。数年前，ポブジカで電化工事が行われた際，地域住民たちは，工事完了まで短い時間ですむ電柱を地上に敷く工事ではなく，ツルに影響を与えない電線を地下に埋設する工事を選択した。ポブジカ自体，指定上はバッファーゾーン扱いで国立公園に指定されていないため，行政からツルの保護を優先するために地域住民に対して何らかの制限を加えたり，協力を要請したりしたことはない。

　ブータンの自然環境保全政策は，地域の伝統的な慣習やチベット仏教の宗教観をうまく融合させたものでもある。ブータン北部にはガンケール・プンズム（標高7541m）など，標高7000mを超える未踏峰の山があるが，観光による収入が期待出来るにもかかわらず，宗教上の理由から，ブータン政府は現在入山を禁止している。1980年代に観光政策の一環として登山が解禁された時期があったが，ネパールのようなシェルパのいないブータンでは登山隊の荷物を運ぶために政府が農民を徴集したが，農民たちは「農作業ができない」として国王に直訴した。また，ブータン人の古来の信仰では，雪山は神聖にして犯すべからざる存在であり，登山自体が神々に対する冒瀆的行為であった。これらの結果，ブータンでは登山永久禁止条例が発令され，現在に至っている[36]。これも，経済よりも伝統文化を優先させた事例と言える。

　ブータンは自然破壊をしてまで産業化を進める政策はとらないと述べたが，自然環境保全がブータンの経済に恩恵をもたらしている例もある。ブータンの経済は現在電力に頼っているところが大きいが，インドへの売電を行っているのは水力発電であり，保水力のある森林を保全することで電力産業に恩恵をもたらしていると言える。また，ブータンの豊富な自然資源は観光産業にも貢献している。バードウォッチングやフラワーウォッチングなどの自然を目当てに

したツアーも近年増えてきている。さらに、豊かな自然資源は近年研究対象として脚光を浴びており、薬用効果のある植物などの研究のため、世界各国から研究者が多く訪れているが、ブータン政府は自然資源の流出が進まないような対策を取っている。たとえば、海外からの研究者の受け入れの際、ブータンの研究者との共同研究とすること、研究成果の発表時にはブータンの研究者との連名とすること、採取した標本は海外に持ち出さずブータン国内にとどめることなどである。

ブータンでは、自然環境保全だけでなく、伝統文化の保全、コミュニティの元気さなども国策の指標にされているが、これらの要素は、前節で触れたインドネシアやタイの事例で見られるように、経済発展が優先される中で軽視された結果、コミュニティの崩壊として失われつつあるものである。

ブータン国内の課題

既に述べたように、ブータンは最後進国の一つであることを有効に活かし、発展途上国の多くが先進国、とくに欧米諸国のモデルを追随するあまりに直面している経済発展による社会的な諸問題を最小限にとどめる工夫を取っており、そのキーワードになるものがGNHであるといえる。事実、ブータンは国連ミレニアム開発計画に沿った発展を続けており、貧困率の減少など、いくつかの目標を既にクリアしている。しかし、ブータンでも経済の発展に伴い、様々な課題が見られるようになってきている。

(1) 若年層の失業問題

国内の課題の一つに若年層の失業率の高さが挙げられる。ブータンでは、高等教育への就学率はインド等、国外への留学も含めると、近年では25％にまで向上している[37]。農民の平均収入がビジネスマンの約9分の1、公務員の約4分の1であるうえに、農業に従事することは概して労働時間が長いうえに収入が低いことに繋がり、高等教育を修了した若者は地方に戻って親の農業を引き継ぐことに積極的ではない。親たちも、より高い収入を得られる職業へ子供たちが就くことを期待し、自分たちの世代が農業で苦労してきたことから、子供たちの世代に自分たちと同じ苦労をさせたくないと考えている。

さらに，ブータンではコミュニティでの互助精神が比較的よく残されているため，若者たちはすぐに仕事が見つからなくても，兄弟，親戚，友人などに支えられて生活することができる。したがって，日本で近年問題視される「パラサイト」のように，働かずに日々を暮らす若者がとくに都市部で増えてきているほか，地方では学校をドロップアウトして実家に戻ってきたものの手に職を持たないままの若者も増えている。
　しかし，都市部には若者を受け入れる就職口は決して多くない。ブータン全体の失業率は2011年に3.1％だったが，都市部の失業率は5.8％と平均値よりも高い。高等教育を受けた若年層が希望するのは公務員であったり，民間企業への就職であったりするが，ブータン国内には観光業以外に雇用の裾野を広げるような産業は十分に育っていない。また，地方でも高等教育を終えた若者を受け入れる雇用先は十分に確保されておらず，都市への若年層の流入の抑制には繋がっていない。

（2）都市と地方の格差

　また，近年地方と都市の格差が広がってきていることも課題である。本林・高橋によれば，地方では世帯当たりの年収の平均は約15万円なのに対し，これが都市部では約50万円と3倍以上の開きがある[38]。JICAが2010年にまとめた貧困プロファイルの最終報告書を見ると一目瞭然だが，ブータン国内の貧困率は東，南に行くほど高くなる[39]。これらの地域ではインフラの整備が西部ブータンと比較して遅れがちであり，道路へのアクセスを例に挙げてみると，西部ブータンのティンプー，パロでは，70～80％が徒歩30分以内に道路にアクセスできるが，東部ブータンのルンツェ，モンガルでは40％未満である。
　このように，ブータンにおいても，道路へのアクセスは，社会サービスや市場へのアクセスという観点から，貧困との相関関係を見ることができる。国連開発計画は，ブータン東部の貧困者比率が高い理由として，行政の中心地，および首都や商業地へのアクセスの不便さ（接続可能性の欠如）を挙げているが，東部のモンガルやタシガンから首都であり経済の中心地のティンプーまではバスで1日半から2日かかることを考えると，アクセスの不便さは否めない。
　現在，首都ティンプーの人口は約10万人と言われているが，近年は大幅に増

加傾向である。都市化，人口の過密は他の国々と変わらない問題になりつつあるが，より条件の良い仕事を求め，地方から都市に人が流入しているからと考えられる。ただし，東部や南部から出てきた人たちはホテルのベッドメイク係，レストランの給仕，旅行会社のドライバーなどの仕事に就くことが多く，経営者層は西部ブータン人が占め，ここでも格差が見られるようになっている。JICAの貧困プロファイル最終報告書によると，ブータンの貧困人口の98.1％が農村部の貧困層で占められている。

2010年の調査結果では，約41％の国民が「幸せ」と分類されたと述べたが，それは「学歴が高ければ高いほどより幸せな状態にある」傾向が読み取れる。また同様に，「世帯収入が高ければ高いほどより高い学歴を得る傾向が強い」という傾向も示されている。一方，学校へのアクセスに制約のある地方の農村部では，初等教育の純就学率が低く，都市部と比較して10～15％ほど識字率が低い。[40]これらの結果を単純に分析すると，白石が触れたように，都市部に住む高学歴層ほど豊かで幸せな生活を送っていることになり，地方に行くほど貧困度が高く幸福度が低いということになる。[41]したがって，GNHでは，持続可能で公平な社会経済開発を柱の一つに据えているが，現段階では十分な成果は出ておらず，格差拡大の抑制に繋がっていないと考えられる

ブータン政府は，国連開発計画およびデンマーク国際開発庁の支援を受け，各政府機関におけるプログラムの計画および予算策定，モニタリングプロセスにおいて，貧困と環境問題を組み入れた取り組みを行っている。[42]

（3）環境問題

また，ブータンが環境保全政策を重視していることは前述したが，水力発電施設の建設に伴う環境への影響については，国際的にあまり広く知られていない。シロハラサギ（*Ardea imperialis*）は，ネパール，インド，ブータン，バングラデシュ，ミャンマーなどに生息しているが，現在の個体数は70～400羽程度と推測され，[43]IUCN（国際自然保護連合）のレッドデータブックでは絶滅危惧IA類に指定されている。ブータン西部のプナザンチュ川は，このシロハラサギの重要な生息地であり，RSPN（ブータン王立自然保護協会）などの調査により，約20羽が生息していることが判明している。しかし，現在プナザンチュ川

流域では2つの水力発電所が建設中であり，シロハラサギの生息環境の悪化が懸念されている。シロハラサギは餌場として浅瀬が必要であり，同種の保全活動に関わるRSPNは，発電所工事で環境の変わったプナザンチュ川で，シロハラサギが引き続き生息していけるかどうかは不明であると言及している。[44]

　ブータンでは，環境アセスメントが制度化されているが，同水力発電プロジェクトの環境影響評価の報告書の所在は不明であると外部からのメディア関係者は言及している。[45] ブータンにとって，電力による収入は国家財政の4割を超え，GDPの約10%を占めている。[46] 現在の発電量は約1500メガワットで，最大3万メガワットの生産能力があると言われている。

　また近年では，インドだけでなく，周辺のネパールやバングラデシュへの売電計画も聞かれるなど，ブータン政府は水力発電開発に対して「持続可能でクリーン」であると肯定的に認識しており，売電による収入を今後も伸ばしたいという国の意向が見える。ブータン経済にとって，売電による収入の重要さを伺い知ることはできるものの，絶滅危惧IA類に指定されているシロハラサギの生息環境の消失は国際的にブータンのイメージダウンに繋がりかねないうえに，GNHの柱の一つに自然環境保全を掲げていることと矛盾しないのか，疑問を感じざるを得ない。

　GNHの4本の柱のうち，とくに「持続可能で公平な社会経済開発」と「自然環境保全」に関するブータンの課題について焦点を当ててみたが，緩やかながらも国の発展に伴って，都市と地方の間の格差が広がり，発電所の建設に伴い，自然環境の悪化が危惧されるなど，現状では他の発展途上国と同じような問題を抱えていると言わざるを得ない。本林・高橋は，GNHは政策であり，達成された姿ではなく，ブータンが目指している姿であると述べているが，実状はその通りだろう。前首相のジグミ・ティンレイは，「GNHは'バランスをとる'ということ。物質的な豊かさと，精神的豊かさのバランス。体と心のニーズのバランス。私にとってGNHとは，バランスをとることだと思います」と述べている。[47] 前述したように，経済を重視すると自然環境保全の側面から待ったがかかることになるが，その際GNH委員会がGNHの視点から最適な選択肢を選ぶことができるかどうかが今後のGNHの評価に影響しうるだろう。一方，最も発展の遅れた国の一つであるにもかかわらず，GDP優先の経済開

発ではなく，他の多くの国々が軽視した結果社会問題に発展したコミュニティの活力，環境保全・生物多様性といった視点を重視し，これらの課題を克服しようとする取り組みは評価できる。次節では，海外の国々のGNHに対する評価から，アジアの将来の展望について言及する。

4　ブータンのGNHの取り組み事例からの提案

　前述した通りに，ブータン国内で様々な課題を抱えているにもかかわらず，GNHへの評価は世界的に高くなってきている。大橋はGDPの成長のみを追い求めてきた先進国に行きづまり感が漂い，社会をどういう方向へ進歩させていくか，重要な岐路に立っていることをその要因として挙げている[48]。これまで述べてきたように，GDPを重視した経済優先の開発を実施してきたインドネシアやタイのようなアジアの国々でも，自然環境の悪化や自然資源の濫用による地方の疲弊など，先進諸国よりも速いペースで社会の転換期を迎えていると言える。

　このような社会的な閉塞感に対し，フランスではサルコジ前大統領の時代に経済効果と社会進歩の計測委員会（通称，スティグリッツ委員会）を設立し，「GDPの問題点」「生活の質」「持続可能な開発と環境」という3つのテーマを設け，社会進歩のあり方についての検討を行ったが，その報告の中で，経済パフォーマンスの代表的な指標であるGDPについては，社会的な幸福を測る指標としては必ずしも適切でないとして，従来のGDPを修正するか，違う角度からの指標を組み合わせるのでなければ，社会の幸福度や持続可能性を計測することはできないとすら述べている。ブータンで提唱されているGNHは，たしかに発展途上の政策だが，自然資源，コミュニティの活力，文化の多様性といった要素を国の発展の指標に取り込むことで，従来のGDP至上主義の発展の仕組みの中で重要視されていなかった女性，地方で小規模な農業や林業に従事する人たち，さらにはタイの山間地域やインドネシアのカリマンタン島の奥地に住むマイノリティグループの人たちの生活に対して焦点を当てることに繋がっていくだろう[49]。

　東南アジアの国々の間でも，GDP偏重の開発への見直しが行われ始めてい

る。タイでは，プミポン国王主導で，中庸，合理性，自立の３つの原則からなる「足るを知る経済」哲学が主導されており，1997年の経済危機以降，タイ国内で注目を浴びるようになった。同哲学の中には，経済発展を目指すあまり，行き過ぎた農地拡大と森林伐採を進めた結果，都市と地方の格差が拡大したことに対する反省の思いも含まれていることが分かる。一方，アブラヤシプランテーションの拡大を推し進めるインドネシアのように，グローバル化の道へ突き進んでいこうとすれば，ますます地方での土地の収奪が進み，地域住民と国，企業との摩擦が大きくなり，一部の富める人のみに富が集中する歪な形での発展しか期待できず，先進諸国が直面する豊かにはなったが，国民が幸せを感じられない社会を追随することになる。

　本章では，ブータンの政策GNHを通じ，アジアの将来への展望について考察することを目指した。アジアの国々の中にもGDP優先による経済発展に陰りが見え始めてきている今，GNHのような新しい国の発展指標が今後ますます注目されるようになることは間違いないだろう。しかし，現状ではブータン本国でのGNH自体がGDPに代わる発展指標となるほど，完成度の高いものであるとは言えず，各国が独自にGDPに代わる指標を模索している段階に留まっているにすぎない。とは言いつつも，小国ブータンのGNHの取り組みの行方が注目を集めていることは間違いない。自動車や，冷暖房設備のある家を持つことは快適な暮らしをもたらすが，情緒面，精神面での豊かさを維持することとは必ずしも一致しないと今枝は述べているが，現状では経済発展の結果辿りつくものが前者であり，後者は失われていったものである。グローバル化の進む世界経済の中で，ブータンにおける経済的な豊かさではなく，国民の精神的，情緒的な充足感をもたらす国づくりが今後も注目されていくことであろう。

　　註
(1)　足立直樹『アブラヤシのプランテーションを持続可能にするために』http://www.jiid.or.jp/files/04public/02ardec/ardec37/key_note6.htm
(2)　大橋照枝『幸福立国ブータン──小さな国際国家の大きな挑戦』白水社，2010年。
(3)　同上。

(4) ジグミ・ティンレイ，日本GNH学会『国民総幸福度（GNH）による新しい世界へ』芙蓉書房出版，2011年．
(5) 『日本経済新聞』2013年7月24日，「中国都市部，貧富格差242倍　北京大調査」http://www.nikkei.com/article/DGXNASGM0301Q_T00C13A8FF8000/
(6) 石弘之『地球環境報告Ⅱ』岩波書店，1998年．
(7) 外務省web『インドネシア共和国基礎データ』http://www.mofa.go.jp/mofaj/area/indonesia/data.html
(8) 内閣府『内閣府世界経済の潮流2010 Ⅰ』2010年．
(9) 環境省『フォレストパートナーシップ・プラットフォーム，世界の森林と保全方法インドネシア共和国』http://www.env.go.jp/nature/shinrin/fpp/worldforest/index4-2.html
(10) フェアウッドパートナーズweb『インドネシアにおけるパーム農園開発の現状』http://www.fairwood.jp/news/mmbn/mmat/vol028_3.html
(11) 農林水産省web『インドネシアの農林水産業の概況』http://www.maff.go.jp/j/kokusai/kokusei/kaigai_nogyo/k_gaikyo/idn.html
(12) WWFジャパンweb『スマトラ島の熱帯林の減少』http://www.wwf.or.jp/activities/2009/09/699714.html
(13) 井上真・宮内泰介編『コモンズの社会学——森・川・海の資源共同管理を考える』新曜社，2001年．
(14) 石，前掲書．
(15) 井上真編『アジアにおける森林の消失と保全』中央法規出版，2003年．
(16) 足立，前掲サイト．
(17) Sophie Chao & Marcus Colchester, "Human Rights and Agribusiness: Plural Legal Approaches to Conflict Resolution, Institutional Strengthening and Legal Reform," 2011.
(18) 環境省，前掲サイト．
(19) 樫尾昌秀『自然を読め！東南アジアの森』ゼスト，1998年．
(20) 同上．
(21) 石，前掲書．
(22) 同上．
(23) 同上．
(24) 樫尾，前掲書．
(25) 石，前掲書．
(26) 今枝由郎『ブータンに魅せられて』岩波新書，2008年．
(27) 同上．
(28) 平山修一『現代ブータンを知るための60章』明石書店，2005年．

(29) 本林靖久・高橋孝郎『ブータンで本当の幸せについて考えてみました。「足るを知る」と経済成長は両立するのだろうか？』阪急コミュニケーションズ，2013年。
(30) 大橋，前掲書。
(31) 本林・高橋，前掲書。
(32) 平山，前掲書。
(33) 同上。
(34) 同上。
(35) 同上。
(36) 今枝，前掲書。
(37) 日本ブータン研究所 web『近代学校教育の現状　後半』http://www.bhutanstudies.net/archives/2695/
(38) 本林・高橋，前掲書。
(39) JICA（独立行政法人国際協力機構）『ブータン王国貧困プロファイル調査（アジア）最終報告書』2010年。
(40) 同上。
(41) 白石邦広『グローバル化に直面するブータンの GNH（国民総幸福量）』2012年。
(42) JICA，前掲書。
(43) BirdLife International web "Species :White-bellied Heron" http://www.birdlife.org/datazone/speciesfactsheet.php?id=3723
(44) RSPN "The Critically Endangered White-bellied Heron," 2011, Andrew Revkin, "Can Bhuan Achieve Hydropowered Happiness?" http://dotearth.blogs.nytimes.com/2013/12/10/can-bhutan-achieve-hydro-powered-happiness/?_php=true&_type=blogs&_r=0 *The New York Times*, 2013.
(45) Samir Mehta, "Dam building spoils Bhutan's green image" http://www.thethirdpole.net/dam-building-spoils-bhutans-green-image-1/, 2013
(46) 平山，前掲書。
(47) 本林・高橋，前掲書。
(48) 大橋，前掲書。
(49) Lam Dorji, "United, Sustainable, and Happy Asia A Bhutan Perspective of the Future of Asia," 2014.
(50) 在京タイ王国大使館 web, http://www.thaiembassy.jp/thailand/j-king.htm
(51) 今枝，前掲書。

第12章　インド社会の特性と再生可能エネルギー

和 田 幸 子

1　国際社会の状況変化とインドの位置

　インド（Bharat）は，日本の敗戦後ちょうど2年目，パキスタン[(1)]の独立の翌日，1947年8月15日に，インド亜大陸をほぼ4：1で2分する形でイギリスの支配から独立した国である。

　独立後のインドは，第2次世界大戦後強まった東西対決の力関係の中で，そのいずれの陣営にも与することなく，アジア・アフリカの多くの国々とともに第3の道を模索してきた。インドは「非同盟諸国運動」[(2)]で，「多様性の統一」理念を掲げ，常に途上国のリーダーの一員として存在感を高め，また南アジア地域協力連合（SAARC）[(3)]の設立・発展に大きく貢献してきた。

　21世紀に入ると，先進諸国の経済発展が伸び悩み低成長を余儀なくされる中で，国際的意思決定の機構も，超大国アメリカに依拠する Pax Americana の体制とともに崩れ東欧の社会主義世界体制も崩壊した。そして，国際社会は G6，G7，G8，そして G20[(4)]の合意を得る体制へと大きく変化したが，G20にはEUやIMFなどの国連の各機関にも参加資格が与えられており参加者が多すぎ，結局指導者のない G0（ジー・ゼロ）の時代になった。

　低成長を続ける先進諸国と比べて，高い経済成長率のアジア諸国への期待が強まり，インドも BRICS[(5)]の一国として世界の注目を集めるようになり，国際的評価は高まったとする見方もある。とくに日本では，中国一国依存を脱するために，インドへの期待がふくらみ，近年ではこの国との関係を見直す傾向が生まれている。

　しかるに世界は今，もう一つの大きな曲がり角に立っている。やみくもに経済発展を急いだ結果，世界各地では大洪水，干ばつ，巨大竜巻の頻発，突然の

豪雪，降雹，海水温度や海面の上昇など，どこにいても地球規模の気候変動を現実のものとして認識されるようになった。したがって，これ以上の気候変動を阻止するためには，温暖化ガス，なかんずく二酸化炭素（CO_2）の発生を抑制する以外にないと考える人々も確実に増えているのである。

インドは，こうした事態を的確に認識し，CO_2の発生を抑制するために再生可能エネルギーの利用に積極的に取り組んできた国である[6]。国際再生可能エネルギー機関（International Renewable Energy Agency：IRENA）[7]の設立に，当初から積極的にリーダーシップを発揮してきた国でもある。その中で，インドは，それのもつ自然的・社会的環境に則した形で，実に創意性に充ちた再生可能エネルギーの利用方法を編み出してきたのであった。

現在のインドにとって，再生可能エネルギーの利用は決してその場しのぎの代替的なものではなく，従来から利用されてきたエネルギー資源と対等に肩を並べるくらいに重要なものとなってきた。それは，再生可能エネルギーのハブ局になろうとするインド政府の強い意気込みのもとに技術を普及させることによって達成できたことであった。グローバリゼーションが進行しつつある今日，こうしたインドの変化は国際社会全体にも大きな影響を与えるようになったことに注目しなければならない。

本章は，急速に変化する国際環境を背景に，再生可能エネルギーの利用の推進に取り組むインド政府の政策や国民の生活実態をみつめながら，それが内外の社会的変化にどのような影響を及ぼしつつあるのかを考えようとするものである。

2　インド的民族主義と「再生可能エネルギー」

インドは日本の9倍近い国土面積に，様々な民族からなる約12億の人口をもつ大国で[8]，その80.5％はヒンドゥ教徒である。とはいえ，この国には実に多くの宗教が共存しており，隣国パキスタンがイスラームを中心とする国であることと好対照をなしている。統計的にみれば，インド人には13.4％のムスリムがおり，ジャイナ教徒0.4％，シーク教徒1.9％，仏教徒0.8％，キリスト教徒2.3％など様々な宗教の信者たちがいる。また，少数ながら，アラビア商人が

持ち込んだ古代拝火教(9)の信者もあり，インドにある拝火教徒コミュニティは世界最大のものとなっている。

インドの独立を主導してきた国民会議派(10)の政治理念は，「多様性の統一」を旨とし，できるだけコミュニティ間の軋轢を避けつつ，じっくりとインド的な一致した価値観を見出そうとするものであった。地域的特性もそれぞれ大きく異なるために，インドは今日に至るまで，あくまでも連邦国家として成り立ち，具体的政策は州ごとに必ずしも一致しなくてもよいとされている。また，国家の理念を特定の宗教集団と直結させることに求めるのではなく世俗主義を貫くこと，欧米の支配を排除し独立したAll India的価値意識に基づく社会を形成することを重視した。マハトマ・ガンディ，ジャワハルラル・ネルー，（サルダール）ヴァッラバーイ・パテル(11)などの政治理念の根底には，誇り高いインド人としての民族的観念が流れていたということができるだろう。

ただ，その民族性は，現実の世界では，インド人資本の擁護，すなわちインドの土着産業の保護の側面が強く出ることがあり，それがインド経済の閉鎖性を招き経済発展を阻害してきたとの批判もあった。

長い植民地時代を経験し，多民族，多言語，多宗教など複雑な構成要素を持つ貧しい途上国インドであれば，内外からの深刻な障害に直面することも珍しくはなかった。世界的なオイルショックに揺れた1970年代は，インド経済も非常に危機的状況に陥った時期である。すでにネルーはなく，彼を引き継いだ娘のインディラ・ガンディ首相は，試行錯誤の結果「非常事態宣言」を発し，銀行の国有化などを含む「新経済政策」を断行し，国民からの批判を強権によってかわそうとしたが，それで問題は解決されることはなかった。

一方，国際社会は，1974年の国連資源総会で，資源の保有国にその恒久主権が認められるべきとする決議がなされるなど，世界は資源ナショナリズムに揺れていた。化石燃料の有限性が現実のものとして認識されるようになるなかで，インドは「エネルギー政策作業部会（Working Group of Energy）」を設置し，これが今日の再生可能エネルギー利用重視政策への出発点になったのである。経済状態はさらに悪化した結果，1977年の総選挙で国民会議派はついに敗北し，1979年の総選挙までの間，会議派に批判的なインド人民党（BJP）(12)が政権を担当することになった。さらに90〜91年，そして98〜2004年の間も，インド人民

党（BJP）が政権を担当した。しかし，BJP も政権内部の対立もあり，当初の計画を十分実現するには至らず比較的短命に終わった。

　1980年に再び政権に返り咲いたインディラ・ガンディ政権は，82年,「エネルギー政策作業部会」を「非従来型エネルギー資源部局（Department of Non-Conventional Energy sources）」とした。それが後に政府の省に格上げされ，「非従来型エネルギー資源省（Ministry of Non-Conventional Energy Sources：MNES）」となったのである。今日の「新・再生可能エネルギー省（Ministry of New and Renewable Energy：MNRE）」は，96年，第11次5カ年計画の政策推進をめざすために審議する中で，再生可能エネルギーがいっそう重視されるべきであると認識されるに及んで結果，MNES が改称されたものである。

　自国のエネルギーは，できるだけ自国内のエネルギー資源の活用によって賄いたいとする姿勢は，今日の世界経済に鑑みれば，外貨の乏しい途上国ばかりの必要事項ではないだろう。

　ともあれ，こうした曲折を経ながらも，国民会議派は，単独と連立とを問わず，インドの政治・経済に重要な位置を占め続けることになったのである。それは見方によっては，広大なインドの政治運営が，ネルー，娘インディラ，孫ラジーブ，そしてその妻ソニア，曾孫ラフルへと続くネルー一家の存在を抜きにしては語れないともいえるのである。グローバリゼーションの進む今日の世界にあって，こうした長期的カリスマ一家の存在は希有のことであり，またその体制への批判も強まってきた。その結果，2014年の総選挙では，人民党にその主導権を奪われることになったのである。一方，新たに政権を掌握した人民党のモディはインド憲法で「社会的弱者」とされる「指定カースト＝低カースト」（ガンチーと呼ばれる）の貧困家庭の出身である。貧困を知るリーダーとしてモディに期待した貧困層の人々が多かった。

　インドは「世界一の民主主義国」と言われるように，18歳以上の国民には皆選挙権が与えられ政治参加ができる。さらに，たとえば文字の読み書きが不自由な有権者でも，図12-1 に示すようなロゴによって支持政党を指し示し投票ができる。現在は，政党の数も多くなり，一般的には電子投票方式も採用されているが，まだ多くの文盲がいた独立直後からの方式も採用され続けているのは，いかにもインドらしい投票方式であると言えるだろう。

第Ⅱ部　経済・社会・環境からみたアジア

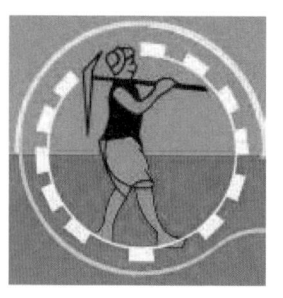

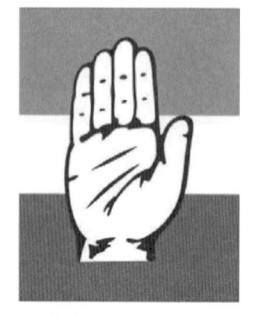

BJP のロゴマーク　　　　BJP のロゴマーク

会議派のロゴマーク　　　会議派のロゴマーク

図 12-1　BJP と国民会議派のロゴ（選挙時にも利用できる）

3　BJP による政権掌握と活発な外資導入政策

　2014年5月の総選挙で勝利したインド人民党（BJP）のナレンドラ・モディ政権は，矢継ぎ早に改革政策を発表した。この政権は，モディがグジャラート州で成功したとされる経済成長路線を全国規模に拡大すること，いわば「インド版新自由主義」路線に転換することを公言している。6月9日にモディ政権が発表した経済政策は，海外メディアからは「モディノミクス」と呼ばれるほど「開放的」である。

　この政権はヒンドゥ至上主義による「小さな政府」「確かな統治」を目指すとしているが，「民営化推奨」などはBJPの宗教的信念とどのように論理的整合性をもつものかまだ明確ではない。ともかく当面の問題として資金を集めることに腐心し，外資導入に積極的である。

256

その政策を遂行するために，第1に膨れ上がった省庁の合理化から動き出し，BJPの幹部が一斉に各省の重要ポストを占めることになった。BJP党首ラジ・ナート・シンは内務省，スシマ・スワラジは外務省および在外インド人問題担当，アルン・ジャイトリーは，何と経済と軍事を一手に収める産軍複合体を地で行くかのように，財務省，企業問題省，国防省の3省を担当することになっている。インドの省庁の数は非常に多く，現在も54省ある。現在のところ省庁総数は政権交替前と変わらないが，閣内相を有しない省庁の数を13から16に増やし，一部の省庁では統合や分割，新規担当を追加した。また，北東地域開発省，計画省，統計・事業実施省，繊維省，文化省，観光省，石油・天然ガス省，技能開発・起業家精神・青年問題・スポーツ省，情報・放送省，環境・森林・気候変動省，科学技術省，地球科学省，商工省などは，閣内相を排除され閣外相のみとなった。閣外相は直接首相に状況を報告することが義務づけられており，それだけ首相府の権限が及びやすくなると考えられる。

　本章との関わりにある「新・再生可能エネルギー省（Ministry of New and Renewable Energy：MNRE）」は「電力省（Ministry of Power）」と「石炭省（Ministry of Coal）」とともに閣内相を外され，3省一括して，1人の閣外相ピュシュ・ゴルが任命された。これは近い将来これら3省の合併も視野に入っているのではないかとの予測を呼ぶところである。[14]

　原子力庁（Department of Atomic Energy）と宇宙庁（Department of Space）を各省庁から独立した特別機関として設定している点では前政権と変わらないが，モディ首相の直属としたこれらの機関を通じて，宇宙開発とともに原子力の利用をいっそう積極的に進める意図も示されている。2014年9月には，モディ首相の見守る中で，インドの人工衛星が火星の軌道に到達したとのニュースが伝わった。しかし，原子力発電に関してみれば，当初の計画通りには進展していないのが実情である。[15] たとえば，タミルナドゥ州のクダンクラム原子力発電所では，5月の事故もあって，住民の強い反対運動はいっそう強くなり，2013年11月に完成予定であったにもかかわらず，いまだに稼働していない。

　ともあれモディ政権は，2014年5月に発足したばかりであるが，首相は早速，9月に公賓として来日し，日本政府と「特別な戦略的グローバル・パートナーシップ」を築くことで合意，経済・安全保障の両輪の関係を強化することで意

見が一致したという[16]。財界の代表者たちとも会談を重ね，インドへの投資を呼びかけた。ジェトロと日本経済新聞社共催の講演会で「メーク・イン・インディア（Make in India：インドで作ろう）」を強調し，インドは日本企業にとって最適なビジネスの地だと述べたと報じられている。とくにインフラや先端技術分野などの投資を望んでおり[17]，モディ首相は，9月17日にグジャラート州アーメダバードで開催された64歳の誕生祝賀夕食会に，中国の習近平国家主席を招待し緊密さをアピールしたと報じられている[18]。モディ政権は「全方位外交」を掲げ，中国からも多額の投資を期待しているので，中国は今後5年間で200億ドル（2.2兆円）の投資を約束し，また原子力協定の交渉開始に合意したと伝えられている[19]。

さらに，現在計画中のアーメダバードとムンバイ間の高速鉄道建設への中国の投資を期待しているという。この計画には，日本の新幹線も売り込みに躍起となっているほか，BRICS銀行やアジアインフラ投資銀行（AIIB）なども食指を動かしている。中国の鉄道建設コストは日本の3分の1と安く，インドにとっては魅力的である。中国企業専用の工業団地や中国人の居住区の建設計画もある。

モディ政権は，こうして外資導入に力を入れ，インドの産業を急速に発展させようと躍起になっているが，その結果はCO_2の大幅な増大，温室効果ガスの排出増大を招くことは否定できないだろう。したがって，インドにとってこれまでにも増して再生可能エネルギー利用の重要性が高まっているのは当然のことである。

最近になって，モディ政権の展開する思いきった民営化推奨路線が，国内産業に大きな刺激を与え始めており，ついに他党もこの路線を歓迎する事例さえ目立つようになった。たとえばマハーラシュトラ州では，4大自動車企業による総額1000億ルピーを超える大型新規投資の覚え書きに署名したと報じられている[20]。マハーラシュトラ州政府は，現在は国民会議派が掌握しているが，10月中旬には州政府の選挙を控えており，BJPの政策を先取りした形である。今回の4社による同州への多額投資決定の要因となったものは，州政府による「ウルトラ・メガ・プロジェクト」へのVAT還付のインセンティブを特別措置として容認する可能性を示したことがあるとされている。

こうした活発な外資呼び込み政策が次々に打ち出される反面，インドからの対外投資は今年になって減少し，タタ・パワーやリライアンス・インダストリーズなどの対モールシャス，UAE などへの投資はあるものの全体としては40％以上減少した。

以上のように，インドの政権交替に伴う新たな動きは見え始めているが，それがどのような結果をもたらすか，現在のところでは即断はできない。こうした試行は，農村にある8億を超える人々が貧困を抜け出し，人間としての尊厳を認められる生活ができる日まで続くのかもしれない。

4 再生可能エネルギー利用の概観

第12次計画によれば，国内の総エネルギー生産量は，2016～17年にオイル換算で6億6960万トンと想定され，2021～22年には8億4400万トンとなると推定されている。これはそれぞれの年のエネルギー消費量の約71％と69％に相当するもので，その量は2億6780万トン（2016～17年）と3億7560万トン（2021～22年）のオイル輸入量に相当するものである。

このように，エネルギー需要の増大が避けられない課題であるが，国際収支の悪化もあり，インドにとっては，エネルギーの自給率を高め，多様な自然条件を活かしながら再生可能エネルギーの利用率を高めることは必須なのである。

ところで，インドの自然的条件は複雑である。たとえばヒマラヤの雪解け水が流れる聖なる川ガンジスは，途中でいくつもの川と合流し大地を潤しベンガル湾に注ぐ。中西部はナルマダ川に収斂される比較的低地が多いが，タール砂漠に続く北西部地帯は常に灼熱の太陽に照らされている。中央のデカン高原はおおむね冷涼であるが，北東部地域にはアラカン山脈にまで続く大熱帯雨林地帯が広がり，乾燥した南インドなどと同じ国とは思えないほど湿潤な地帯になっている。また各地にはトライブと呼ばれる古くからの住民も多く，アーリア民族のヒンドゥとは異なる文化をもつ人々も多い。

こうした特徴は州ごとに捉えられるが（図12-2），28の州はそれぞれ州境を越えれば話す言葉も異なり，中央政府直轄領の東部地域で暮らす人々は，アラカン山脈を越えたビルマ系の人々と類似の文化をもっている。チャッティース

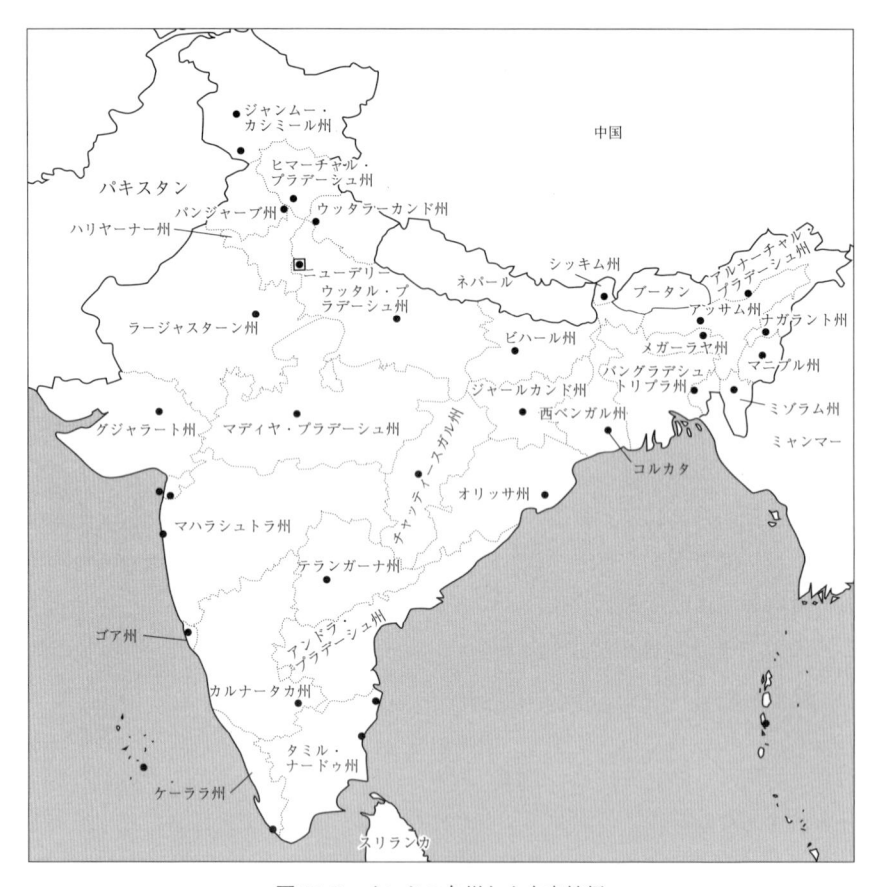

第Ⅱ部 経済・社会・環境からみたアジア

図12-2 インドの各州と中央直轄領

ガル，テランガーナ，ジャールカンドなどの各州は近年分離して生まれた新しい州であり，また豊かな農耕地の広がるパンジャーブ州には，ムスリムやシーク教徒との間に，複雑な歴史の絡む深刻な問題がある。

12億を超える人口をもつインドであるが，都市人口は約3割足らずであり，残りの約7割（約8億人）の人々は農村部で，それぞれ地域性に合わせた生活様式で暮らしてきた。

エネルギー需要の増大する農村社会

しかるに近年では，その農村部にも徐々に商品経済が浸透し，テレビや携帯

電話，IT機器などが普及し，徐々に都市化した生活が広がりエネルギーの需要が増しつつある。そのエネルギーは従来型の化石資源に依拠することでは到底充たすことはできなくなってきた。需要増大の解決のために再生可能エネルギーを利用することは，輸入に依存する化石燃料から脱却するためには不可欠のことであったが，そればかりでなく，自国ないしは自らの村内を活性化させるためにも必要だったのである。

　また，地球温暖化への世界的な対応策の一環として，化石資源から再生可能エネルギーの利用に取り組むことは至上命令でもあった。しかし実際には，自然的・地理的条件の違いによって，風力や太陽光・太陽熱，または小水力，バイオマス，天然ガスなど，利用可能な再生可能エネルギー資源の賦与度も一様ではない。伝統的な牛糞や麦藁，バガスの利用に始まるバイオマス，バイオガスなどには，さほどの地域差はないとしても，風力，小水力，そして太陽光や太陽熱，さらに近年関心をもたれている海の波動などは，地理的にも技術的にも資金的にも利用に制約がある。

　再生可能エネルギーの利用を促進する国民会議派の中枢を占めた思考方法が，あらゆる生命活動を一つのものとして捉えるヒンドゥ的な思考方法，自然観や生活観であったことを思えば，新しく成立したモディ人民党政権も基本的に矛盾しないかもしれない。しかし，これまで具体的に主導してきた新・再生可能エネルギー省（MNRE）と，多くのNGO, NPO, SHG（村の自助グループ）（self help group）などの経験や意見をよく参考にすることが肝要ではないだろうか。外国の資本にはそれぞれの思惑が絡んでいるはずである。

　もし，導入される外資の多寡が大幅に膨れ上がった場合に，その施策が村人の要求に応じて，村人の利用しうる方法で，どこまできめ細かく提供できるか慎重に見なければならない。たとえばメガ・ソーラーの生産するエネルギー価格が高騰すれば，住民の支払い能力を超えることによって，再び遠ざけられる人々が生み出されないかと危惧されるようなことである。

　国民会議派を中心とする前政権は，M・ガンディなどの社会思想を受け継ぎ，多くの人口を抱える農村の発展のために，その自治組織パンチャヤットに力をもたせるように支援してきた。パンチャヤットの要求を汲み上げる形で，各地域は，それぞれの特性に応じて，太陽光やバイオマス，小水力などを利用して

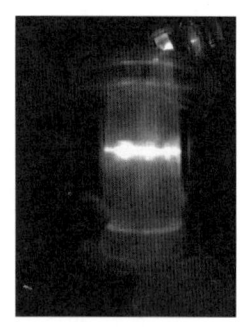

写真 12-1　村人のソーラー・ランタンと貸し出しノート
出典：ハリヤーナー州グルガオン近郊の村で（2012年7月，筆者撮影）。

きたのである。「統合農村エネルギー計画（Integrated Rural Energy Programme：IREP）」や「農村電化法人（Rural Electrification Corporation Ltd.：REC）」「ラジーブ・ガンディ農村電化計画：RGGVY」などはそうした政策によって実施されたのである。

その結果，長い間インドの頭痛の種であった全くの未電化世帯は，現在ではほとんどなくなったとされている。ただし，それは電力供給が量的に突然改善したからではなく，村や集落ごとにきめ細かく供給する体制ができたからである。

筆者は，ハリヤーナー州で，MNRE が地元の NGO の協力によって集会所の屋根にソーラーパネルを設置し，その電力を全員で使用するシステムを作っている村（戸数，約30戸の集落）を訪れたことがある。毎日夕方に充電されたソーラー・ランタンを各戸に貸し出し，翌朝それを返却するというシステムを作っていた。借り賃は，1カ月100ルピー（約190円）である。このように，僻村の独立的な発電を系統連係に繋げずに直接的に利用している場合（off-grid），その成果を充分数値化できないのである（写真12-1）。

図12-3が示しているのは2014年3月31日時点におけるインドのエネルギー利用構成，図12-4は再生可能エネルギーの種類別利用状況を示している。まだ，インドのエネルギー利用は火力（石炭＋天然ガス）への依存度が高いとはいえ，再生可能エネルギーの利用比率は着実に進み，この日の時点ではエネルギー全体の約13％を利用するまでになった。表12-1は2014年3月31日時点のイ

第12章　インド社会の特性と再生可能エネルギー

原子力
4,780

再生可能エネルギー
31,702

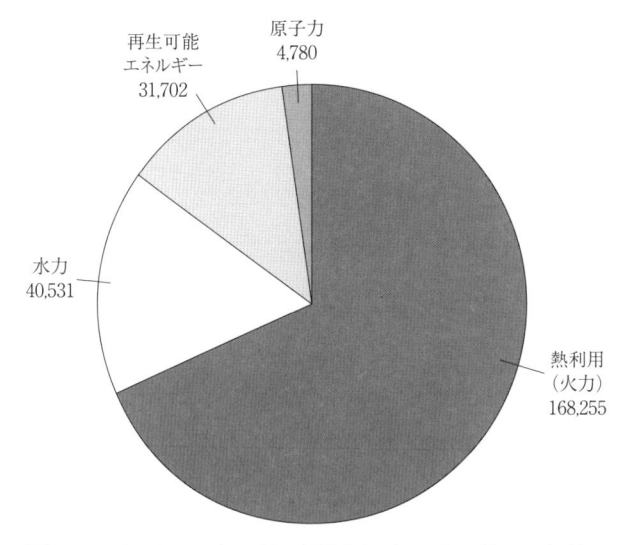

水力
40,531

熱利用
(火力)
168,255

図 12-3 インドのエネルギー利用分布（2014年3月31日時点）
出典：Annual Report 2013-14, p. 3, Ministry of New and renewable Energy Govt. of India.

ソーラー発電
26%

風力
57%

廃棄物発電
0%

バイオガス,コジェネレーション
9%

バイオマス,ガス化
(Gasification)
3%

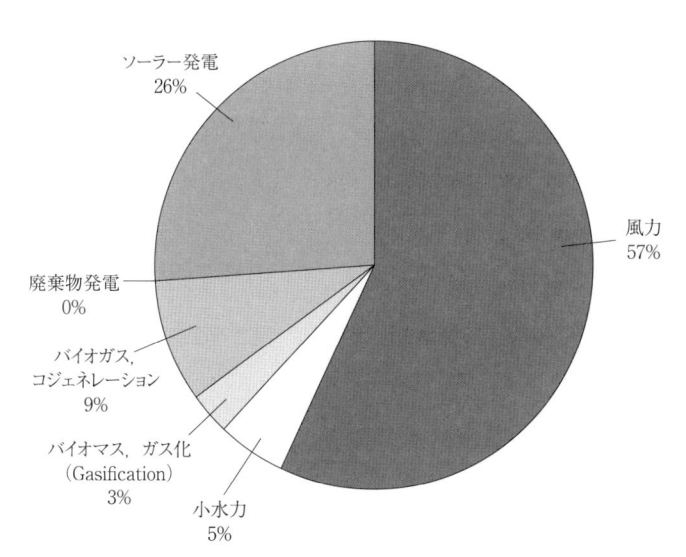

小水力
5%

図 12-4 インドの再生可能エネルギーの種類別分布（2014年3月31日時点）
出典：MNRE Annual Report 2013-14, p. 4.

表 12-1 再生可能エネルギーシステムにおける発電容量（万 kw）（2014年3月31日時点）

	種　類	2013〜14年 （2014年3月まで）	累積発電容量 （2014年3月31日時点）
	系統連係分（grid-interactive）		
1	風　力	207.9	2113.2
2	小水力	17.14	380.37
3	バイオマス，ガス化	10.16	136.5
4	バイオガス，コジェネレーション	31.092	264.84
5	廃棄物発電	1.05	10.66
6	ソーラー発電	96.21	264.7
計		363.552	3170.273
	独立電源系，自家消費分など （off Grid/Captive Power）		
1	廃棄物	1.71	13.27
2	バオイマス・コ・ジェネ（バガス以外）	6.07	53.18
3	バイオマス，ガス化		
	農村の――	0.06	1.75
	産業の――	0.71	14.72
4	Aero-Generator/Hybrid system	0.01	0.23
5	太陽光システム	11.62	17.44
6	水車／micro hydro　マイクロ発電	0.16（416個）	1.321（2643個）
7	バイオガスを基礎としたエネルギー	0.055	0.377
計		20.395	108.94
	その他の再生可能エネルギー		
1	ファミリー・バイオガス・プラント	6万個	474万個
2	ソーラー温水機―冷房	110万 m^2	810万 m^2

出典：MNRE Annual Report 2013-14, p. 4.

ンドの再生可能エネルギー利用の発電容量数値である。

　次に，その具体的な事例をいくつか検討してみることにしたい。

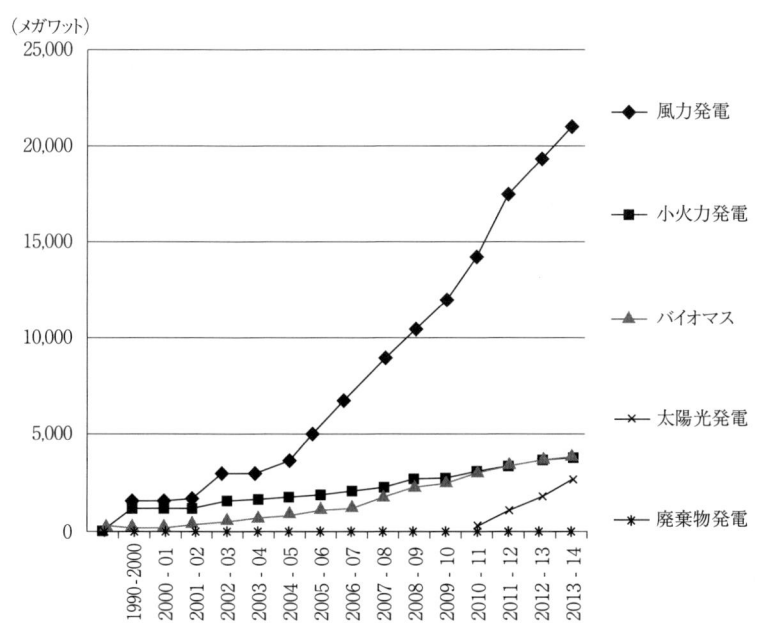

図 12-5 再生可能エネルギー技術別設備容量の累計状況（MW）
出典：MNRE Annual Report 2013-14, p. 14.

5　各再生可能エネルギー利用の進展

風　力

　図12-5はその累計状況であるが，風力の利用はあらゆる資源の中で最も急速に進んだものである。インドでは2003年電力法（Electricity Act 2003）が成立して以来，再生可能エネルギーによるエネルギーを独立電源として系統連係されるべき電源として認められるようになった。それによってとくに勢いづいたのが，インドの風力発電メーカー・スズロン社(22)を中心とする風力発電であった。スズロン社はその後ドイツのリパワー社と協力関係を結ぶなど急拡大し，数年後には世界25カ国に支社をもつ世界第5位の多国籍企業に成長したのであった。しかし，近年は世界的競争の激化などによって若干伸び悩みが見えている。同社の年報によれば，単年度の発電容量は2011〜12年が過去最大で319.7万 kw

265

表12-2 インドの風力の潜在能力（主な州のみ抜粋）（万 kw）

	州　名	推定能力 高さ50mの場合	推定能力 高さ80mの場合
1	アーンドラ・プラデーシュ	539.4	1449.7
2	グジャラート	1060.9	3507.1
3	ジャンムー・カシミール	531.1	568.5
4	カルナータカ	859.1	1359.3
5	ケーララ	79.0	83.7
6	マデイヤ・プラデーシュ	92.0	293.1
7	マハラシュトラ	543.9	596.1
8	ラージャスターン	500.5	505.0
9	タミル・ナードゥ	537.4	1415.2
	全国の合計	4913.0	10278.8

出典：MNRE Annual Report 2013-14.

であったが，実はその後2012〜13年，2013〜14年は166.9万 kw，207.9万 kw と減少した。

　若干逆風に直面したこれらの年でも，スズロン社は，2013年の企業法135条に従ってCSR[23]も実践している。そのことによって，政府の所得税の減免などの優遇策も受けられ，株主からの協力も得られている。この間かなりのリストラを行ったことなどにより，経営的には持ち直しており，ツルシ・タンテ社長によれば，2014年には再び成長が可能な見通しであると報告されている[24]。

　インド亜大陸はヒマラヤと東西のガーツ山脈に囲まれた概して平坦な地形で，海岸地帯などを除けば陸地にはさほど強風は吹かない地形である。インドで風力発電資源の最も豊富な所は，こうした山脈から外れたアラビア海側のグジャラート州で，全国の風力資源の3分の1を占めることになる。次いで西ガーツ山脈とデカン高原地帯を含むカルナータカ州に風力資源がある。グジャラート州の風量資源量は，アーンドラ・プラデーシュ，ジャンムー・カシミール，マハラシュトラ，ラージャスターン，タミル・ナードゥ各州の約2倍となっている。さらに，その風力発電機の大半が地元スズロン社製のものである（写真12-2）。表12-2に示したのはインド全体（29州と7連邦直轄領）の3分の1の州に過ぎないが，グジャラート州1州のみで全国の風力発電容量の約22%（高さ

第12章　インド社会の特性と再生可能エネルギー

写真 12-2　インドのウインドパーク
タミル・ナードゥ州コインバトール郊外で（ほとんどの風車がスズロン社製）。
出典：筆者撮影。

写真 12-3　風力技術研究所（Center for Wind Energy Technology：C-WET）の交信装置
National Institute of Wind Energy のなかにある C-WET の情報キャッチ装置（全国の各拠点から風向き，風力，天候などのデータが刻々と集中する拠点）。
出典：筆者撮影。

50 m の風力発電機の場合）を占め，さらに高い80 m 級の発電機の場合には全国の風力資源の34.1%がここにあることになっている。この資源の賦与所がいかに偏在しているかを示しているといえるだろう。

インドでは全国51カ所にモニタリング地点をもっており，風力，太陽光，水力，バイオマス，バイオガスなどの発電量を適時組み合わせることによってハイブリッド発電を実現させる計画をもっている。

バイオマスとジャトロファ・プロジェクト

インドは，伝統的に，家畜の糞尿などに代表されるようなバイオマス，バイオガスの利用を積極的に進め，国際的な関心を集めてきた国である。現在では，タミル・ナードゥ州，ハリヤーナー州，ウッタル・プラデーシュ州などではバイオガスからの電力は実に多方面に利用されるようになっている。筆者もこれらの州で，そうしたプロジェクトをいくつも訪れたことがある。川の水汲みポ

267

写真12-4 ジャトロファの育苗風景
コーヤンブットゥールの農業研究所で。
出典：筆者撮影，2005年。

写真12-5 ジャトロファの猛毒の実
コーヤンブットゥールの Jatropha Farm 農園で。
出典：筆者撮影，2008年。

ンプの動力の確保によって，ついには生化学的水処理を加えて飲料水の製造まで可能になり，マーケットで販売するところまで成果を上げたパンチャヤットの事例もあった。木質ガス化装置の開発も進んでいる。北インド，メーラトやパーニパットの古戦場に近いチャンダー・ワークスやPSGカレッジの例もある。

　本節では，インドのバイオマス素材の中で，熱帯地域に自生するジャトロファ（Jatropha）の利用についてとくに触れることにしたい。

　ジャトロファは中米地域を原産地とする多肉多汁の実をつけるトウダイグサ科の灌木であり，ジャトロファと同じ種族に属する植物は170種類以上が知られている。現在ではインド，スリランカ，アフリカ，北米など熱帯，亜熱帯に広く自生しているが，その実には2～3個で人間の致死量に達するほどの猛毒（レクチン，サポニンなど）が含まれており，樹液は皮膚に強い刺激を与える成分がある。したがって，ジャトロファは商業的に栽培されるような植物ではなかった。西オーストラリアでは人間にとって非常に有害であるという理由で，2005年以来その栽培が禁止さていた。しかし，既に十数年前から，インドではエネルギー作物として注目され始め，その栽培を促進する施策がとられるよう

になった。

　ジャトロファの実は高温の乾燥地でも，砂地でも，砂利の中でも，石ころだらけの土地でも育ち，またコーヒーやサトウキビ，果物，野菜等の栽培地に間作することも可能である。この植物の有効な利用方法をめぐって，各所で研究会やセミナーも開催され，筆者もそのいくつかに参加したことがある。

　ジャトロファを新たなBDF（バイオディーゼル燃料）の原料として注目したインドは，全国的に数百の生産のプロジェクトを立ち上げた。そのBDFの性能をめぐっては様々な実験が行われ，2008年12月にはエアー・ニュージーランドがボーイング747型機の2時間の実験飛行を行い，2009年にはコンチネンタル・エアラインズでもボーイング737-800型機で同様の実験を行い成功した。また，インド鉄道（Indian Railways）はこのBDFを実際のディーゼル機関車に使用し始めた（一部は従来のディーゼルオイルと混合で）。アブドゥル・カラム前首相は「インドには約60万km^2の荒蕪地があるが，その中の30万km^2にジャトロファの栽培が可能である」と演説し積極的に奨励した。

　ジャトロファは他の換金作物と比較してきわめて少量の水分しか要らず，一度植えたら約50年間栽培できる。最近インド州立銀行（The State Bank of India）は合弁のベンチャー企業と農民に対して，13億ルピーの協調融資を行うという覚書を交わした。それによれば，農民はその支払いをジャトロファの実によって長期間で支払えばよいとされている。このような取り組みは各州にあり，タミル・ナードゥ州でも，モーハン醸造・蒸留会社（W/S Mohan Breweries and Distilleries Limited），ダラニ砂糖科学会社（W/S Dharani Sugars and Chemicals Limited），リバーウェイ農作物会社（W/S Riverway Agro Products Private Ltd）などBDFベンチャービジネスが生まれている。この取り組みには，石油・天然ガス省，農業省，農業開発省，その他研究機関，企業などが協力している。

　また，マハラシュトラ州のJatropha Agro PVT. Ltd.は，2011年までの目標として10万haを耕作し，2012年からはBDFを日量10万トン生産する計画である。そのために，植え付けや調達，加工，マーケティング，さらなる開発のために10万人の雇用を創出する計画をもち，すでに3000haに栽培を開始しているという。

　写真12-6は，チャッティースガル州の農民たちがジャトロファの実を摘む

写真 12-6 ジャトロファの実を摘む農民たち
出典：Akshay Urja December 2012, p. 43 Govt. of India.

労働に雇用されて働く姿である。今日では，ジャトロファ農場の面積は1億5500万エーカーに増大した。ジャトロファはインドの重要なバイオマス資源であり，バイオディーゼルの原料となっている。

インドでは前述のように，自動車その他の交通機関の利用において，また産業用機械のエンジンを操作するために，バイオディーゼルを充てる場合が増えており，そのためにはジャトロファの生産が重要となり，それが村人に誇りを持たせ彼らの収入を増やす手段になっているのである。

バイオマス発電

このようなバイオマス発電への関心の高まりは，これまでは後進州とされてきた所にも及んできた。

次に，オリッサ州（オデイシャ＝Odisha 州）の事例について素描を試みることにしたい。インドの東北部は概して貧しい州が多いが，オリッサ州もその一つで農業中心の州である。ベンガル湾に沿った海岸線は大部分大きな東ガーツ山脈によって遮られ，内陸側は農村地帯となっている。近年，インド政府の再生可能エネルギー利用を推奨する政策の支援を受けて，オリッサ州政府は，第12次5カ年計画期（2012～17年）に，250億ルピーを再生可能エネルギー部門に投入し，10万 kw のバイオマス発電を行う方針を打ち出した。それを可能にしたのは，州電力会社が少なくとも5％のバイオマス発電の電力を買うことを義務づけられたからである。オリッサ州のバイオマス発電能力を50～60万 kw として，そのうちの18万 kw は精米業者による発電，15～20万 kw は農業残滓から

表12-3 オリッサ州のバイオマス発電を進めるためのルール

	資　源	責任者分担
1	森林の残滓	パンチャヤット，SHGs（自助努力グループ）[26]，VSS（森林管理組合）
2	農業の残滓	農民
3	農業関連産業の残滓	農民，農企業の経営者，自助努力グループ
4	エネルギー農場からのバイオマス	農企業の経営者
5	都市の固形廃棄物	都市の自治体／NGOs
6	野菜市場からの廃棄物	都市の自治体／NGOs
7	ランタナやイポメアなど雑草からの木質のバイオマス	個人またはNGOs

出典：Bio Power India April-June 2014, p.9 より作成。

の発電，20万kwは森林の残存物からの発電を購入することとしたのである。

　バイオマス発電については，オリッサ州再生可能エネルギー局（The Odisha Renewable Energy Development Agency：OREDA）が州政府と協力しながら，表12-3のように責任分野を決めて指導している。なぜなら，バイオマス発電を成功させるためには，住民の協力がどうしても必要になるからである。表12-3は，たとえば農産物の各部位（たとえば籾殻，藁またはストローの部分，籾殻や根など）をどのように利用するかを表したものでもある。燃料として利用するか，発電用に使うか，それぞれの用途，処理方法について，住民の管理責任などを記したものである。この州では，人々は燃料を家畜の飼料や森林の草木に依存しており，森林や田畑の荒廃が深刻になっている。それをバイオマス発電に利用するためには住民の理解と納得を得なければ成功は望めない。バイオマス発電を促すことを契機として，住民の自覚を高めることによって森林や農地を荒廃から守り，自然を復活させなければならないからである。

　こうしてバイオマス資源を峻別しルール化することによって，松やモミのような軟材は紙の製造に向けること，籾殻や稲藁，豆類の茎，綿の殻，ココナツの殻などのような残滓物はバイオマス発電に用いることができるのである。

　バイオマス発電の電力は，オリッサ州電力調整委員会では5.58ルピー/kwh（2013～14会計年度まで），5.75ルピー/kwh（2014～15会計年度まで）の買い取り価

271

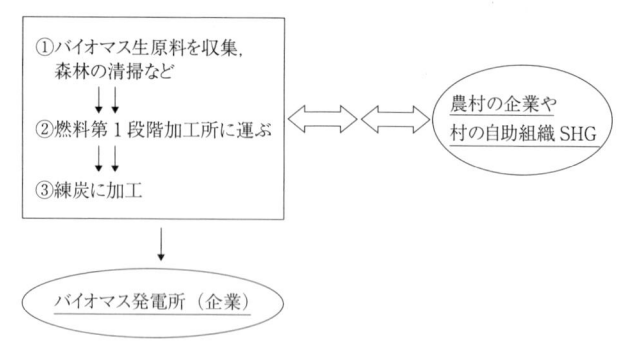

第Ⅱ部　経済・社会・環境からみたアジア

```
┌─────────────────────┐
│ ①バイオマス生原料を収集, │
│   森林の清掃など        │        ┌──────────┐
│     ↓↓              │ ←→ ←→  │ 農村の企業や │
│ ②燃料第1段階加工所に運ぶ │        │ 村の自助組織SHG│
│     ↓↓              │        └──────────┘
│ ③練炭に加工            │
└─────────────────────┘
            ↓
      ┌──────────┐
      │バイオマス発電所（企業）│
      └──────────┘
```

図12-6　オリッサ州のバイオマス発電協力図

格で購入し，また中央電力調整委員会ではそれぞれ5.80ルピー，7.42ルピーで買い取ることになっている。こうした政府の支援を受けて，バイオマス発電の電力を販売した資金は，それぞれのパンチャヤット，SHG（自助グループ），VSS（森林組合），地方の自治体などの収益となって得られ，それぞれのグループの必要に応じて利用することができる。図12-6に示すように，村人と農村企業が各段階の仕事を分業し，練炭のような団子状にまとめるまでを農村の企業や自助組織が行い，それを使って発電会社が発電をするという仕組みである。住民が原料収集を行うことによって森林の管理を理解し自然環境の守り手として育成されるならば理想的でないだろうか。

グリーンテレコム利用

　このようなバイオエネルギーの利用は，インドの情報技術の発展によってインド各地で注目されるようになった。インドの情報技術関連産業（Information Technology：IT）の発達は著しく，2001〜11年の10年間にインドのIT加盟者は2600％増大し，今や9億2600万人になった。[27]そのエネルギー源として，従来は，ディーゼル発電に依存していた。とくに農村部のテレコムタワーの60％に相当する約40万台のタワーのディーゼル消費量は，年間20億リッターにもなり，インド全体の温室効果ガス排出の2％に相当するものとなったのである。インド情報通信省のテレコム部門は，[28]このエネルギーを自然エネルギーに代える方針で（grid & off-grid双方とも），2011年，インドテレコム調整局（the Telecom Regulatory Authority：TRAI）を設立し，テレコムのフットプリントを縮小する

ために以下のような諸施策を提唱したのである。
・グリーン・テレコム・ネットワーク（テレコムでのエネルギー消費を削減し，再生可能エネルギーによるエネルギー効率の良い技術を使う）
・グリーン産業（テレコム製品全体の環境への影響を少なくするために鉛や水銀などの有害物質の利用を少なくする。より近くのテレコムタワーの利用や炭素信用政策を推進する）
・グリーンビルディング（エネルギー消費削減のために緑の原理 Green Principles を盛り込む）

2012年に国家テレコム政策（NTP 2012）を立ち上げた。いつでも，安全で，信頼できる，安価な，高次元のエネルギーを提供する。それ以来この分野での再生可能エネルギーの利用が増大した。2015年までには20％をハイブリッドにする予定であり，2020年には都市部の75％，農村の33％でハイブリッドタワーが完成する予定となっている。

それに加えてバイオマス・ガス化によるエネルギー利用，風力発電機，小水力，太陽光，燃料電池などが容易にテレコムタワーのエネルギー需要を賄えるようになっているのである。

表12-4は，テレコムタワーのためにバイオガス発電を利用する場合の，ガス化システムの導入コストの事例を示したものである。インドのガス化装置はたいていの場合2～4kw程度の発電用のものが多いので，ここで事例として取り上げられている10kwの設備容量をもつのは一般より大型のものである。

表12-4の事例では，総費用57万2000ルピーの70％に相当する40万ルピーはMNREなどからの借入金で，残りの30％（17万2000ルピー）の株式を発行して資金を賄い，年間5万6064kwhの純発電量が得られる。大型のガス発電の場合でも1年間で8万4096kgのバイオマスの量があれば，充分であるという試算が示されているのである。このようなバイオガスによる発電は，インド各地で行われており，その電力はIT産業の中核を担うテレコムタワーの設置には非常に役立っているのである。

さらにまた，バイオガス発電は，通信技術の場面のみならず，ポテトチップス工場や織物工場などの村（パンチャヤット）の様々な事業所でも利用されていた。写真12-7は村のガス化装置（gasifier system）である。

表 12-4 10 kw のガス化システムの導入に対する費用

	費　目	金額や量
1	発電容量*	10 kw
2	資本費用	57万2000ルピー
3	借り入れ	70%（40万ルピー）
4	株　式	30%（17万2000ルピー）
5	プラント本体負担分	80%
6	付属品費用	20%
7	粗発電量	7万80 kwh/年
8	純発電量	5万6064 kwh/年間
9	特別燃料消費	1.2 kg/kwh
10	必要なバイオマス量	8万4096 kg/年
11	燃料費	2.8ルピー/kg
12	操作・運転費用	4万2290ルピー/年
13	株式への支払い	20%
14	経常費用	
	操作・運転	1カ月
	予備費	15%
	バイオマス・ストック	4カ月

＊たいていは2～4 kw の設備容量であるから，上記の例は大型の場合である。
出典：A. Chilamburaj and Ashok Chaudhurl（BIOPOWER India April-June 2014, p.15）．

バイオエタノール利用

　バイオマス，バイオガスの技術の発展は，バイオエタノールの製造技術の向上にも繋がっている。世界的にガソリンの国際価格は不安定で，高騰を続けている折から，インドのバイオエタノール利用への期待は非常に高まっている。石油関連製品価格をめぐる混乱状況は，世界の政治情勢の中東への反映であり，有限な石油資源の偏在，その利権に与ろうとする巨大資本の激烈な競争によってもたらされている。

　インドは，地球環境の悪化を阻止するために CO_2 の排出抑制を心がけながらも，広い国土の輸送手段としては，老朽化した鉄道よりは自動車への依存度が高まり，高速道路網を全国的に拡張し工業化に躍起となっている。他方で，

写真12-7　インドの発電用ガス化装置
雑木などをガス化してバイオガス発電をする（コーヤンブットゥールの村にて）。
出典：筆者撮影，2005年。

　国際収支の不均衡の問題はなかなか解決せず，ガソリンやディーゼルなどの化石燃料の輸入量をできるだけ抑えなければならない。近年では，インドでも異常気象に悩まされることが多くなり，温室効果ガスの排出量を抑えることも至上命題となっている。したがって，バイオエタノールの開発はとくに期待される課題となっている。その素材として，インドが用いている原料は，海藻類，サトウキビ，芋などのでんぷんを微生物醱酵させることによってできるエタノールなどである。

6　再生可能エネルギーに軸足を置くインド

ジャワハルラル・ネルー・ソーラーミッション計画（JNNSM）

　熱帯の国インドでは，太陽光発電や太陽熱温水器などの利用は進んできたが，その多くは系統連係されずに独立電源として使われてきた。とくに農村部においては，家庭の照明や街灯，村の産物の加工など，様々な場面で大いに役立ってきた。その太陽光と太陽熱を本格的に系統に連係し，州の電力会社の電力と同じように利用しようとする計画が，ジャワハルラル・ネルー・ソーラーミッション計画（Jawaharlal Nehru National Solar Mission：JNNSM）である。
　表12-5に示されているように，この計画は第11次5カ年計画の終了を待た

275

表12-5　JNNSMによる発電設備容量計画

	第1段階 (2010～13年)	第2段階累積 (2013～17年)	第3段階累積 (2017～22年)
屋上を含む系統連係電力	110万 kw	1000万 kw	2000万 kw
独立型 (off grid)	20万 kw	100万 kw	200万 kw
ソーラー熱収集面積	700万 m^2	1500万 m^2	2000万 m^2

出典：JNNSM Phase-II, Policy Document-Working Draft Govt. of India, p. 11.

ずに，連続して実行に移されることになった。その第1段階は2010年に開始されたもので，2015年の現在は既にその第2段階にある。第3段階の計画完成時の2022年には，連係電力として2000万kw，独立型の(off grid)電力を200万kwとし，合計で22 gwの電力生産設備容量をもつようにする。またさらに集熱面積(Solar Collectors)は2000万m^{2}になるというものである。

　表12-6と表12-7は，JNNSM計画の概要である。注目すべき点は，JNNSMによって，太陽光(PV)と太陽熱(ST)の発電がともに量的にきちんと配分されたことである。22 gwの発電をするためには太陽光と太陽熱利用発電の目標値を50：50とすること。その発電は企業などの大口のものになる場合には，企業グループごとに申請は1件に限られること，すなわち，大手の企業による独占的な投資を避けることが明確にされていること。発電申請に際しては，外国企業であっても，申請書を提出しそれが認められなければならないことなどが書かれている。

　また，インド再生可能エネルギー開発庁(IREDA)には特定優先株式の発行を許可し，電力分野については特別に銀行の融資枠以上の融資を認め，国際的な信用網の利用を奨励することやソーラー製品への小口融資(micro-financing)を奨励することなども決定されている。

　JNNSM第2段階の第1回分(Phase-II, Batch-I)のgrid分，太陽光75万kwの選考に対する入札は2014年1月20日に公開された。また総量217万kwの122の大型プロジェクトに対して68の入札希望があった。2014年2月21日に26の入札者たちが公開選出された。

　こうして始まったJNNSMであるが，今期の目標は以下のようなものとされている。

第12章　インド社会の特性と再生可能エネルギー

表 12-6　太陽光（PV）と太陽熱（ST）発電容量の調整

・太陽光（PV）と太陽熱（ST）の比率を 50：50 とする
・一度に大容量の電力が流れるのを防ぐために，PV Project の選択は 2 会計年度に区分
（第 1 期：2010～11 年，第 2 期：2011～12 年）
・PV の全体計画は第 1 期に選択
・ST は，50 万 kw 全容量の計画を第 1 期に
・出資者は取引協会に申請書を提出しなければならない
・発電容量は 1 件あたり 5000 kw±5％（5000 kw±250 kw）まで可能とする

出典：Jawaharlal Nehru Solar Mission-Towards Building SOLARINDIA Govt. of India.

表 12-7　申請に関する条件

(1) 申請時に 10 万ルピーを納める（この資金は返却されない）
(2) 1 企業（親会社，合弁企業）または 1 グループからの申請を，1 つに制限
申請企業の時価総額が 3000 万ルピー/mw を下らない
開始後 1 年間 26％以上出資を維持する 　（より多くの Solar 事業者の参入を促すため）
(3) 申請者には一定の銀行融資が受けられる 　（期間などは出資額に応じて決められる）

出典：同上。

　(1)系統連系される電力については，すでに第 1 段階で決定された電力の買い取り価格によって，着実にソーラー電力の買い取り義務を実行すること。(2)ソーラー計画があれば連系やアクセスをしやすくするような方策を練る。(3)一連のソーラーパークの建設を促進する。(4)国内の技術発展の可能性を推進させ，これまで無知だった者に対しても技術への関心を高める。(5)大型の屋上型発電の系統連系をすすめる。(6)エネルギー不足に直面している産業には，その産業専用のソーラー電力の供給を奨励する。(7)地方の製造業の発展を奨励する。(8)研究・開発を促進し，農村電力法人（REC）の市場力を高め，蓄電システムの開発を推奨する。この第 2 段階の計画が順調に達成されれば，インドの太陽光・太陽熱の利用は急速に進み，その資源としての信頼性も大いに高まるものと思われるのである。

　具体的作業としては，屋上型太陽光発電計画（写真 12-8）を本格化すること

写真 12-8　屋上型ソーラー発電の例
タミル・ナードゥ州ポンディシェリ大学(グリーンキャンパス)の他に5棟に計画中。
出典：MNRE Annual Report 2013-14, p. 86.

写真 12-9　インド製屋上型ソーラーパネル
コーヤンブットゥールの PSG カレッジの屋上にて。インド製のソーラー・モジュールの品質向上などについて，タミル・ナードゥ州の PSG カレッジの技術者たちは研究を続けている。
出典：筆者撮影，2012年7月。

や，冷房装置やコジェネ節電型で場所をとらない冷蔵庫などの利用，そして他の資源利用とのハイブリッド・システムの拡充などが実施されることになっている。

　以下に，JNNSM 計画の若干の具体例を示しておくことにしよう。

　暑い国インドにとっては冷房技術の開発はとくに重要である。

　経済発展が進み，「都市型の生活スタイル」が浸透することによって，今や冷房が欠かせないものとなっている。とくに近年は気候が不順なうえに，都市

第Ⅱ部　経済・社会・環境からみたアジア

写真 12-12　太陽光と風力のハイブリッド・システム
品質保証期間：風車15年，ソーラー・モジュール25年（ソーラー発電のセルやモジュール，シリコン・ウェハー，薄膜，パネルなどの製造技術の向上，長寿命化を目指す）／交流でも直流でも連結可能／風車300～4200ｗまで使用可能／風速15～31ｍ/秒まで可能／支柱の高さ5～30ｍ。

　さらに第2段階では，少なくとも15～20カ所のソーラー都市の建設が計画され，大都市では冷房施設の拡充や，冷蔵庫の設置増加も計画されている。
　また，この第2段階で力点を置いているのがグリーンハウスの建設である。
　写真12-11の建物のようなオフィスビルなどの大型の建物で利用するエネルギーも，屋上型ソーラー発電やソーラー熱利用によって賄おうとするものである。建物全体の空調はもとより，部屋の採光にも，ソーラー利用を中心にし，これまで使っていた従来型のエネルギー利用を切り替えようとするもので，すでに数件の建物が完成している。
　ソーラー・エネルギーの利用は，このように急速に増大しているのである。
　写真12-11の建物は，マンモーハン・シン前首相が2014年2月25日，ニューデリーで森林環境相，農村開発相らに公開したものである。全館ソーラー・エネルギーによってセントラル・エアコンシステムが完備し，地熱の冷房施設を完備している。このビルには600のオフィスが入居できるが，その他に講堂，会議室が備わり，さらに耐震設備まで完備している。その建設費は20億9000万ルピー，建物の敷地面積は3万1488 m^2，屋外の50％は植物が植えられ，駐車場は330台分，屋上にはカフェテリアやルーフガーデンがある。6000 m^2 に太陽光発電パネルが設置されている。
　ソーラー・エネルギーの利用はハイブリッド・システムの拡充を図ることに

第12章　インド社会の特性と再生可能エネルギー

写真 12-10　ソーラー熱利用の冷房設備の開発研究実験
ハリヤナ州グルガオンの National Institute of Solar Energy（NISE）にて。
出典：筆者撮影，2012年7月。

写真 12-11　インドの大型のグリーンハウスの事例
出典：Akshay Urja（April 2014, p. 4）。

化した生活様式の普及から，室内の空調の必要性はいっそう増しつつあるが，それを再生可能エネルギーの利用，とくにソーラー・エネルギーの利用によって賄うことができれば，石炭や天然ガスなどが大量に節約できることになる。さらに手軽に冷蔵庫や冷凍庫の利用ができれば，生活の質的向上に計り知れない貢献をすることができるのである。第2段階に寄せられる期待の大きさが推し量られるだろう。

　それは独立電源（off grid）の場合にも該当し，太陽光発電計画について2014年3月まで11万6200 kw が認可され，資金も National Clean Energy Fund から提供された。それには，冷房システム開発，冷蔵庫の設置，浄水装置開発なども含まれる。また，ディーゼルやケロシン・ランプからの置き換えや，灌漑用の水汲みポンプのエネルギーとしてのソーラー電力利用なども含まれている。

よって，いっそう効果を高めることができる。今，インドでは，ソーラー・エネルギーを，従来型のガソリンに対して，第2のエネルギー資源として捉え，従来のエネルギーとのハイブリッドのための技術向上に努めつつある。MNREは，現在の時点でソーラー・エネルギーの割合が5〜10％であっても，将来的にはそれを少なくとも40％にまで高めたいという意気込みを持っている。また，太陽のエネルギーを風力やバイオマスなどの他の資源によるエネルギーと組み合せて利用する技術も着実に発展している。

　最後にMNREの年報で再生可能エネルギーは，次のように評価されていることに注目したいと思う。

　「再生可能エネルギーは，今や世界の多くの国々で，エネルギー・ミックスの重要な役割を果たすようになってきている。国際エネルギー機関（International Energy Agency：IEA）によれば，再生可能エネルギー，すなわち風力や太陽エネルギーなどの一次的利用技術のコストは下落し続けており，従来のエネルギー資源の利用料に近づきつつある。したがって，再生可能エネルギーは，資金的に十分賄いうる資源世界的に着実に広がるようになってきた」[29]。

　インドの再生可能エネルギー利用の風景は，JNNSM[30]の発足以来，ソーラー・エネルギーの貢献度が増大することで大きく変わった。再生可能エネルギーが技術やその能力において十分な役割を果たせるという自信がついたので，将来への見通しや希望が設定されるようになったのである。

　今や再生可能エネルギー利用のメリットは，国内の電力設置力の約13％という数値的な評価のみならず，社会的影響の大きさにより強い関心が集まっている。分散的に，各地に設置された再生可能エネルギーの利用は，何百万の農村の住民に照明を与え，女性や少女たちが，遠方まで出向いて薪を集め，また煙の中で炊事をする苦役を減らすことができるようになった。自然環境に優しい方法でラジオを聴きテレビを観ることも，時にはコンピューターなどの操作もできるなど，生活を便利にすることができるようにもなったのである。

　こうした変化はこの計画が実施されて以来，とくに著しくなったが，加えて，

再生可能エネルギー証書（Renewable Energy Certificate : REC）の発行は，全インドの再生可能エネルギー市場を生み出すのに役立ったのである。

その他の重要な成果としては，ソーラー特定購入義務制度（Solar Specific Purchase Obligation）の導入，改良竈の導入，PVや太陽熱の研究・開発の推進，第2世代のバイオ燃料，水素燃料や燃料電池の導入など様々な例を挙げることができるだろう。

モディBJP政権の掲げる政策と従来の政策との違いはまだ明確には見えてこないが，両者ともにヒンドゥ的基盤を共有している限り，さほどの差異はないだろう。ただし，経済発展を急ぐあまり，対外債務を増大させ，外資の干渉を避けつつ，インドらしい舵取りができるかという点で，新政権は若干の危惧を抱かせるものがある。誇り高いインド人の自立した世界を充実させるためにも，自らの資産である再生可能エネルギーの利用率をいっそう高める施策によってこそ新しいインドの展望がいっそう開けるだろう。

註

(1) パキスタン（Islamic Republic of Pakistan）　ペルシャ語起源のウルドゥ語で「清浄な国」の意味。イギリスと独立交渉の最中にムハンマド・アリ・ジンナーらが，イギリスと単独で密約を結び，インドよりも先にパキスタンの独立を決めた（8月14日に独立）。その混乱が，その後長く続くヒンドゥ教徒とムスリムの内乱の悲劇を招き，常にこの両国関係に陰を落としてきた。

(2) 第2次世界大戦後，アジア，アフリカ，ラテン・アメリカの多くの旧植民地は独立し，それぞれ自立的な経済社会制度をもつ新国家形成，その発展を目指すようになった。それには東西のどの陣営からの干渉も廃し，途上国独自の協力を強化する道を選ぶ必要があった。「非同盟首脳会議」は1961年の第1回大会以来ほぼ3～4年に一度のペースで開催され，2012年8月のテヘラン大会（テヘラン宣言採択）まで続いてきた。しかし，2014年は，アラブ諸国の混乱や紛争の激化などもあり，開催が困難となっている。

(3) 1985年に成立した南アジア地域協力連合。しかしインド以外は貧しい小国ばかりで，ASEANと比べられるような成果はなかなか挙げられない。加盟国としてはパキスタン，バングラデシュ，ネパール，スリランカ，ブータン，モルディブである。2007年からはアフガニスタンも正式な加盟国。常設事務局はカトマンドゥ。

(4) G8参加国（米，英，独，仏，伊，露，日本，カナダ，）＋EU，アルゼンチン，豪，ブラジル，中国，インド，インドネシア，韓国，メキシコ，サウジアラビア，

南ア，トルコの20カ国が一堂に会することになった。しかし，実際には国際金融危機を契機に招待国（組織）としてスペイン，ASEAN議長国，アフリカ連合（AU）議長国，IMF，ILO，国連，世銀なども参加することになり，実質的な討議をする機関とは呼べなくなった。

(5) BRICSは，Brazil, Russia, India, China, South Africaの各頭文字を連ねた造語。各国とも広大な国土面積をもち，天然資源や労働力も豊富で，高度経済成長を成し遂げつつある国として注目される。

(6) 和田幸子『再生可能エネルギー"先進国"インド——知られざる巨大市場の素顔』日報出版，2010年，参照。

(7) IRENAは再生可能エネルギーの利用促進を目的として，2011年4月に発足した。それに先立って2010年7月にIRENA憲章が発効。事務局本部をアブダビに置き，2014年7月時点で加盟国数131カ国とEU。現在，IRENAは，再生可能エネルギー調査・政策およびファイナンスを担当する知識・政策および財務局，国別にエネルギー政策助言，キャパビル（Capacity Building）等を担当する国別支援およびパートナーシップ局，イノベーションのシナリオ策定等を行うイノベーション・テクノロジー・センターの3局体制で活動している。

(8) 2011年インド国勢調査（インドは10年ごとに国勢調査を実施，人口統計を公表する。それによれば国土面積328万7469 km^2，人口12億1057万人である。

(9) ゾロアスター教ともいわれるが，インドでは，パールシーともいう。インド独立運動の志士フェローズ・ガンディ（インディラ・ガンディの夫）やタタ財閥などのように，富裕で教養のある人々が約6万人以上存在する。グジャラートやムンバイ地域にコミュニティがある。

(10) インド国民会議派（Indian National Congress）　1885年英領インドのボンベイ（現・ムンバイ）で第1回大会を開催。創立にはイギリス人官僚ヒュームなどが関わったとされ，イギリスの支配に対する不満を和らげ，インド人の政治参加を徐々に拡大するための体制補完的な役割をもった団体であった。しかし，1905年のカルカッタ大会では英貨排斥，スワデシー（国産品愛用），スワラージ（自治・独立）民族教育などを掲げ，急進派と穏健派が対立する。テイラクなどの急進派は弾圧され，穏健派主導の国民会議派が残った。第1次世界大戦後M.ガンディ，ネルー，V.パテルなどがこれに加わり，独立運動を成功させることになる。その後この政党は長期間インドの政治を主導するが，宗教や民族，そしてカーストの差異にとらわれず，世俗主義を唱え近代的思考方法を取り入れようとしてきた。それを体現したのが現在のインド憲法である。

(11) V.パテルはインドの初代副首相。グジャラート州出身で，14年に新たに政権を掌握したナレンドラ・モディ氏と同郷。パテルはインドとパキスタンの分離独立時に，当時の多くの藩王にインド帰属を選択させるなど，J.ネルーとともに文字通り

現代インドを築き上げた人である（サルダールは敬称）。

⑿　インド人民党（Bharatiya Janata Party：BJP）　ヒンドゥ至上主義を唱える旧ジャナタ党を基礎にして1980年に再結集した新興の全国政党。主な支持基盤は都市の商工業者である。BJP が最初に登場した1970年代は，国民会議派の政治運営に行き詰まりを来したインディラ・ガンディが強権によって突破しようとし，1975年非常事態を宣言した。これに反発をした人々が会議派を拒否，野党連合人民党（ジャナタ党）を成立させた。2014年の選挙に勝利した人民党（モディ）政権は1980年にこの人民党から分離して発足したものである。この政党は，ヒンドゥ教に基礎をおく大国の建設を目指しているとされるが，今回政権掌握後はやや柔軟路線を示し，グローバル化による経済発展を掲げている。しかし，イスラームと隣り合っているインドの地理的位置を考慮すれば，この政権については注意深く見ることも必要だろう。なぜなら，M. ガンディを暗殺したのは元 BJP の団員だった。また，1992年北部インドのアヨーディアでのイスラーム寺院を破壊したのもヒンドゥ至上主義者であり，それらがインド社会に影響を及ぼし，インディラ・ガンディの暗殺事件などと絡み合っていることを想起するのである。

⒀　ナレンドラ・モディ（Narendra Damodardas Modi）1950年グジャラート州出身，グジャラート大学卒，グジャラート州前首相。

⒁　BJP の閣僚名簿には「女性・児童開発相」にインディラ・ガンディの次男の妻，マネカ・サンジャイ・ガンディ（モデル出身）が閣内相として挙げられている。彼女はガンディ家と対立し，排除された人である。

⒂　和田幸子「増大するインドの再生可能エネルギー利用」『経済』2013年1月号，No. 208, 83-97頁，参照。

⒃　『日本経済新聞』電子版，2014年9月2日。

⒄　『JETRO 通商弘報』2014年9月12日。

⒅　『日本経済新聞』電子版，2014年9月18日。

⒆　『毎日新聞』2014年9月19日。

⒇　『JETRO 通商弘報』2014年9月22日，自動車4大大手とは，マヒンドラ＆マヒンドラ，タタモーターズ，バジャージ・オート，フォルクスワーゲンの4社である。

㉑　和田幸子，前掲書，参照。

㉒　インドの風力発電機メーカー。グジャラート州にウインドファーム建設計画が発表されたのを契機に発足し，現在は世界第5位の多国籍企業にまで成長した。ドイツのセンヴィオン（Senvion）とともに620万 kw の発電能力をもつ大型の風車やS97—120M のハイブリッド型の風車も生産可能である（Tulsi Tanti 社長の報告，25th July, 2014, Suzlon 社の Annual Report, p. 4 より引用）。

㉓　Corporate Social Responsibility の略。企業の社会的責任を果たすために Suzlon 社は住民の健康診断や福祉事業などを行っている。

(24) Annual Report of Suzlon Energy Limited (2013-14), p. 3-4.
(25) 和田幸子，前掲書，参照。
(26) インドの自助努力グループ（Self-Help Group：SHG）は，登録されているものだけでも全国に740万グループある。一般的には女性が中心で10～20人くらいのグループを作って週に1～2度のミーティングを行い，マイクロ・ファイナンスや貧困緩和の問題などについて話し合っている。1990年代初頭に「SHG-銀行連結プログラム」として導入され，日本のNGOやJETROなども支援している。
(27) Bio Power April-June 2014 (MNRE Govt.of India), p. 14.
(28) Department of Telecom, Ministry of Communication & Information.
(29) MNRE Annual Report 2013-14, Govt. of India, p. 1.
(30) JNNSMの目標値について，モディ政権は2015年6月，従来の方針を大幅に修正し，2022年までに100ギガワットとする案を国会に提出し，実行に移しつつある。この発表は本章脱稿後になされたので，詳細については別稿に示すことにしたい。

人名索引

あ行

アイケルバーガー，R.　216
アイゼンハワー，D.D.　219, 223
飛鳥田一雄　221-228
石河京市　216, 227
李泰鎮（イ・テジン）　38
李明博（イ・ミョンバク）　28
林志弦（イム・ジヒョン）　40
岩井章　222, 224
ウィルソン，W.　133
ウォーカー，W.H.　216
ヴォーゲル，E.　8
王国権　224, 225
尾崎秀樹　223

か行

ガンディ，I.　254, 255
ガンディ，M.　254, 261
北岡伸一　37
金日成（キム・イルソン）　70, 73
キャンベル，K.M.　79
キンドルバーガー，C.P.　134
クーデンホーフ・カレルギー，R.　3
クルーグマン，P.　168
ケーガン，R.　2
ケラー，H.　216
小泉純一郎　27, 35, 74, 81
ゴードン，A.　40, 41
小森武　225
胡耀邦　33
ゴル，P.　257

さ行

ジャイトリー，A.　257
周恩来　224
習近平　78, 84-88, 178-180, 187, 189, 258
シューマン，R.　3, 130, 132

シュトレーゼマン，G.　132
シン，M.　280
シン，R.　257
スワラジ，S.　257

た行

竹内謙　223
田中角栄　71
趙珖（チョ・グァン）　37
趙東杰（チョ・ドンゴル）　36
鄭在貞（チョン・ジェジョン）　43
ティンレイ，J.Y.　247
デビン，W.　217
鄧小平　30, 33
鳥海靖　37

な行

中嶋健蔵　224
中曾根康弘　33
半井清　216, 218, 221, 227
成田知巳　222
鳴海正泰　223, 225
ニクソン，R.　71
ネルー，J.　254, 255
野原四郎　223
盧武鉉（ノ・ムヒョン）　159

は行

パテル，V.J.　254
鳩山由紀夫　74, 78
ヒトラー，A.　131, 132
平沼亮三　217, 218, 220, 227
ブリアン，A.　132
ポアンカレ，R.　131
歩平　37
ポミアン，K.　2

287

ま行

マッカーサー, D. 217
松村謙三 224
馬天水 227
マハティール 74
三谷太一郎 36
三谷博 39
水口宏三 222
美濃部亮吉 224
宮沢喜一 33
宮嶋博史 38, 40
村岡三郎 220
モディ, N.D. 255-258
モネ, J. 3

や行

安井誠一郎 217, 218
尹海東(ユン・ヘドン) 40
楊大慶 39, 40
吉田茂 217

ら・わ行

李克強 84, 179, 183
李成市(リ・ソンシ) 40
劉希文 226
劉傑 39, 40
ロストウ, W.W. 134
ワンチュク, J.S. 240

事項索引

あ 行

アジア・アフリカ会議（バンドン会議）　70
アジアインフラ投資銀行（AIIB）　2, 6, 30, 179, 180, 188, 189
アジア姉妹都市構想　221-223
アジア相互協力信頼醸成措置会議（CICA）　85, 86, 180
アジア太平洋経済協力会議（APEC）　8, 173, 184-187
アジア太平洋自由貿易圏（FTAAP）　8, 184-186, 190, 192
アジア卓球選手権大会　224, 226-228
アジアの時代　10
新しい安全観　86
新しい歴史教科書をつくる会　34
アメリカ第8軍　216
アメリカ都市協会　219
アラブの春　144
アラブ連盟　188
家永教科書裁判　34
イスタンブール原則　119, 121, 122, 125
一帯一路　87, 88, 186-190
インド　253-283
ヴェルサイユ体制　131
運命共同体　84, 85, 176, 178-180, 190
援助効果　117, 118
援助の光景の変化　110, 111, 113, 124, 125
欧州安全保障協力機構（OSCE）　140, 146
欧州共同体（EC）　3
欧州近隣諸国政策（ENP）　142, 143
欧州経済共同体（EEC）　3, 130
欧州原子力共同体（EURATOM）　3
欧州審議会　141
欧州石炭鉄鋼共同体（ECSC）　3, 130, 132, 134, 137
欧州統合　93
欧州連合（EU）　130, 136-140, 198, 204-206, 210

か 行

外国人技能実習制度　209
開発援助委員会（DAC）　112-114, 116, 117, 125
開発効果　118, 121
海洋戦略　30
革新自治体　222-224, 228
拡大EU　2
学界と政界の乖離　41, 42
韓国　153-171
環太平洋戦略的経済連携協定（TPP）　2, 8, 173, 182, 183, 185, 188, 189
韓日文化交流基金　38
韓米FTA　154, 159-166, 169, 170
北大西洋条約機構（NATO）　2, 3
キャンパス・アジア共同大学院構想　7
教科書検定基準　33
近隣条項　33
グローバリズム　1
グローバル市民社会　110, 116
ケア労働のグローバル化　197-211
経済連携協定（EPA）　208, 210
憲法改正　2
効果的な開発協力　118
河野談話　8
国際化政策　215, 228
国際的公共圏　41
国際連盟　131, 132
国家賠償　47

さ 行

再生可能エネルギー　252-282
サンディエゴ　215, 220, 221, 227
サンフランシスコ講和条約　5, 54
シェムリアップ・コンセンサス　119, 121, 122

289

自治体外交　215-228
市民社会組織（CSO）　110-126
社会的権力　95,97
ジャトロファ・プロジェクト　267-270
ジャワハルラル・ネルー・ソーラーミッション
　計画（JNNSM）　275-282
上海　215,225-227
上海協力機構（SCO）　7,177
従軍慰安婦問題　8,41
終戦連絡横浜事務局　216
集団的自衛権　2,7
周辺外交工作座談会　85,179,187
自由貿易協定（FTA）　91,95-98,104,105
シューマン・プラン　130
14か条（ウィルソン）　133
少子高齢化　197-211
新開発銀行　29
新興ドナー　110,125
人口比重　24
信頼醸成　93
スナップバック条項　161,162
政策・制度環境　114,124,125
政府開発援助（ODA）　111-114,116-123,
　125
西部大開発　191
ゼノフォビア（外国人嫌い）　1
繊維原産地規定　162
尖閣諸島問題　2,21,27,28,30
全国革新市長会　224
戦後処理　45-65
戦後賠償政策（日本）　54-60
戦後補償政策（ドイツ）　46-53
ソーラー・エネルギー　275-282
ソフトセキュリティ　1
ソフトパワー　7
ソ連崩壊　7

た　行

第1列島線　30,31
第2列島線　30,31
対日貿易赤字（韓国）　153,155
大メコン圏（GMS）　175
竹島問題　2,21,28
地中海連合　142
中国　69-89,173-193

「中国の夢」　29
中露同盟　7
長江経済ベルト　191
朝鮮戦争　4,5
天安門事件　7
ドイツ・イスラエル和解　5
ドイツ・フランス共通歴史教科書　9
ドイツ・ポーランド和解　5
ドイツ・ユダヤ人和解　5
ドイツ問題　132
東京裁判　61
投資家・国家提訴権（ISD）　165,166,170
東南アジア諸国連合（ASEAN）　6,72-79,
　83,101,104,105,174-176,182,183,192,198,
　206,210
東南アジア友好協力条約（TAC）　176
東方パートナーシップ　142,143,145
独仏和解　5,132

な　行

ナショナリズム　1
南京大虐殺記念館　33
日米太平洋沿岸市長会議　217-219,227
日米同盟　2,6,7
日華平和条約　59,60
日韓FTA　153,154,156-160
日韓経済社会連帯協定　170
日韓文化交流基金　38
日韓歴史家会議　38
日韓歴史共同研究　36,37
日中韓3国共通歴史教材委員会　39
日中韓FTA　2,8
日中共同声明　59
ニュー・ノーマル（新常態）　189
ニュールンベルク裁判　61
ネットワーク　7,116,120,123,124,126
　──分析　91,94,95,104-106
ノーザン・ディメンション　142,143,145

は　行

バイオマス　267-272
　──発電　270-272
賠償再検討条項　56
賠償請求権問題　55,58-60
パラレル・アプローチ　37

事項索引

パワーシフト（権力の移行） 1,8,10
東アジア共同体（構想） 74-84,91,159,198
東アジアサミット（EAS） 173
東アジア自由貿易協定（EAFTA） 182-185
東アジア地域包括的経済連携（RCEP） 2,8, 173,182,183,185,186,189,190,192
東アジアの「再編」 4
東アジアの「軸足」 4
東アジア包括的経済連携協定（CEPEA） 182,184,185
非関税障壁（日本） 153,155
非交易的関心事項 163
非政府組織（NGO） 5,7,8,110,114,115
非伝統的安全保障 7
被包囲意識 42
貧困 111,112
ピンポン外交 224,228
ブータン 232-249
風力発電 265-267
プランテーション 236,237
ヘイト・スピーチ 29
防衛識別圏（ADIZ） 6,10
ボゴール目標 8
補償基金（ドイツ） 52,53
北方領土問題 2
ホロコースト 9,10

ま 行

マーシャル・プラン 3,134,136
南アジア地域協力連合（SAARC） 188
南シナ海 29,30
村山談話 8

や 行

靖国神社参拝問題 33,35
ユーロ危機 1
横浜 215-228
横浜上海友好都市協定 225-227
横浜上海友好訪中代表団 227

ら・わ 行

リアリズム 94
リージョナリズム（地域主義） 1
リージョナル市民社会 110,116,125,126
リーマン・ショック 1

リベラリスト 92
領海問題 29
領土面積 23
リヨン 215,221,227
冷戦 136
歴史教育 43
歴史教育研究会 39
歴史教科書研究会 39
歴史教科書問題 9,33
歴史対話 36
歴史認識問題 21-43
──（戦前） 32
連邦補償法（ドイツ） 48-50
ワールド・マッパー 23

欧 文

ACFTA →ASEAN・中国自由貿易協定
ADA 123
ADIZ →防衛識別圏
AEC →ASEAN 経済共同体
AIIB →アジアインフラ投資銀行
APEC →アジア太平洋経済協力会議
ARF →ASEAN 地域フォーラム
ASC →ASEAN 安全保障共同体
ASCC →ASEAN 社会文化共同体
ASEAN →東南アジア諸国連合
ASEAN＋3 78
ASEAN＋6 159
ASEAN・中国自由貿易協定（ACFTA） 176,192
ASEAN 安全保障共同体（ASC） 180
ASEAN 共同体 206
ASEAN 経済共同体（AEC） 173,180,206
ASEAN 社会文化共同体（ASCC） 180
ASEAN 地域フォーラム（ARF） 76
A級戦犯 35
BettrAid 118-120,123
BRICS 29
CEPEA →東アジア包括的経済連携協定
CICA →アジア相互協力信頼醸成措置会議
CPDE 120-124,126
CSO →市民社会組織
DAC →開発援助委員会
EAFTA →東アジア自由貿易協定
EAS →東アジアサミット

291

EC　→欧州共同体
ECSC　→欧州石炭鉄鋼共同体
EEC　→欧州経済共同体
ENP　→欧州近隣諸国政策
EPA　→経済連携協定
EU　→欧州連合
EURATOM　→欧州原子力共同体
EUROMED　142, 144, 146
FTA　→自由貿易協定
FTAAP　→アジア太平洋自由貿易圏
GDP（1人あたり）の推移　25, 26
GDP比重　24, 25
GMS　→大メコン圏
GNH　232-249
GPEDC　118

ISD　→投資家・国家提訴権
JNNSM　→ジャワハルラル・ネルー・ソーラーミッション計画
NATO　→北大西洋条約機構
NGO　→非政府組織
ODA　→政府開発援助
Open Forum　118-120, 123
OSCE　→欧州安全保障協力機構
People to People Diplomacy　218, 219
RCEP　→東アジア地域包括的経済連携
SAARC　→南アジア地域協力連合
SCO　→上海協力機構
TAC　→東南アジア友好協力条約
TPP　→環太平洋戦略的経済連携協定

執筆者紹介（＊は編者）

＊金　　香男（キム・ヒャンナム）　はしがき，序章，第9章

　　編著者紹介欄参照。

羽場久美子（はば・くみこ）　序章

　1952年　兵庫県生まれ。
　1981年　津田塾大学大学院国際関係学研究科博士課程修了。博士（国際関係学）。
　現　在　青山学院大学大学院国際政治経済学研究科教授。
　著　作　『グローバリゼーションと欧州拡大──ナショナリズム・地域の成長か』御茶ノ水書房，2002年。
　　　　　『グローバル時代のアジア地域統合──日米中関係とTPPのゆくえ』岩波書店，2012年。
　　　　　『拡大ヨーロッパの挑戦──グローバル・パワーとしてのEU』増補版，中央公論新社，2014年。

三谷　　博（みたに・ひろし）　第1章

　1950年　広島県生まれ。
　1978年　東京大学大学院人文科学研究科博士課程修了。博士（文学）。
　現　在　跡見学園女子大学文学部教授，東京大学名誉教授。
　著　作　『歴史教科書問題（リーディング日本の教育と社会⑥)』日本図書センター，2006年。
　　　　　『大人のための近現代史　19世紀編』東京大学出版会，2009年。
　　　　　『愛国・革命・民主』筑摩書房，2013年。

李　　元徳（イ・ウォンドク）　第2章

　1962年　韓国生まれ。
　1994年　東京大学大学院総合文化研究科博士課程修了。博士（国際関係学）。
　現　在　韓国国民大学国際学部教授，同大学日本学研究所長。
　著　作　『韓日過去史処理の原点』ソウル大学出版部，1996年。
　　　　　『日韓の共通認識』共編著，東海大学出版会，2007年。
　　　　　『日韓関係史　1965-2015①政治』共編著，東京大学出版会，2015年。

臧　志軍（ツァン・シグン）**第3章**

1957年　中国生まれ。
2001年　中国復旦大学政治学研究科博士後期課程修了。博士（法学）。
現　在　復旦大学国際関係及び公共事務学院教授。
著　作　『政府政治』香港三聯書店，1994年。
　　　　『文化改造与社会変革』文匯出版社，2001年。
　　　　『冷戦後的財界与日本外交』共著，上海人民出版社，2013年。

古内洋平（ふるうち・ようへい）**第4章**

1976年　千葉県生まれ。
2008年　一橋大学大学院法学研究科国際関係専攻博士課程修了。博士（法学）。
現　在　フェリス女学院大学国際交流学部准教授。
著　作　『国際政治学入門』共著，ミネルヴァ書房，2008年。
　　　　『ヨーロッパがつくる国際秩序』共著，ミネルヴァ書房，2014年。
　　　　「グローバル化時代におけるトランスナショナルな被害者運動――アパルトヘイト被害者運動を事例に」『国際政治』162号，2010年。

高柳彰夫（たかやなぎ・あきお）**第5章**

1961年　東京都生まれ。
1991年　一橋大学大学院法学研究科博士後期課程単位取得。博士（法学）。
著　作　『カナダのNGO――政府との「創造的緊張」をめざして』明石書店，2001年。
　　　　『めざすは貧困なき世界――政府と市民の国際開発協力』フェリス女学院大学・フェリスブックス，2011年。
　　　　『グローバル市民社会と援助効果――CSO/NGOのアドボカシーと規範づくり』法律文化社，2014年。

上原良子（うえはら・よしこ）**第6章**

1965年　福岡県生まれ。
1996年　一橋大学大学院社会学研究科博士課程単位取得退学。
現　在　フェリス女学院大学国際交流学部教授。
著　作　『ヨーロッパ統合史』共著，名古屋大学出版会，2008年。
　　　　『〈戦争〉のあとに／和解と寛容』共著，勁草書房，2008年。
　　　　『ヨーロッパ統合とフランス――偉大さを求めた1世紀』共著，法律文化社，2012年。

金　鍾杰（キム・ジョンゴル）　第7章
　1962年　韓国生まれ。
　1996年　慶應義塾大学大学院経済学研究科博士課程修了。博士（経済学）。
　現　在　韓国漢陽大学国際学大学院教授。
　著　作　『協商は文化だ』編著，コリョウォン，2011年。
　　　　　『グローバル金融危機と代案モデル』編著，ノンヒョン出版，2012年。
　　　　　『韓国型福祉国家』共著，哲学と現実社，2014年。

畢　世鴻（ひつ・せこう，BI Shihong）　第8章
　1973年　中国生まれ。
　2012年　南開大学日本研究院博士後期課程修了。博士（歴史学）。
　現　在　雲南大学国際関係研究院教授。
　著　作　『中国とミャンマーの国境貿易に関する研究』アジア経済研究所，2010年。
　　　　　『メコン地域——国境経済をみる』共著，アジア経済研究所，2010年。
　　　　　『ミャンマー政治の実像——軍政23年の功罪と新政権のゆくえ』共著，アジア経済研究所，2012年。

大西比呂志（おおにし・ひろし）　はしがき，第10章
　1955年　香川県生まれ。
　1998年　早稲田大学大学院政治学研究科博士後期課程単位取得退学。
　現　在　フェリス女学院大学国際交流学部教授。
　著　作　『横浜市政史の研究——近代都市における政党と官僚』有隣堂，2004年。
　　　　　『横浜をめぐる七つの物語——地域からみる歴史と世界』フェリス女学院大学，2007年。
　　　　　『横浜と外国人社会——激動の20世紀を生きた人々』共著，日本経済評論社，2015年。

ラム・ドルジ（Lam Dorji）　第11章
　1967年　ブータン生まれ。
　2003年　タイ・アジア工科大学自然資源管理学博士課程修了。
　現　在　フリーランスコンサルタント（執筆当時はブータン王立自然保護協会事務局長）。
　著　作　"Efficiency and Low Costs under non-limiting supply conditions in Bhutan (co-authoerd)," Narpat Jodha, Rucha Ghate and Pranab Mukhopadhyay (eds.), *Promise, Trust and Evolution: Managing the Commons of South Asia*, Oxford University Press, UK, 2008.
　　　　　The potential of Tourism as a Measure for Adaptation to Climate Change in Phobjikha Valley (co-authoerd), Royal Society for Protection of Nature, June 2012.
　　　　　Socio-economic and environmental impact assessment of mining and quarrying activities in Bhutan (co-authoerd), National Council, Parliament of Bhutan, 2012.

田儀耕司（たぎ・こうじ）　**第11章**

- 1968年　大阪府生まれ。
- 1996年　オーストラリア・クィーンズランド大学大学院応用化学修了。
- 現　在　公益財団法人日本環境教育フォーラム国際事業部長。
- 著　作　『アジア・太平洋地域のESD〈持続可能な開発のための教育〉の新展開』共著，明石書店，2012年。
「マレーシア・サバ州の環境教育の現状――ボルネオ生物多様性・生態系保全プログラム環境啓発コンポーネント教育タスクフォース（PAC-TTF）の成果」『環境教育』Vol. 16-2, 2007年。

和田幸子（わだ・さちこ）　**第12章**

- 1940年　山形県生まれ。
- 1970年　京都大学大学院経済学研究科博士課程単位取得退学。
- 現　在　元神戸市外国語大学教授。
- 著　作　『再生可能エネルギー"先進国"インド』日報出版，2010年。
『変貌するアジアと日本の選択』編著，昭和堂，2012年。
「新エネルギーの利用と『国際協力』――インドとフィリピンの大型水力発電ダムを中心に」『アジア・アフリカ研究』408号，2013年。

《編著者紹介》

金　香男（キム・ヒャンナム）
　1971年　韓国生まれ。
　2003年　同志社大学大学院文学研究科博士後期課程修了。博士（社会学）。
　現　在　フェリス女学院大学国際交流学部教授。
　著　作　『現代韓国の家族政策』共編著，行路社，2010年。
　　　　　『韓国の少子高齢化と格差社会』共著，慶應義塾大学出版会，2011年。
　　　　　『アジアの相互理解のために』編著，創土社，2014年。

　　　　　　アジア共同体への信頼醸成に何が必要か
　　　　　　──リージョナリズムとグローバリズムの狭間で──

　　2016年3月30日　初版第1刷発行　　　　　〈検印省略〉
　　　　　　　　　　　　　　　　　　　　　定価はカバーに
　　　　　　　　　　　　　　　　　　　　　表示しています

　　　　　　　編著者　　金　　　香　男
　　　　　　　発行者　　杉　田　啓　三
　　　　　　　印刷者　　田　中　雅　博

　　　　　　発行所　株式会社　ミネルヴァ書房
　　　　　　　　　　607-8494　京都市山科区日ノ岡堤谷町1
　　　　　　　　　　　　　　　電話代表　(075)581-5191番
　　　　　　　　　　　　　　　振替口座　01020-0-8076番

　　　　　　　ⓒ金香男ほか，2016　　　　　創栄図書印刷・兼文堂

　　　　　　　ISBN978-4-623-07452-5
　　　　　　　　　Printed in Japan

国際政治から考える東アジア共同体	山本吉宣編著	A5判三三二頁 本体三二〇〇円
東アジア共同体を考える	羽場久美子編著 押村高	A5判五〇一六頁 本体三二〇〇円
東アジア共同体の構築	山下英次編著	A5判七五〇頁 本体七五〇〇円
アジア太平洋地域形成への道程	西口清勝編著 夏目剛	A5判四二四頁 本体四二〇〇円
グローバリゼーションとアジア	大庭三枝著	A5判四五二頁 本体六〇〇〇円
東南アジア現代政治入門	布留川正博編著	A5判三九八頁 本体三九〇〇円
環日本海国際政治経済論	清水一史編著	A5判二七二頁 本体二七〇〇円
戦後日本のアジア外交	横田慶志編著 山村豪志	A5判三〇〇頁 本体三〇〇〇円
	猪口浅羽・袴田鈴木編著	A5判三三六頁 本体三五〇〇円
	宮城大蔵編著	A5判三〇八頁 本体三〇〇〇円

国際政治・日本外交叢書

日韓歴史認識問題とは何か	木村幹著	四六判二九六頁 本体二八〇〇円
冷戦後の日本外交	信田智人著	A5判二四八頁 本体三五〇〇円
領土ナショナリズムの誕生	玄大松著	A5判三五二頁 本体五八〇〇円